MANUAL DE HANDEBOL

Treinamento de Base para Crianças e Adolescentes

INSTITUTO PHORTE EDUCAÇÃO
PHORTE EDITORA

Diretor-Presidente
Fabio Mazzonetto

Diretora Executiva
Vânia M.V Mazzonetto

Editor Executivo
Tulio Loyelo

Assistente Editorial
Talita Gnidarchichi

Tradução e Revisão Científica
Prof. Dr. Pablo Juan Greco

MANUAL DE HANDEBOL

Treinamento de Base para Crianças e Adolescentes

Arno Ehret
Dietrich Späte
Renate Schubert
Klaus Roth

Organizado pela Confederação Alemã de Handebol (CAHb)

Título original em alemão:
Handball-Handbuch – Grundlagentraining für Kinder und Jugendliche
Copyright © Philippka-Verlag
Direitos adquiridos para a Língua Portuguesa pela Phorte Editora Ltda.

Este é o volume 2 da coleção Manual de Handebol publicada pela editora Philippka. A Phorte Editora decidiu manter as citações do texto original, sobre os outros volumes desta coleção, por entender que esta medida auxiliará o profissional de handebol na busca por informações complementares na bibliografia alemã.

Rua Treze de Maio, 596, CEP 01327-000
Bela Vista - São Paulo - SP
Tel/fax: (11) 3141-1033
Site: www.phorte.com.br - E-mail: phorte@phorte.com.br

Nenhuma parte deste livro pode ser reproduzida ou transmitida de qualquer forma ou por quaisquer meios eletrônico, mecânico, fotocopiado, gravado ou outro, sem autorização prévia por escrito da Phorte Editora Ltda.

M251

Manual de handebol : treinamento de base para crianças e adolescentes / Arno Ehret... [et al.] ; organizado pela Confederação Alemã de Handebol ; [tradução Pablo Juan Greco. - [Reimpr.]. - São Paulo : Phorte, 2008.
   242p. : il.

  Tradução de: Handball-Handbuch : Grundlagentraining für Kinder und Jugendiche

  Inclui bibliografia

  ISBN 978-85-7655-064-8

  1. Handebol. I. Ehret, Arno, 1953-. II. Deutscher Handball-Bund.

08-3525.   CDD: 796.312
                CDU: 796.322

19.08.08 20.08.08
008270

Impresso no Brasil - *Printed in Brazil*

Sumário

Descrição das Posições de Ataque e Defesa e dos Desenhos	VI
Prefácio	VII
Apresentação	VIII
Sobre este livro	IX

O Novo Conceito de Treinamento 1

Linhas Diretrizes da Concepção de Treinamento da Confederação Alemã de Handebol (CAHb)	2
Conseqüências Didático-Metodológicas	12

Bases do Treinamento Motor 15

Fases de Desenvolvimento e o seu Significado para o Treinamento de Base	16
Treinamento da Coordenação	18
Treinamento Técnico	25
Treinamento Tático	42
Treinamento da Flexibilidade	47
Treinamento da Força	54

Treinamento Defensivo 63

Como deve ser realizado o Jogo Defensivo no Treinamento de Base?	64
Marcação Individual	66
Formação e Regras Básicas Defensivas 1:5	69
Introdução à Formação Defensiva 1:5	92
Treinamento Defensivo Individual	96
Jogo Defensivo Antecipativo	117

Treinamento Ofensivo 123

Como deve ser realizado o Jogo Ofensivo no Treinamento de Base?	124
Introdução ao Jogo Posicional	128
Recepção da Bola em Movimentação para a Frente (Engajamento)	155
Treinamento de Lançamento – Variações Técnicas e Treinamento de Adaptação da Técnica	160
Fintas	172
Jogo Ofensivo com Troca de Posições	198
Contra-ataque	202
Aprendendo a Jogar através de Jogos Básicos	204

O Treinamento do Goleiro 211

Como se escolhe um Goleiro?	212
Quando se deve treinar de forma sistemática as Técnicas Básicas?	212
As Técnicas Básicas do Goleiro	212
Formas de Exercícios	217

Estrutura do Treinamento 219

Linhas Diretrizes para a Organização do Treinamento	220
A Estruturação da Unidade de Treinamento	222

Descrição das Posições de Ataque e Defesa

As denominações pivô na direita e pivô na esquerda são apresentadas com três siglas para que não haja confusão com as siglas de ponta-direita (PD) e ponta-esquerda (PE). Por isso, adotamos as siglas mais convenientes, que podem ser apresentadas seguinte forma: PVD para pivô na direita; e PVE para pivô na esquerda sendo a denominação de pivô. Ressaltamos ainda que as posições de defesa também terão sempre três siglas diferenciá-las do ataque.

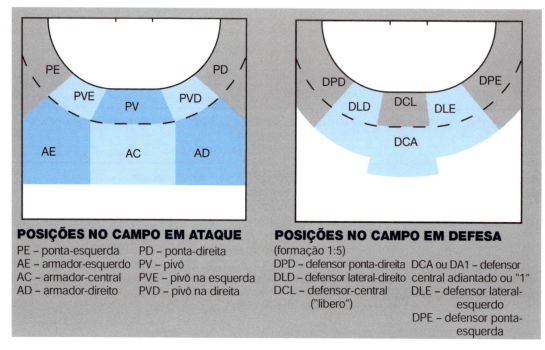

POSIÇÕES NO CAMPO EM ATAQUE
PE – ponta-esquerda
AE – armador-esquerdo
AC – armador-central
AD – armador-direito
PD – ponta-direita
PV – pivô
PVE – pivô na esquerda
PVD – pivô na direita

POSIÇÕES NO CAMPO EM DEFESA
(formação 1:5)
DPD – defensor ponta-direita
DLD – defensor lateral-direito
DCL – defensor-central ("líbero")
DCA ou DA1 – defensor central adiantado ou "1"
DLE – defensor lateral-esquerdo
DPE – defensor ponta-esquerda

Descrição dos Desenhos

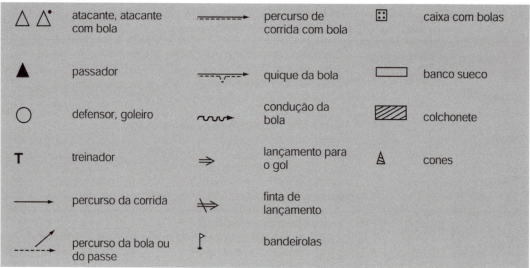

Prefácio

Caros amigos do Handebol,

O esporte como um todo é influenciado há muito tempo pelas mudanças gerais na sociedade, sejam estas de valores, de crescimento do tempo livre das pessoas ou de desenvolvimento econômico. As confederações esportivas e os clubes precisam se mostrar abertos e capazes de se adaptar de forma especial a essas mudanças, principalmente, no trabalho de base. Afinal, as crianças e os adolescentes representam o nosso potencial para o futuro.

Além disso, profissionais experientes e qualificados são insubstituíveis em nossos clubes, exatamente no trabalho com crianças e adolescentes. Portanto, uma tarefa central a que a Confederação Alemã de Handebol (CAHb) se sente obrigada é a de fornecer a esses treinadores o apoio e auxílio técnicos necessários para que possam realizar um treinamento infanto-juvenil, ou seja, um treinamento de base atrativo e de acordo com os nossos tempos.

Com a revisão do novo conceito de treinamento, a Confederação Alemã de Handebol (CAHb) apresentou, em 1994, linhas diretrizes – orientadas para a prática a longo prazo e para o desenvolvimento e promoção do treinamento de crianças e adolescentes – que levam em consideração a estruturação sistemática do treinamento.

Para que as linhas diretrizes, concepções de jogo e treinamento aqui colocados possam ser transparentes e utilizados em larga escala em todos os níveis da promoção de talentos e na base dos clubes, a Confederação Alemã de Handebol (CAHb) organizou um pacote completo de informações.
Assim, o livro Manual de Handebol fornece uma visão geral e completa dos pontos principais, conteúdos e conseqüências metodológicas no treinamento de base. Esta é a categoria mais importante do nosso sistema de promoção infanto-juvenil. Aqui se consegue a base dos fundamentos do handebol – para que o jogo seja bem preparado e praticado de forma saudável – seja para o esporte de performance ou, simplesmente, para o lazer.
A todos os treinadores da categoria infanto-juvenil que encontram, na prática diária, tarefas difíceis de resolver para promover a estruturação do treinamento em níveis de desenvolvimento adequados para crianças e adolescentes, e motivá-los a praticar esta modalidade esportiva o mais duradouramente possível, gostaria que o trabalho com este livro fosse de coração.

Saudações,

Bernd Steinhauser

Presidente da Confederação Alemã de Handebol

Apresentação

Ainda se comete o erro de realizar um treinamento altamente especializado - unilateral - precocemente em crianças e adolescentes.
O objetivo é claro: quem treina dessa forma não coloca o desenvolvimento de seus jogadores em destaque, mas sim o êxito pessoal em competições. A formação básica insuficiente de nossos jogadores das categorias de base - fortalecida pelo fato de que se treina muito pouco, provavelmente, por causa de problemas com a disponibilidade de local de treinamento - reflete-se até nos mais elevados níveis competitivos.
Os planos de treinamento concebidos em 1994 fornecem uma base orientacional atual para um treinamento a longo prazo, estruturado e sistemático para crianças e adolescentes. Com efeito, partimos do pressuposto de quatro linhas diretrizes centrais básicas.
Nós temos na Alemanha um entendimento conjunto de como o nosso jogo deve ser desenvolvido. O ponto de partida e o auxílio orientacional para todos os setores do treinamento infanto-juvenil e de desempenho no handebol precisam ser uma concepção integrada ao jogo alemão.
Nós deveríamos aprender com os erros do passado: um treinamento altamente especializado traz, em alguns casos, um sucesso mais rápido. Porém, tão rápida quanto a ascensão ocorre a estagnação - o mais tardar na fase de transição entre o nível juvenil e o adulto.
O princípio de uma formação básica multilateral em crianças e adolescentes tem para nós um significado central.
Jogar mais do que realizar exercícios é um princípio diretriz metodológico central em todas as categorias do nosso treinamento infanto-juvenil. A capacidade de jogo dos nossos atletas, quando se pensa no desenvolvimento do esporte em âmbito internacional, precisa ser aperfeiçoada de forma significante. Jogos criativos em pequenos grupos, sem exercícios com percursos de corrida e de bola preconcebidos são, portanto, um objetivo importante para a adequação adquirida com a experiência da velha máxima do treinador: jogar, aprende-se jogando".
"Aproximação com a prática" e "realização imediata" foram para nós exigências importantes para a concepção de treinamento da Confederação Alemã de Handebol (CAHb). Portanto, nós oferecemos a todos os treinadores da categoria infanto-juvenil um esquema de organização compacto para a estruturação das unidades de treinamento.

Para que os conceitos de jogo, as linhas diretrizes e a concepção geral de treinamento possam ser realizados em sua forma mais ampla e transparente nas categorias de base dos clubes, a CAHb oferece um pacote com material multimídia, por exemplo, este manual, que contém o conhecimento básico necessário.

Assim, técnicos qualificados motivam crianças e adolescentes para a nossa modalidade esportiva e nos auxiliam a produzir jogadores infanto-juvenis mais bem formados, que poderão chegar ao ápice do esporte e da performance.

Saudações,

Arno Ehret

Diretor Esportivo e Técnico Principal da Seleção Alemã de Handebol

Sobre este livro

A série de manuais de handebol

A co-produção entre a editora e a Confederação Alemã de Handebol (CAHb) tem como objetivo apresentar uma série de livros que ofereçam o conceito de jogo e de treinamento atual para o desenvolvimento do nível de rendimento de jovens e atletas da Confederação Alemã. Para tanto, concebemos esta série didática de textos. Em cada livro, apresenta-se ao treinador um grupo de trabalho com um nível de rendimento específico. Assim, são entregues aos técnicos uma série de conhecimentos básicos, conteúdos do treinamento, jogos e exercícios, bem como ajuda e orientação para que o conceito geral do jogo de handebol possa ser transferido ao jogador.

A situação é mostrada ao treinador como um todo, ou seja, as particularidades de cada nível de desempenho, os procedimentos metodológicos, o papel do treinador, seu meio ambiente etc.

Esta série de livros constitui-se em uma parte importante do processo de formação de treinadores da CAHb. Os livros de 1 a 3 constituem a base temática do nível C de licenças de treinador. O 3 e o 4 servirão como apoio da licença do nível B. O volume 5 ocupa-se dos conteúdos do treinamento de "Alto Nível" (Licença A). Já o volume 6 reflete sobre as condições do handebol escolar e foi concebido, particularmente, para professores de Educação Física que trabalham nas escolas.

O treinamento com crianças faz parte do treinamento de base – que se encontra na segunda categoria ou nível de licença – de treinadores e de rendimento dos atletas na concepção de treinamento da Confederação Alemã de Handebol. O treinamento de base tem um papel-chave no treinamento infanto-juvenil como um todo. Ele é o fundamento de todas as formas de jogo de handebol. Aquele que quiser jogar o handebol competitivo precisa ser conduzido, a partir do treinamento de base – que abrange a categoria "menores" (12 a 14 anos) – para o treinamento das categorias cadete, juvenil e, por fim, ao treinamento de alto nível. Mas, aquele que jogar o handebol com fins recreativos precisa, da mesma forma, começar pelo treinamento de base.

É nessa fase que são desenvolvidas todas as condições – técnicas, táticas, condicionais e coordenativas – para que se possa praticar o handebol de uma forma sadia, bem preparada e em longo prazo.

Tudo o que não for aprendido no treinamento de base mostrará reflexos negativos no futuro.

Sobre a 3a edição corrigida e ampliada.

Em 1994, a Confederação Alemã de Handebol (CAHb) renovou a sua linha de conceitos de treinamento. Neste livro encontram-se as linhas diretrizes, pontos principais e recomendações metodológicas, frutos dessa renovação.

A estrutura deste livro apresenta-se da seguinte forma:

No capítulo "O Novo Conceito de Treinamento" são esclarecidos os pontos mais importantes da nova concepção de treinamento, bem como sua forma de atuação.

O ponto principal do capítulo "Bases do Treinamento Motor" inclui uma apresentação completa do treinamento técnico.

Naturalmente, esse capítulo contém uma série de recomendações práticas como, por exemplo, indicações metodológicas e exercícios para a introdução aos lançamentos básicos com salto e queda.

Os esclarecimentos teóricos sobre o treinamento tático foram resumidos, de forma consciente, para que sejam discutidos nos volumes seguintes com mais especificidade.

Além do mais, podem ser encontradas neste livro várias recomendações de exercícios para o condicionamento físico adequado à faixa etária dos participantes. Os temas mais importantes são: treinamento da coordenação (específico para o handebol), introdução ao alongamento e treinamento das capacidades físicas (motoras) de base.

A parte prática, que conta só com o treinamento puro de handebol, é dividida em três momentos e contém os atuais pontos principais de aprendizagem do treinamento de base, segundo a concepção filosófica da Confederação Alemã. No capítulo "Treinamento Defensivo" é apresentada a formação defensiva 1:5, bem como o treinamento da capacidade defensiva individual na teoria e na prática.

O capítulo "Treinamento Ofensivo" oferece uma introdução às posições de jogo e às trocas de posicionamento durante o jogo. No centro da exposição permanece, no entanto, a formação voltada aos aspectos da técnica ofensiva individual.
Ponto principal: aprendizado de variantes dos lançamentos e fintas elementares.

Os capítulos são apresentados em seqüência como arma contra defesas "ofensivas". Para o treinamento de defesa 1:5 são apresentados os métodos para desenvolver a capacidade tática ofensiva individual e coletiva simples; as recomendações metodológicas; e, sobretudo, o aprendizado é tomado como ponto de partida para os jogos básicos. Tudo é organizado de forma a oferecer uma visão geral do assunto.

No capítulo "O Treinamento do Goleiro" realiza-se uma introdução às técnicas básicas dessa posição.

Finalmente, no capítulo "Estrutura do Treinamento" são fornecidas informações básicas sobre a concepção das unidades de treinamento, e como auxílio são esclarecidas as unidades de treinamento padrão.

Sobre o trabalho com este livro

Os temas apresentados não cobrem completamente o assunto em questão, tanto para o treinamento nos clubes quanto para as faixas etárias dadas. Eles são vistos muito mais como perspectivas de objetivos. O treinador da categoria infanto até juvenil necessita levar em consideração, na formação do repertório de exercícios a serem utilizados, o estado técnico de seus jogadores para que possa riscar por si mesmo alguns dos conteúdos que não se encaixam para o seu grupo.

Mais uma observação sobre o grupo-alvo deste livro:
na nova concepção de treinamento da Confederação Alemã de Handebol (CAHb) – no sentido de uma formação de base multilateral – o início de uma formação ainda mais especificamente voltada para o handebol é empurrado "para trás". A categoria 1 do treinamento básico abrange as faixas etárias até 12 anos. Os conteúdos do treinamento de base apresentados neste livro são válidos, ao contrário da organização anterior, para as faixas etárias até 13/14 anos.

Porém:
Estas indicações dos conteúdos da concepção de treinamento para determinadas faixas etárias são, na prática, somente uma orientação "rudimentar". O técnico deve partir das condições reais de performance, da idade de início do treinamento (no jogo de handebol) e da experiência motora prévia do seu grupo ou do atleta. Assim, na prática, os conteúdos descritos no treinamento de base devem ser utilizados com praticantes inclusive de 15 ou 16 anos.

Finalmente, temos ainda uma explicação quanto aos sinais de auxílio aos leitores. O resumo no final de cada capítulo, frases a serem lembradas e caixas com as mensagens mais importantes garantem uma rápida visualização geral.

Assim, nós temos os seguintes sinais de auxílio:

  O sinal ao lado caracteriza frases muito importantes.

L

Este símbolo informa lembretes para o técnico.

O título colocado ao lado de cada início de capítulo serve para a divisão óptica em seis capítulos principais. O início de cada subcapítulo é caracterizado através de uma barra azul na porção lateral da página.

Dietrich Späte,
Redator da Série Manual de Handebol

O Novo Conceito de Treinamento

Linhas Diretrizes da Concepção de Treinamento da Confederação Alemã de Handebol (CAHb)

Objetivos Gerais

No treinamento da categoria infanto ainda se comete o erro de realizar um treinamento precoce altamente especializado (e unilateral) com crianças e adolescentes, objetivando chegar relativamente rápido ao sucesso, ou seja, à vitória em torneios e campeonatos.

A experiência prática mostra um quadro totalmente diferente. Por um lado existe uma elevação da performance, extremamente rápida e crescente, nas categorias infanto-juvenis, porém, tão rápido quanto é esta ascensão, ocorre uma estagnação da performance, o mais tardar, na fase de transição para a categoria adulta. Um ótimo desenvolvimento da performance não é alcançado, e não raramente, por causa de problemas de motivação; jovens talentos encerram de forma abrupta a carreira esportiva. O treinamento precisa, portanto, objetivar uma estruturação de performance, de acordo com o nível de desenvolvimento. Para que isto fosse garantido, foram confeccionados os novos planos gerais de treinamento da Confederação Alemã de Handebol, com os seguintes objetivos:

■ Conseguir todas as condições para que crianças e adolescentes possam praticar o handebol de uma forma saudável, preparadas a longo prazo, de forma adequada, para todas as suas manifestações e níveis de rendimento.

■ Garantir um acompanhamento pedagógico orientado para a formação da personalidade (individualidade) destas crianças e adolescentes no clube, através de técnicos e professores devidamente qualificados.

■ Forçar o treinamento orientado para o desenvolvimento das habilidades no setor infanto-juvenil.

■ Providenciar para que, durante um longo tempo de treinamento infanto-juvenil, seja considerada ao máximo uma formação motora básica multifacetada.

■ Não colocar as crianças e os adolescentes precocemente em uma "jaqueta tática", mas sim promover as suas qualidades e habilidades de forma objetiva e consciente.

■ Evitar problemas de perda da motivação por causa de um treinamento precoce altamenteespecializado.

■ Certificar-se de que a formação técnico-tática dos jogadores orienta-se na concepção alemã de jogo.

(ver Manual de Handebol: Treinamento de Base para Crianças e Adolescentes, org. CAHb, volume 3).

Alguns dos objetivos mais importantes são esclarecidos a seguir:

Formação motora básica (motricidade geral) como princípio de desenvolvimento adequado da estrutura do treinamento

Uma especialização precoce significa que os jogadores infanto-juvenis podem ser bem-sucedidos em uma determinada faixa etária de forma relativamente rápida. Através disto, pode-se alcançar uma elevação veloz, precoce e acima da média da performance nessas categorias de base. Mas, na maior parte das vezes, ocorre uma queda da performance, tão rápida quanto a ascensão ou mesmo uma estagnação, que é constatada, o mais tardar, durante a fase de transição das categorias juvenil e júnior para a fase adulta.

As conseqüências:

- Não será alcançado um desenvolvimento máximo da performance.
- Encerramento precoce e, na maioria das vezes, abrupto da carreira esportiva.
- Altas taxas de contusões.
- Encurtamento da carreira esportiva como um todo.

Portanto, o treinamento nas categorias de base precisa objetivar uma estrutura e uma filosofia de trabalho, de acordo com o desenvolvimento biopsicossocial nestas faixas etárias.

Mas o que significa isto?

- O estado de desenvolvimento individual influencia a organização do treinamento. Por exemplo, o respeito às fases sensíveis, à capacidade do esqueleto infantil de suportar cargas etc.

- A formação motora multifacetada é a base para elevadas performances motoras no futuro.

- Os princípios do treinamento e das cargas no treinamento em relação a freqüência, volume e intensidade serão desenvolvidos e utilizados de acordo com a faixa etária em questão.

- Objetivar o mais alto desenvolvimento da coordenação neuromuscular.

Fig.1: Diretrizes de uma formação básica multilateral.

O princípio da multidisciplinaridade tem no treinamento de crianças e adolescentes um papel central, pois a polivalência motora é a base determinante para altas performances posteriores.

A Figura 1 mostra as diferentes linhas diretrizes de uma formação básica geral. Se elas são respeitadas durante o treinamento infanto-juvenil pode-se esperar seus efeitos mais tarde na categoria adulta. Assim:

1. As habilidades motoras complexas também são aprendidas rapidamente;
2. Evita-se uma formação corporal unilateral, tanto que, via de regra, é baixa a possibilidade de ocorrência de lesões;
3. Um repertório técnico amplo é alcançado na modalidade desportiva especial (aqui o handebol);
4. Uma formação motora básica, multifacetada e variada, contribui de forma decisiva

para a estruturação da motivação a longo prazo (diminuição da problemática do *drop-out*– desistência da prática do esporte);
5. No total, espera-se uma mais alta capacidade de performance e uma carreira desportiva mais longa, por causa da formação multilateral;
6. Para o handebol: desenvolvimento da personalidade individual com alta estabilidade psicológica e física durante as competições.

Como pode então um técnico concretizar em seu treinamento estas linhas diretrizes e alcançar os pontos principais de uma formação básica geral e multilateral?
Primeiramente, a respeito da questão divisão de valorização dos conteúdos gerais de treinamento, na
Figura 2 estão as etapas de treinamento na categoria infanto-juvenil e a porcentagem do treinamento geral em relação ao treinamento específico de handebol.

A multidisciplinaridade domina, sobretudo, na primeira fase do processo de treinamento a longo prazo (cerca de três quartos do treinamento na formação de base e a metade do tempo no treinamento de base).

Na seqüência, o treinamento específico ganha em importância, porém o treinamento geral tem ainda um grande significado no treinamento de performance com adultos (profilaxia contra contusões).

No total, objetiva-se uma estrutura dosada de treinamento em relação ao conteúdo especial de treinamento no handebol. O objetivo é o desenvolvimento de um potencial de performance grande e estável no período de altas performances. Sobre o conteúdo da formação básica motora no treinamento infanto-juvenil temos:

■*Introdução de várias modalidades esportivas:*
– O princípio básico da fase 1 – formação geral de base, até 12 anos – é participar diariamente de atividades esportivas em escola, clube ou esporte de lazer não-organizado;
– Nos treinamentos de base e intermediário – fases de 2 a 4 – o princípio é praticar de 1 a 2 vezes por semana outros esportes.

■*Desenvolvimento das capacidades coordenativas:*
– Exercícios de coordenação específicos em todas as unidades de treinamento das categorias 1 e 2 (veja o texto sobre exercícios apresentados por ZELEWSKI, SCHUBERT e SZABO na revista Treinamento de Handebol, cadernos 3+4/94).

■*Oferta de um ensino-aprendizagem multidisciplinar e variado:*
– Na categoria 1 – até 12 anos – utilizar competições multidisciplinares, esportes de lazer etc;
– No treinamento de base – categoria 2 – utilizar um amplo repertório de técnicas específicas do handebol com o objetivo de atingir o aprendizado do movimento de forma grosseira; deixar as crianças "experimentarem" o movimento.

■*Promoção do jogo livre e criativo:*
– Utilizar o repertório dos pequenos jogos de forma objetiva nas categorias 1 e 2;

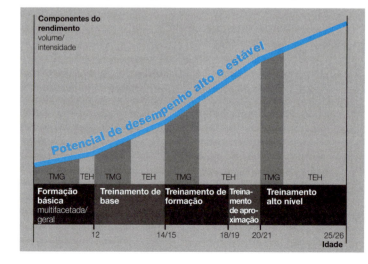

Fig. 2: Processo de treinamento em longo prazo.
TMG = Treinamento Motor Geral. Variabilidade, treinamento em outros esportes.
TEH = Conteúdos Específicos do Handebol.

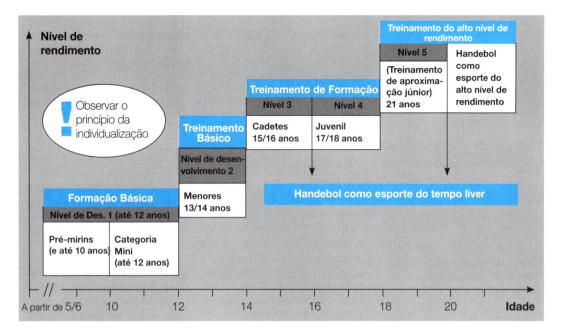

– Utilizar formas de jogo específicas do handebol, sobretudo nas categorias 3 e 4. Portanto, a formação atlética geral tem uma importância maior nas formações de base e intermediária, através dos meios de treinamento como exercícios de fortalecimento e estabilização da musculatura, principalmente os responsáveis pela postura, realizados com o peso do próprio corpo, utilizando pequenos aparelhos e formas básicas do atletismo (correr e saltar).

Estruturação do treinamento a longo prazo

A concepção de treinamento da CAHb contém objetivos e conteúdos em acordo com os diversos níveis. A Figura 3 contém uma visão geral sobre a estruturação do treinamento de performance a longo prazo da formação geral com crianças até o treinamento de performance no desporto de alto nível. Estão divididos em:

– Níveis (1 até 5);
– Idades;
– Categorias de treinamento (formação de base, treinamento de base, intermediário ou de aproximação e de performance).

O treinamento de base é fundamental para toda forma de rendimento do jogo de handebol. Quem quiser jogar handebol orientado para a performance precisa ser conduzido a partir do treinamento de base para o intermediário ou de aproximação e, então, para o treinamento de performance.

Quem quer praticar o handebol como esporte de lazer precisa, no mínimo, dominar os pontos principais da formação proveniente do treinamento de base para que possa de fato jogar. Assim, o treinamento de base não ocorre somente no setor infanto-juvenil. É preciso salientar novamente esse ponto.

No treinamento de base são lançadas as condições para que a criança possa praticar a modalidade de forma saudável e bem preparada em todas as idades.

Fig. 4: Perspectiva de desenvolvimento do jogo de handebol.

A concepção alemã de jogo como ponto de partida e auxílio orientacional

O ponto de partida e de auxílio orientacional, bem como o apoio para todos os setores da performance do handebol, precisa ter, é claro, uma concepção unificada de jogo alemã. Nesse processo evolutivo devem ser levadas em consideração as perspectivas e as possibilidades de desenvolvimento do jogo de handebol em âmbito internacional. Como é demonstrado na Figura 4, apresenta-se ainda no desenvolvimento do jogo uma grande fonte de crescimento nos terrenos da velocidade da bola e na elevação da velocidade do jogo. Reconhece-se uma tendência na organização dos contra-ataques e um encurtamento do tempo de duração da fase de armação no ataque.

A variabilidade do ataque no jogo denominado posicional – os jogadores podem agir em várias posições de acordo com a situação – faz com que cada jogador tenha um maior significado. Assim, os jogadores polivalentes são cada vez mais solicitados. Isto é um ponto importantíssimo para o treinamento infanto-juvenil. Se o jogo desenvolver-se nos setores de tática de ataque e defesa de forma flexível e variável, os conceitos de jogos fixos e atrelados – sem a possibilidade de variação e poucas ações criativas – perderão cada vez mais a sua efetividade. Conseqüência:

Precisamos dar aos nossos jogadores uma infinidade de possibilidades táticas de jogo que:

– Primeiramente os oriente em suas fraquezas e pontos fortes;
– Que deixe terreno preparado para possibilidades de desenvolvimento próprio de ações criativas.

O auxílio se orienta em três campos:
1. Nível de formação individual;
2. Nível de trabalhos em pequenos grupos;
3. Nível de tática de conjunto (equipe).

De acordo com a qualidade de cada jogador, o jogo se balança e se encena nos diferentes níveis destes campos. No momento, na Alemanha, pode-se observar uma dominância da tática de conjunto por causa de um déficit na sua formação individual. Observações em cursos de extensão e *workshops*, para técnicos da categoria infanto-juvenil dos últimos dois anos, demonstraram claramente que vários treinadores orientam-se de acordo com a velha receita de "jogo orientado para a finalização" – jogo "fechado", orientado em jogadas pré-elaboradas entre o percurso da bola e o jogador, bem como local de finalização preestabelecido – em situações de ataque. Tal perspectiva não pode ser a medida para o desenvolvimento de uma concepção alemã de jogo. Essa forma de jogo é de fácil previsão e frágil em comparação àquela apresentada por equipes que jogam de forma variada. Naturalmente, não se pode renunciar à tática de equipe (por exemplo, ações de iniciação táticas, preparação através de ataque de grupo e individual).

Medidas táticas grupais de ataque são somente meios auxiliares na forma de um suporte às situações que orientam o rumo para criar o jogo em situação de superioridade numérica (veja Fig. 5).

Os pontos principais precisam ser situações de preparação e de iniciação, com ações seqüenciais criativas em pequenos grupos e, assim, desenvolver capacidade de dominar situações (desenvolvimento da capacidade de jogo).

Um jogo ofensivo que leva principalmente a uma situação 1:1 – antigo sistema iugoslavo de jogo – não é realizável na Alemanha por causa de vários motivos como mentalidade, condição técnica etc. Situações de jogo 1:1 forçariam muito mais o chamado handebol força. As perspectivas de sucesso, portanto, mantêm-se com os pequenos jogos criativos em pequenos grupos, com base em situações de ação tática individual. Independentemente disto, a formação do atleta e a sua capacidade técnico/tática individual permanecem como pontos principais, sobretudo para o treinamento de base. É preciso que sejam adquiridas as condições técnicas e táticas individuais necessárias.

A capacidade de o jogador impor-se só poderá ser desenvolvida quando ele dispuser de uma velocidade de passe e ação correspondente, o que demonstra outro ponto principal a ser trabalhado no processo ensino-aprendizagem.

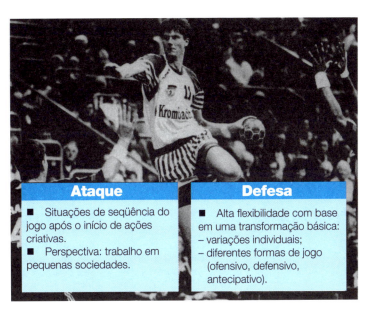

Fig. 5: Concepção de uma filosofia de jogo alemã: características reconhecidas.

Ataque
- Situações de seqüência do jogo após o início de ações criativas.
- Perspectiva: trabalho em pequenas sociedades.

Defesa
- Alta flexibilidade com base em uma transformação básica:
  – variações individuais;
  – diferentes formas de jogo (ofensivo, defensivo, antecipativo).

No jogo defensivo, deve-se objetivar uma alta flexibilidade e a adaptação ao adversário, de acordo com a situação, com base em conceitos táticos.

O importante é que cada jogador também atue na defesa e, aqui, não esteja preso a uma "jaqueta" tática; deve saber "jogar com o adversário" (veja em EHRET/SPATE Treinamento de Handebol 9/93).

Conteúdo dos pontos principais das estruturas de treinamento a longo prazo nas categorias infanto-juvenis

Na Tabela 1 estão resumidos os principais conteúdos, bem como os objetivos de treinamento ambicionados em cada fase da nova concepção de treinamento da Confederação Alemã de Handebol (CAHb).

Fase 1 (até 12 anos)

As linhas diretrizes mais importantes desta categoria são incentivar a motivação de crianças pelo handebol e a formação orientada ao desenvolvimento de sua personalidade e de suas necessidades.

Aqui se deve evitar um treinamento específico de handebol. O ponto principal é a formação múltipla e geral. Com o auxílio de jogos em situações simplificadas e estandardizadas, aprimora-se

Tab. 1: Conteúdos a serem desenvolvidos num processo de treinamento em longo prazo. Fonte: Ehret et al. (1999:18).

Idades/Níveis de desenvolvimento	Linhas gerais	Conteúdos príncipais – Defesa	Conteúdos príncipais – Ataque
4 17/18 anos	– Treinamento posicional, mas em várias posições (*Allrounder*). – Desenvolver a capacidade de jogo contra diferentes formações defensivas e ofensivas.	– Sistema defensivo 3:2:1/defesa 6:0. – Tática individual variável orientada com a situação (defensiva, ofensiva, antecipativa). – Aplicação de diferentes formações defensivas no jogo.	– Dar continuidade ao jogo ofensivo após a ação inicial. – Encurtar as fases de armado de jogo. – Dar seqüência após o contra-ataque.
3 15/16 anos	– Início da especialização nas posições, porém Allrounder. – Tática individual dentro do aspecto da universalidade das posições. – Desenvolvimento da capacidade de jogo.	– Defesa ofensiva 3:2:1 orientada com a bola. – Nas transformações do ataque para 2:4 – 4:2 ou 3:2:1 ofensivo. – Tática de grupo: cobertura, segurança, bloqueio.	– Jogo posicional e troca de posições de forma variada (3:3 - 2:4 ataque). – Tática individual em posicionamento específico. – Tática de grupo posicional contra-ataque: simples e sustentado.
2 13/14 anos	– Nenhuma especialização em posições. – Formação motora geral e variada. – Tática individual independente do nível de desenvolvimento sistemático e do desenvolvimento da capacidade de jogo. – Introdução à capacidade de jogo.	– Tática individual. – Defesa ofensiva (orientada com o adversário). Defesa zonal/mista 1:5. – Recomendação: jogar 5 minutos por treino com marcação individual.	– Jogo posicional 3:3. – Troca de posições na largura em profundidade. – Tática e técnica individuais (jogo 1:1, 2:1). – Técnica individual e tática de grupo. – Rápida troca defesa-ataque.
1 Até 12 anos	– Formação motora geral e variada. – Objetivo: 1. Jogo básico (4x4+1) 2. Jogo objetivado (6x6+1) – Princípio básico: jogo livre sem imposições táticas.	– Formas flexíveis e variadas da marcação individual. – Formas prévias da marcação zonal. – Regras táticas de comportamento individual no jogo 1x1.	– Formas básicas das técnicas (lançamento com apoio, passes, recepção e fintas). – Jogo em conjunto de formas simplificadas.

inicialmente o jogo básico 4+1. Ao invés de campeonatos, o ideal seria oferecer às crianças festivais e torneios, sobretudo na faixa etária de 6 a 8 anos. Com os jogadores de 9 a 12 anos pode-se aumentar o número de jogadores até a forma de jogar o 6 contra 6, contanto que eles tenham experiência anterior com a forma 4+1.

Importante:

A preferência absoluta é por jogos livres com várias formas da marcação individual.

Fase 2 (até 13/14 anos)

O objetivo principal dessa categoria é o desenvolvimento criativo da capacidade de jogo, sem uma obrigação tática. "Jogar mais do que se exercitar" é, portanto, a conseqüência metódica lógica. Utilizam-se jogos básicos elementares nos quais – pelo menos no setor da formação ofensiva – existam uma relação de superioridade numérica. Os jovens devem aprender, o mais amplamente possível, a forma grossa de um repertório de variações técnicas e comportamentos táticos elementares no ataque e na defesa. Portanto, nessa faixa etária proibe-se a colocação dos jogadores precocemente em posições específicas predeterminadas (objetiva-se o jogador "polivalente").

Importante:

A predeterminação do percurso da bola e de linhas de corrida ou de deslocamento não pode ser apresentada nesta faixa etária. São ensinadas táticas de ação de grupo, de iniciação e de preparação, como, por exemplo:

- Ataque paralelo ou engajamento
(para o desenvolvimento do jogo posicional de ataque);
- O cruzamento (no segundo grupo, de acordo com o princípio "todos com todos");
- Os bloqueios ou cortinas.

No setor da formação defensiva, o treinamento concentra-se – como ensinamento básico do comportamento tático individual – em táticas grupais de defesa como, por exemplo, auxiliar, cobrir, tomar e trocar a marcação.

Fase 3 (até 15/16 anos)

O desenvolvimento da "capacidade de jogo" é o ponto principal desta categoria que, de acordo com a idade cronológica e de início no treinamento de handebol, é colocado como o ponto de divisão entre o treinamento de base e o de aproximação.
Os pontos principais do treinamento de ataque são: a multiplicidade de possibilidades de ações na tática grupal em pequenos grupos de 2/3 jogadores no jogo posicional e a transição de formações ofensivas com um ou dois pivôs. No setor da formação tática individual treina-se, em posições

Linhas básicas para o treinamento de base

① Assegurar um treinamento de formação em longo prazo através de diferentes níveis de formação e desenvolvimento.
② Garantir o treinamento durante o ano todo e de forma regular.
③ O treinamento da capacidade individual é o ponto central no treinamento de base.
④ Promover o desenvolvimento da capacidade individual dos jogadores conforme o nível de rendimento e o nível de sobrecarga estabelecido também conforme seu parâmetro individual. Nenhum domínio de treinamento em equipe.
⑤ O treinamento deve ser variado. Oferecer a mais ampla gama de esportes (não somente handebol).
⑥ Para a formação técnico-tática individual é valido: jogar mais do que exercitar.
⑦ Almejar o mais alto nível de desenvolvimento das capacidades coordenativas.
⑧ Não submeter jogadores a aspectos em que a disciplina tática seja dominante: deve-se priorizar o jogo criativo sem formas de passe, ou linhas de corridas predeterminadas.
⑨ O treinamento de base tem que ser muito atrativo. Alunos e jovens devem ser motivados através de um variado processo de treinamento, ganhando, assim, motivação na prática de esportes.
⑩ O aconselhamento dos jovens não pode se limitar ao treinamento e ao jogo. O monitor deve ser também um conselheiro para perguntas e problemas fora do campo de jogo.
⑪ Escolares e adolescentes devem ser motivados por um atrativo programa geral no clube (ex.: viagens, organização das férias, discoteca etc). Treinar e jogar não são suficientes.

específicas, porém não unilateralmente.
■ Posição inicial de armador:
– 60% na posição de armador
– 30% de pivô
– 10% de ponta

Tab. 2: Desenvolvimento 13/14 anos.

Objetivos Multidisciplinares

- Aquisição de uma ampla experiência de movimentos, mesmo em outros esportes.
- Exercitação da coordenação geral.
- Fortalecimento da musculatura em geral, através de formas.

Objetivos Específicos da Modalidade

Técnica individual

- Aquisição de uma amostra de movimentos ampla em habilidades (no mínimo na forma grossa).
- Bases de tática individual defensiva e ofensiva.
- Habilidades motoras independentes das posições e um início nos comportamentos táticos de grupo.
- Sem especialização em posições.

Treinamento de defesa

- Defesas zonais ofensivas (orientadas com o adversário).
- Sistemas defensivos 1:5-, 3:3- e 3:2:1.

Treinamento de ataque

- Jogo posicional 3:3 com troca de formação.
- Jogo posicional na largura e na profundidade. Importante: jogo criativo a partir de situações simples de troca de formação.
- Troca de ritmo na fase de construção do ataque.

- Posição inicial de pivô:
  - 60% pivô
  - 20% ponta
  - 20% armador

- Posição inicial de ponta:
  - 40% ponta
  - 30% pivô
  - 30% armador

Indicação:
- Ponta é o jogador mais versátil (universal).
- São possíveis modificações de acordo com o tipo de ênfase desejado. É possível a modificação das ênfases oferecidas conforme o tipo de atleta.

No jogo defensivo ocorre a transição entre marcação individual com orientação ao adversário (defesa 1:5 na categoria 2) para a forma de jogo baseada no posicionamento da bola. O bloquear os lançamentos do adversário, auxiliar a cobertura e a forma da troca de marcação, ganha um valor especial no processo de formação do treinamento da defesa. A característica do comportamento ofensivo da defesa é, no entanto, antida (3:2:1 e 4:2).

Fase 4 (até 17/18 anos)

O ponto principal do treinamento ofensivo nesta fase é o desenvolvimento da capacidade de jogo contra os diferentes posicio-namentos – defensivo, ofensivo e antecipativo do sistema de defesa adversário. Sob o ponto de vista tático, a continuação do jogo no ataque ganha um significado especial: "Princípio da Continuidade". Mais adiante deve-se observar o desenvolvimento posterior do ritmo de jogo – encurtamento da fase de construção das jogadas e continuação da ação a partir de um contra-ataque, sem "parar" o ritmo. No setor da formação defensiva ocorre a introdução às formações defensivas (tipo 6:0) e no setor da condição física são treinadas as capacidades específicas de força (força de impulsão e de lançamento) de forma intensiva e específica para o handebol.

Finalmente, é preciso observar que os conteúdos e jogos aqui descritos valem tanto para o sexo masculino quanto para o feminino. Por causa da idade de iniciação, freqüentemente tardia no setor feminino, é que os conteúdos aqui descritos podem ser adiados na prática.

As linhas diretrizes importantes para o treinamento de base

Os objetivos mais importantes do treinamento de base são os resumidos na Tabela 2.

O treinamento de base bem realizado traz uma coordenação motora e uma formação básica muito boa aplicada ao handebol. As ações de treinamento orientadas para o resultado e o placar do jogo não têm aqui um papel fundamental.

Portanto, é interessante que os técnicos e treinadores guardem, de forma especial, as "diretrizes e princípios metodológicos", mencionados nas páginas anteriores.

O treinamento de handebol compõe-se em todos os níveis de rendimento e categorias de jogo, de uma combinação das formas de jogos e de exercícios. Nenhum treinador deixará sua equipe só jogar ou só exercitar-se. A questão central toca muito mais o momento correto de utilização
de um ou outro conteúdo e dos dois fatores em correta interação. No Volume 1, da série Manual de Handebol, comentou-se a respeito do importante papel dos jogos – com um planejamento adequado e sob condições simplificadas. Nesta fase, o exercitar puro ocorre de forma modesta e tem somente uma função auxiliar.

Portanto, no Volume 2, para o desenvolvimento da capacidade de jogo com crianças da faixa etária de 12 a 14 anos, empurra-se a porção da formação motora multifacetada da categoria 1, no sentido de um aperfeiçoamento dos elementos técnico/táticos de jogo. Os conteúdos principais do treinamento específico do handebol, ou seja, o aprendizado do jogo em jogos básicos e o exercício isolado de elementos fundamentais técnico/táticos do jogo ofensivo e defensivo, são agora os pontos de evidência. A base motora necessária é otimizada de forma contínua.

Aprender a jogar apoiado em jogos básicos e os necessários complementos analíticos (exercitar isoladamente os componentes técnico-táticos básicos, como, por exemplo, os lançamentos, variações de passe ou mesmo a defesa individual) estão colocados nesta fase dos 17-18 anos como temas centrais.

Também dentro de cada tema do treinamento no handebol ocorrem deslocamentos, e dá-se ênfase ao conteúdo principal, conforme as necessidades das crianças, detectadas por cada treinador. Com o exercitar, iniciamos aqui o treinamento das bases motoras. Existe, ainda hoje, uma acentuação unilateral em crianças de 6-10 anos com uma distribuição quase idêntica do treinamento do adulto. Enquanto em jovens jogadores iniciantes o desenvolvimento da coordenação, da técnica e da flexibilidade são pontos principais, em jogadores das categorias D e C o desenvolvimento da condição física e da técnica são os meios principais de treinamento, sem falar no desenvolvimento tático nos jogadores iniciantes.

Aqui – e esta recomendação tem uma importância especial para o treinador – estes conteúdos não têm mais nenhuma importância em termos da ordem em que eles devem ser ensinados; "o exercício orientado" (analítico) com adolescentes de 12/13-14 anos tem uma relação semelhante de volume e intensidade, comparável em todos os fatores determinantes, descritos acima (veja Fig. 6).

Fig. 6: Conteúdo analítico do treinamento de handebol com crianças de 12/13 até 14 anos.

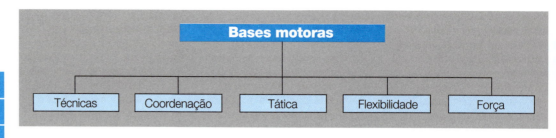

Conseqüência Didático-Metodológicas

A Figura 6 mostra uma divisão para o capítulo "Bases do Treinamento Motor". Nele, trataremos de forma separada os treinamentos da coordenação, técnico, tático, da flexibilidade e da força. Serão apresentadas primeiramente as precondições gerais de desenvolvimento, as questões conforme os respectivos conteúdos (O quê?), e em seguida os métodos específicos (Como?) e os seus fundamentos teóricos (Por quê?). Todos os temas contêm, além disso, exemplos práticos de exercícios. Algumas dicas em relação à ordem organizacional e temporal dos diferentes conteúdos de treinamento (dentro de uma unidade de exercícios) podem ser encontradas no capítulo "Estrutura do Treinamento".

Então, falaremos sobre as formas de jogo para a faixa etária dos 12/13 até os 14 anos. No Volume 1 foram apresentados uma série de exercícios, pelos quais as crianças foram levadas ao jogo básico 4:4.

Nesta série de "situações de jogo" serão utilizados ao mesmo tempo diferentes princípios metodológicos já conhecidos (ver GÖHNER 1981, p. 45):

1. Princípio da diminuição da oposição do adversário

O iniciante no handebol será auxiliado por meio do treinamento sem goleiros ou jogadores de defesa. Primeiramente, eleva-se a complexidade tática das situações estandardizadas: uma oposição indireta do adversário será colocada no nível 4 (com goleiro), enquanto nos níveis 3 a 6 serão utilizados defensores.

2. Princípio da diminuição do apoio do colega

A segunda simplificação metódica que deve ser utilizada nos primeiros níveis estabelece que, no início, se deve jogar sem um parceiro. Também a facilitação motora (por ex. lançamento ao gol e jogos 1:1) e a cognitiva (por ex. observação da movimentação do goleiro e do adversário) devem ser utilizadas para o cumprimento dos exercícios propostos. Um companheiro de equipe será introduzido primeiramente no nível 6, um outro só no nível 8 (último nível).

3. Princípio da simplificação do meio ambiente onde ocorre a movimentação do jogo

Os jogos, em todos os níveis de iniciação, não têm lugar em uma quadra normal de handebol, mas sim em um campo diminuído (campo – 14 x 25 metros; linha do gol – raio de 5 metros; altura do gol –1,60 metro; bola – de 48 a 50 centímetros).
Com estas simplificações metódicas deve-se então afastar todas as possibilidades materiais de superexigência psíquica/ condicional em relação à criança.
Em caso de necessidade deve-se e pode-se utilizar uma quarta medida de facilitação – "Princípio da simplificação das regras técnicas". Em crianças iniciantes com um baixo nível de performance, deve-se abdicar de algumas regras oficiais. Isto é válido especialmente para as "contravenções": quicar a bola mais vezes do que o permitido, e erros ao marcar e andar com a bola.
Então, qual destes três (quatro) princípios pode ser utilizado pelos jovens de 12/13 até 14 anos? Transmissíveis e altamente utilizáveis são as duas primeiras estratégias metódicas – princípios
da diminuição da ação do adversário e do auxílio do companheiro.

Fig. 7: O conceito de treinamento com crianças de 12/13 até 14 anos.
Observação: De acordo com o ponto principal fixado pelo treinador, jogos com relação de superioridade (ex. como simplificação metodológica) ou em equilíbrio numérico são empregados para o desenvolvimento das capacidades especiais de jogo.
São formadas as capacidades motoras básicas que não são trabalhadas durante as sessões de treinamento.

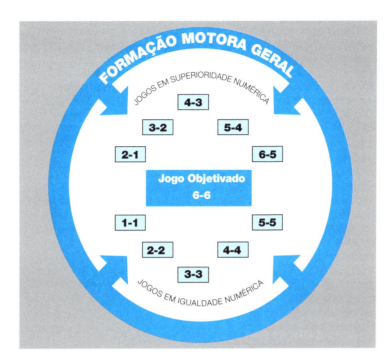

Na segunda parte deste livro serão descritas as formas de jogar com jogos básicos (2-1, 3-2, 3-3, 4-4 etc.) de uma maneira completa.
Além disso, deve-se pensar a respeito da modificação, quer dizer, da melhora do estado de performance técnico da capacidade técnica. No jogo ofensivo as capacidades elementares – quicar, receber a bola e lançamento básico – serão sempre complementadas através de formas complexas de movimentos (lançamento com salto e queda e movimentos de finta) e também o jogo defensivo será tratado de forma objetiva. O jogar se tornará claramente mais cheio de variantes e com uma maior qualidade em todas as situações estandardizadas e, através disto, as dificuldades táticas adaptar-se-ão quase automaticamente aos avanços no desenvolvimento dos jovens jogadores.
Não serão mais utilizados os princípios 3 ("simplificação do meio ambiente") e 4 ("simplificar as regras técnicas").
Finalmente, existe ainda uma diferença muito significativa entre a forma de se jogar com 6 a 12 anos e o jogo com 12/13 até os 14 anos. A seqüência de situações, mostradas no Volume 1, está sob o lema "Assim as crianças aprendem a jogar handebol" e trata de uma seqüência restrita e lógica de jogos para jogadores iniciantes divididos temporariamente em níveis de 1 a 8 que se completam. O motivo é claro: só quando a criança é

Tab. 3

OBJETIVO	6-12 ANOS	12-13 A 14 ANOS
Relação metodológica básica	Jogos em situações-padrão ou estandardizadas com complementação de exercícios.	– Jogos básicos como caminho de aprendizado. – Exercícios isolados.
Executar	Técnicas básicas, formação motora geral ampla.	Técnicas, coordenação e elementos da técnica básica. Flexibilidade e condição física.
Jogar	– Diminuição da ação do adversário. – Diminuição do apoio do colega. – Simplificação do meio ambiente. – Simplificação das regras.	– Diminuição da ação do adversário (primeiro jogos em superioridade e depois em igualdade). – Diminuição da ajuda do colega (jogar com passadas, depois sem estas).
Conceito geral	Seqüência ordenada de jogos.	Jogos e exercícios básicos.

capaz de controlar o primeiro nível de jogo – pelo menos na forma grossa – é que apresentará condições para resolver os problemas propostos pelo nível superior. O domínio do nível 2 é necessário para a passagem ao nível 3 e assim por diante. Um outro quadro se apresenta para o treinamento de jovens de 12/13 até 14 anos. Aqui não se começa mais com o jogo 1-0. As capacidades e habilidades dos jovens possibilitam muito mais e permitem uma maior liberdade de movimentação entre as situações estandardizadas. O número de companheiros de equipe ou de adversários não segue uma ordem certa (crescente), mas é colocado pelo técnico de acordo com o ponto principal a ser treinado. Na tentativa de retratar isso em um quadro (Fig. 7), teremos um círculo, no qual não existe a parte superior nem a inferior de forma direta. Para uma visão geral, as "flechas ou atalhos" não estão representados no quadro (Fig. 7); eles podem ser colocados em qualquer forma de jogo e passar também para outra forma. As situações estandardizadas na segunda parte do livro têm uma indicação do "número de jogadores" e somente um fim didático.

Para os jovens de 12/13 até 14 anos não se pode dar nenhuma seqüência de jogo "fortemente atada", mas uma oferta de jogos que, de acordo com o ponto principal de cada unidade de treinamento, deve ser escolhida pelo treinador.

A parte prática do treinamento ofensivo e defensivo é, portanto, estruturada e funciona sob o seguinte princípio: "com as ofertas de jogos ordenadas metodicamente são orientadas diferentes partes de exercícios para o aprendizado do comportamento técnico/tático" (por ex. fintas, técnicas defensivas no jogo 1-1 etc.). A Tabela 3 mostra como os conceitos de treinamento para as faixas etárias de 6 a 12 anos e de 12/13 a 14 anos podem ser comparados e como são divididos.

Bases do Treinamento Motor

Fases de Desenvolvimento e o seu Significado para o Treinamento de Base

A faixa dos 10 aos 14 anos é denominada geralmente como segunda fase da infância e puberdade (adolescência). É que neste período a curva de desenvolvimento dos meninos se diferencia da curva de performance das meninas.
As meninas têm uma vantagem biológica de aproximadamente 18 a 24 meses (veja Tabela 1) nas idades iniciais.
Para o treinamento com infanto-juvenis no handebol, esta fase representa um momento decisivo.
Este é o período da infância – visto de uma forma integral – que é mais apropriado para o aprendizado de habilidades motoras.
Correspondentemente, o treinamento do handebol deveria ser organizado de forma gradativa, específica e orientada para a performance. A alta capacidade de concentração e a necessidade característica de movimento, o "querer é poder" e a sede de aprender das crianças, possibilitam a entrada sistemática e objetiva nas exigências e conteúdos do jogo. Porém, a multidisciplinaridade esportiva é cada vez mais solicitada. Os valores específicos do handebol não devem, de nenhuma forma, objetivar uma "performance precoce e unilateral" (WINTER 1987, p. 334) e muito menos serem entendidos dessa forma.
Existe ainda algo que o treinador precisa saber: a partir dos 10 anos a amplitude da variação do desenvolvimento motor aumenta freqüentemente. As diferenças de performance entre as crianças precisam ser levadas em consideração; o técnico tem de diferenciar fortemente os métodos e os meios de treinamento, quer dizer, adaptar o exercício às respectivas condições individuais. Este não é, sem dúvida, um trabalho fácil. O quadro apresenta-se, pelo menos parcialmente, modificado na puberdade. As modificações profundas que controlam o processo de maturação sexual alteram a relação entre as proporções corporais. Esta característica do desenvolvimento leva à reestruturação da motricidade (WINTER, 1987, p. 358). Enquanto os processos biológicos das capacidades de força e resistência em geral continuam se desenvolvendo de forma acelerada e positiva, ocorre o início de uma tendência contrária no terreno da coordenação motora. O tempo dos progressos rápidos se foi e a dinâmica de desenvolvimento das capacidades e habilidades específicas precisa ser julgada e analisada (ver Figura 2).
O técnico está, então, diante dos problemas da primeira fase pubertária, na qual deve ocorrer o treinamento básico específico do jogo de handebol com grandes exigências pedagógicas, psicológicas e metódicas, a saber:

■ Levar em consideração as crescentes diferenças individuais entre os jovens:

– Diferenças nas condições corporais como, por exemplo, o surgimento de jovens com um crescimento acelerado (que em termos de desenvolvimento corporal estão adiante dos demais da mesma faixa etária);

	Meninos	Meninas
Segunda fase da idade escolar	10 - 13 anos	10-11/12 anos
Adolescência (primeira fase do tempo de amadurecimento)	13 - 14/15 anos	11/12-12/13 anos

Tab.1

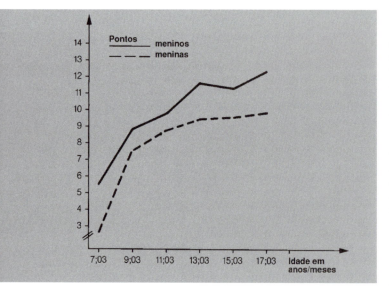

Fig. 1: Desenvolvimento típico da coordenação dos movimentos (WINTER 1987, p. 325).

– Diferenças no nível de performance técnico-tático e condicional.

■Levar em consideração, de acordo com a escolha específica do ponto-chave em uma unidade de treinamento, diferentes níveis de desenvolvimento em relação às habilidades básicas motoras, nas quais, por exemplo, de forma passageira, as capacidades coordenativas estão limitadas e, naturalmente, o aprendizado de novas técnicas específicas é dificultado.
A velha exigência ainda é válida: "nossos melhores técnicos devem atuar com os jogadores iniciantes nas fases de desenvolvimento da capacidade do atleta".
Para finalizar, uma observação: a antiga descrição da puberdade, como "a crise da infância", na qual a coordenação adquirida para os mais variados movimentos desmorona-se, não é mais sustentável cientificamente.
Não se trata aqui de um tempo de se poupar as atividades, pois o treinamento de handebol pode continuar a ser realizado de forma ilimitada e ter o seu nível sistematicamente elevado (Fig.1).

L

■Durante o treinamento básico com crianças (10-12 anos), e também no momento do treinamento básico seguinte (13-14 anos), o técnico deve observar se a atividade praticada é multilateral – acima de tarefas só com o handebol. Atividades como, por exemplo, o atletismo não devem ser vistas como concorrentes, mas sim como complemento desejável do trabalho realizado.

■Com a entrada dos 10-12 anos a criança encontra-se em uma das melhores fases para o desenvolvimento motor, e isto ocorre exatamente no treinamento de base. Nessa faixa etária existem boas condições para o aprendizado técnico e as crianças devem colecionar as mais diversas experiências motoras com técnicas específicas do handebol (por ex. variações de lançamentos básicos, diferentes fintas corporais – fintas nos passes e nos lançamentos e aprendizado de diferentes técnicas defensivas), também quando estas manobras ainda não possam ser utilizadas no jogo.

■Com a transição para a puberdade, que também tem lugar no treinamento de base, é preciso observar as diferenças entre os jovens em relação às suas condições corporais e o nível de performance. O treinamento precisa ser organizado de forma diferenciada e parcialmente individual.

■Enquanto na puberdade a força e a resistência continuam a se desenvolver de forma positiva, a capacidade de coordenação sofre uma estagnação temporária. O aprendizado de novas técnicas específicas de handebol é dificultado e, portanto, elas devem ter prioridade.

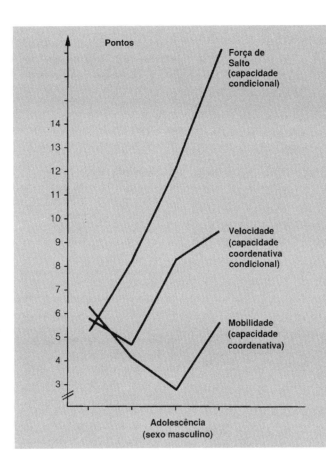

Fig. 2: A reestruturação da capacidade motora na adolescência (cf. WINTER, 1975, p. 45).

Bibliografia:
WINTER, R.: Die motorische Entwicklung des Menschen von der Geburt bis ins hohe Alter. In: MEINEL, K./SCHNABEL, G.: Bewegungslehre – Sportmotorik. Berlin (Ost) 1987, 275-397.

Treinamento da Coordenação

O treinamento das capacidades coordenativas gerais relaciona-se a quatro componentes básicos (ver Vol.1, p. 30):

■Capacidade de aprendizagem motora – poder de entender a realização de novos movimentos de forma rápida.

■Capacidade de coordenação sob pressão do tempo – capacidade de coordenar movimentos já dominados de forma rápida e segura na respectiva situação de jogo.

■Capacidade de precisão no controle do movimento – poder de realizar movimentos já conhecidos com uma altaprecisão.

■Capacidade de adaptação e de reorganização – poder de modificar e mudar freqüentemente situações variadas de jogo.
Para a treinabilidade deve-se indicar, sobretudo, duas particularidades em relação ao desenvolvimento motor geral:

1. O período das grandes performances neste setor ocorre cedo. Portanto, esse processo não se inicia aos 12-13 anos. Até os 9-10 anos de vida, as crianças alcançam em média 50% da sua capacidade coordenativa. No entanto, observam-se grandes taxas de crescimento também na faixa etária de 12-13 anos (ver Fig.1).
A resposta da capacidade coordenativa ao treinamento é de boa para satisfatória. Assim, as capacidades coordenativas podem ser treinadas de forma a trazer bons dividendos;

2. O período de maior progressão da performance finaliza em momentos diferentes entre as várias capacidades físicas. No início da puberdade a curva de rendimento das capacidades coordenativas atinge seu platô ao redor dos 11 anos em meninas e por volta dos 13 anos nos meninos. Ocorre a partir daqui uma relativa estagnação ou uma maior lentidão na aquisição da performance nesta fase. Nas capacidades condicionais (força e resistência) o platô de rendimento apresenta-se mais adiante.

No entanto, isso não significa que o treinamento da coordenação deve ser retirado do programa de exercícios desta faixa. Muito pelo contrário. Através do treinamento, a diminuição da performance e o alcance do platô podem ser parcialmente evitados, e então – mesmo com um pequeno efeito – transformados positivamente (HIRTZ, 1978).

No Volume 1 esclarecemos toda a metodologia da "fórmula básica motora", para a organização prática e concreta dos exercícios de coordenação geral:

> Treinamento da coordenação = movimentos simples + condições dificultadas

Esta fórmula serve também para os níveis de treinamento seguintes, ou seja, menores e cadetes. No entanto, em relação à expressão "movimentos simples", é só algo diferente para "se entender". O motivo é que, com o aumento da experiência de treinamento, os jovens das categorias menores e cadetes dominam as habilidades básicas – correr, saltar, arrastar, quicar, passar e receber – e um número crescente de técnicas especiais do handebol. Na escolha destes, o que para as crianças seriam movimentos simples deve ser colocado de forma objetiva no treinamento da coordenação, tornando maior o repertório ou a base de movimentos.
Diretamente ligado a isso ocorre um claro deslocamento das relações entre as várias disciplinas desportivas para a forma de exercícios específicos. Enquanto na faixa etária de 9-10 anos deve-se manter uma relação ao redor de 80:20, na faixa etária de 12-13-14 anos deve-se objetivar uma relação de 50:50. Nas observações exemplares a seguir, para um treinamento de coordenação com crianças de 10 a14 anos, devemos levar em consideração essa condição inicial de uma motricidade modificada pela experiência ativa.
Em contrapartida, com o Volume 1, os exercícios exemplificados das capacidades elementares – correr e saltar – bem como as atividades específicas do handebol – quicar e arremessar – são aqui explorados.
Nessa faixa etária, pode-se dar uma orientação geral, pois se trata de uma criança com talento,

Bibliografia:
HIRTZ, P.: Schwerpunkte der koordinativ-motorischen Vervollkommnung im Sportunterricht der Klassen 1-10. In: Körpererziehung 28 (1978) 7, 340-344.

que já treina há vários anos e se relaciona, entre outras particularidades, com todas as formas do arremessar – lançamento com apoio, com salto e com queda.

Os dois programas de exercícios finais ilustram, de forma exemplar, como os exercícios para coordenação com diferentes objetivos principais são combináveis. No primeiro programa são resumidas as diferentes formas de arremessar e quicar, na segunda temos diferentes movimentos de arremessar, quicar, correr e saltar.

Observações sobre os programas de coordenação

Os exercícios escolhidos podem:
- servir como programa de aquecimento ou como uma parte do programa de aquecimento;
- ser utilizados após o programa de aquecimento;
- ser utilizados como parte principal da unidade de treinamento.

Para o treinamento da coordenação no treinamento básico deve-se observar as seguintes linhas metódicas:

- No treinamento de base, os exercícios de coordenação deveriam ter um lugar garantido, por exemplo, durante o programa de aquecimento.

- Na puberdade o treinador não pode, de forma alguma, retirar este tipo de atividade do seu programa de treinamento. Em relação à proporção dos exercícios de coordenação gerais e específicos, deve existir uma igual distribuição de 50:50.

- O treinador precisa observar, de todas as formas, o estado de performance individual dos seus jogadores e diferenciar a dificuldade dos exercícios.

Com o iniciante, os exercícios preparatórios de coordenação para o campo técnico devem ser "cozidos em fogo baixo". Sob certas circunstâncias as formas mistas (veja Volumes 1 e 2) comprovam-se como apropriadas para o desenvolvimento deste grupo específico.

Jovens com talento e forte poder de performance podem, ao contrário, absorver freqüentemente exercícios mais técnicos e de maior exigência.

Portanto, o grau de dificuldade deve ser adaptado à habilidade do jogador de uma boa forma.

Treinamento Técnico

Movimento básico	Variações na realização	Dificultar as condições

Quicar a bola	*No local:*
	– sentado
	– deitado
	– em posição de flexão de braço
	– deitado de costas
	– ajoelhado
	– sentado sobre os calcanhares
	– um passo a frente e outro atrás
	– empé
	– com joelhos no chão
		Dificultar a condução:
		– quicar a bola em diferentes alturas
		– quicar a bola sem contato visual (olhos fechados)
		– quicar a bola num ritmo estabelecido por fora
		
		Dificultar a situação:
		– quicar com diferentes tipos de bola
		– quicar duas bolas simultaneamente
		  a) bolas iguais
		  b) bolas diferentes (por exemplo, basquete e handebol)

	No movimento: – para frente – para trás – lateral	*Dificultar a condução:* – combinação das formas variadas de condução com corridas e saltos – diferentes distâncias/direções/velocidades – com giro, mudança de direção, paradas e saídas rápidas *Dificultar a situação:* – quicar a bola em torno de um determinado ponto, por exemplo, cone, banco sueco etc.
Passar/lançar	– lançamento com apoio – lançamento com queda – lançamento em suspensão – passe de peito – passe sobre a cabeça – passe pelas costas ou de faixa – passe por trás da cabeça – passe para o lado	*Dificultar a realização:* – antes do lançamento, combinar linhas de corrida e salto – lançar em diferentes direções – lançar a partir de diferentes direções – correr nas diferentes formas: diagonal, curva, em forma indireta (passe quicado) – com diferentes dinâmicas – salto após uma, duas ou três passadas – salto com a perna certa ou a perna falsa *Dificultar a situação:* – lançar com bolas de diferentes materiais – lançar em pé, parado ou em movimento – lançar acertando diferentes objetivos de tamanhos variados

Indicação:
Todas as formas de variações podem ser executadas com a mão direita e com a mão esquerda. Treinar também com as duas mãos!

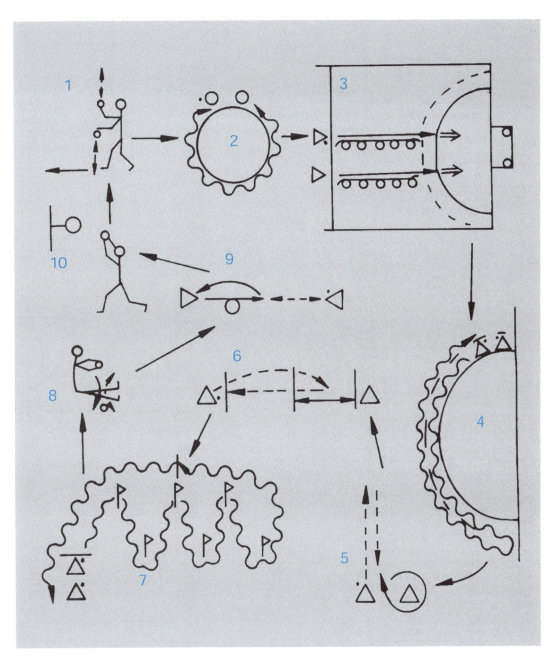

Programa 1: Treinamento da coordenação com ênfase no quicar e no lançar

Em cada estação treinam dois jogadores nos movimentos quicar elançar.

Estação 1: No movimento lançar com uma mão a bola para cima e quicar outra bola com a outra mão.

Estação 2: Quicar a bola deslocando-se lateralmente por fora de um círculo, sendo que para a esquerda se quique com a mão esquerda e para a direita se quique com a mão direita.

Estação 3: Partindo da linha do meio de campo, quicar a bola dentro dos círculos e lançar acertando nos alvos da linha de nove metros.

Estação 4: Deslocar-se lateralmente cruzando as pernas por trás e quicar paralelamente uma bola.

Estação 5: A lança a bola para cima, corre em volta de B e corre para pegar a bola antes que ela quique (o triângulo do lado esquerdo que está com a posse da bola* fica sendo o indivíduo A).

Estação 6: B movimenta-se entre duas zonas delimitadas, avançando e retrocedendo de costas, e permanentemente passa e recebe uma bola lançada por A.

Estação 7: Drible em slalon(zig-zag) em volta dos setores marcados realizando a troca de mão onde se encontra cada obstáculo.

Estação 8: Sentado com as pernas abertas, lançar uma bola para cima e, enquanto se encontra em fase de gol, quicar uma outra por entre o meio das pernas.

Estação 9: A faz uma roda, passa e recebe a bola de B. Faz uma roda de volta e realiza um passe e devolução novamente com B.

Estação 10: Variação com basquetebol. Joga-se com uma bola de handebol, sendo que para encestar só pode ser feito um lançamento em suspensão indireto.

Programa 2: Treinamento da coordenação com ênfase em saltar, correr, lançar e quicar

Em cada estação treinam dois jogadores.

Estação 1: Marcação do setor na forma de slalon(zig-zag), o jogador deve se deslocar quicando a bola.

Estação 2: Lançamento das duas bolas contra a parede de forma a recepcioná-las com a mão contrária a de lançamento.

Estação 3: O jogador deve saltar de um lado para o outro do banco sueco colocado no plano inclinado.

Estação 4: Em um percurso determinado, realizar a roda uma vez para o lado direito e uma vez para o lado esquerdo.

Estação 5: Driblar quicando a bola fazendo um giro em cada um dos pontos marcados por cones. No final, fazer um pique voltando ao ponto inicial o mais rápido possível.

Estação 6: Na posição de flexão de braços, levantar-se velozmente e realizar um movimento de lançamento de suspensão pegando a bola e voltando ao ponto inicial.

Estação 7: Sentado com as pernas abertas, quicar a bola. Enquanto a bola está na fase aérea, abrir e fechar as pernas.

Estação 8: Nos setores previamente delimitados, saltar caindo e trocando de perna.

Estação 9: Realizar saltos levando o joelho o mais acima possível e passando uma bola por baixo da perna no momento do salto.

Estação 10: Quicar uma bola com uma mão não-hábil até uma linha marcada no chão, pegar a bola com as duas mãos e lançar acertando nos cones colocados acima do banco sueco.

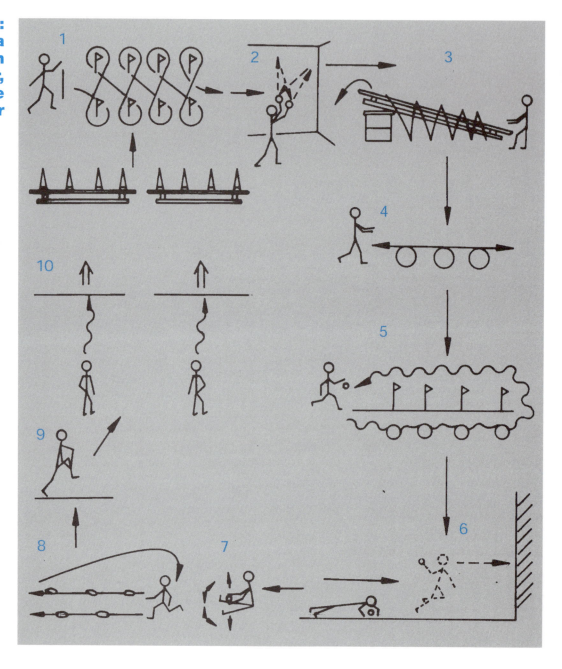

Programa 3: Treinamento complexo da coordenação – Primeira Parte

Exercício sem bola

A. Correr no local

1. Correr no local fazendo "Saci", indo com a perna esquerda e voltando com a perna direita.
2. Correr no local fazendo "Saci", indo com a perna direita e voltando com a perna esquerda.
3. Igual aos exercícios 1 e 2, porém, ao sinal do treinador, mudar o lado de corrida.
4. Com o pé esquerdo correr no lugar e com o pé direito pisar fora da linha e voltar novamente para ela.
5. Com o pé direito correr no lugar e com o pé esquerdo pisar fora da linha e voltar novamente para ela.
6. Igual aos exercícios 4 e 5, porém, ao sinal do treinador, fazer a troca de pés.
7. Combinar os exercícios 1, 2, 4 e 5 na seqüência; por exemplo, repetir três vezes cada um.

B. Corrida com troca de direção em distâncias pequenas

1. Pique o mais rápido possível numa distância de três a quatro metros em um quadrado, realizar um quarto de giro e voltar a correr três a quatro metros. A cada quadrado completado, realiza-se o mesmo trabalho no sentido inverso.
2. Realizar corrida em zig-zag ao máximo de velocidade, e os cones estarão colocados a uma distância de 1 a 1,5 metro entre si.
3. O mesmo tipo de trabalho, só que realizando deslocamento lateral e tarefas adicionais (por exemplo, fazer a roda).

C. Combinações de saltos nos pneus

1. Pular o pneu com os dois pés simultaneamente da esquerda para a direita e retornar.
2. Pular sobre o pé esquerdo e cair com o pé direito acima do pneu. Apoiar o pé esquerdo pulando novamente com ele e cair com o pé direito fora do pneu. Repetir o exercício da direita para a esquerda.
3. Saltar com os dois pés realizando meio giro e cair dentro do pneu. Pular novamente e cair do lado de fora do pneu. Retornar à posição inicial, realizando o mesmo trabalho, só que o giro para o lado inverso.
4. No movimento de avanço pulando com o esquerdo/direito de forma alternada e caindo sobre um pé dentro dos pneus (por exemplo: cruzando as pernas, três vezes com a esquerda e três vezes com a direita; uma vez com a esquerda, uma vez com a direita e uma vez com os dois pés de forma alternada).

D. Combinações de salto com corda

1. Saltar a corda saltitando para frente.
2. Saltar a corda saltitando para trás.
3. Combinar os exercícios 1 e 2.
4. Saltar a corda saltitando para a lateral, três vezes para a esquerda e três vezes para a direita.
5. Três saltos consecutivos somente com o pé esquerdo, meio giro, três saltos com o pé direito.
6. Saltitar num movimento de avanço trocando três saltos com duas pernas, três com a perna esquerda e três com a perna direita.
7. Repetir o exercício 6, só que se deslocando para trás.

E. Coordenação de pernas e braços como exercício de fortalecimento muscular com bolas de tênis

1. Realizar flexão de braços com uma bola de tênis em cada mão; pernas e braços se apoiam paralelamente no chão tentando avançar na posição de flexão de braços.
2. Posição de partida igual ao exercício 1, só que os pés permanecem no lugar e com as mãos procura deslocar-se para frente e para trás.
3. Posição de partida igual ao exercício 1, só que os pés permanecem no local e o corpo procura girar da esquerda para a direita até completar um giro total.

Programa 3: Treinamento complexo da coordenação – Segunda Parte

Exercício de coordenação para o aquecimento

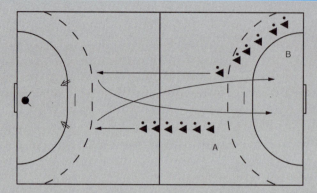

A e B partem simultaneamente cada um da sua posição.

1. Num movimento de deslocamento para frente, realizar circunduções do braço de lançamento e quicar uma bola com a mão livre. Na linha de nove metros, realizar a troca de mão e lançar a bola.
2. Realizar saltos em diagonal pulando com as pernas esquerda e direita. Na linha de nove metros, realizar o lançamento com o braço não-hábil.
3. Deslocar-se até a linha de nove metros da seguinte forma: realizar um passo à frente com a perna esquerda; com a mão direita, passar a bola pelo meio das pernas; recepcionar a bola com a mão esquerda e passá-la uma vez para a mão direita; a cada passo, realizar o mesmo trabalho e na linha de nove metros lançar a bola.
4. A cada três/quatro metros, realizar troca de direção esquerda/direita e vice-versa fazendo a troca de mão. Na linha de nove metros lançar a gol.
5. Pular com os dois pés ao mesmo tempo se ajudando na impulsão com a bola pela frente do corpo. Ao chegar aos nove metros, lançar a gol.
6. Como no exercício 5, só que trocar a bola de uma mão para a outra a cada salto.
7. Na posição de partida deslocar-se até os nove metros da seguinte forma: quicar a bola – finta de lançamento com o braço direito; quicar a bola – finta de lançamento com o braço esquerdo; quicar a bola – finta de passe para a direita; quicar a bola – finta de passe para a esquerda. Ao estar próximo dos nove metros, lançar a gol.

Observação:
Se as mãos das crianças são muito pequenas para segurar a bola, podem ser utilizadas bolas de meia ou segurar a bola com uma mão.

8. Deslocar-se lateralmente cruzando as pernas por trás, realizando a troca de bola (de uma mão para outra) por cima da cabeça com os braços esticados. Ao chegar os nove metros, lançar a bola.

Observação:
Mais exercícios de coordenação podem ser encontrados nas Fichas de Handebol Nº 7.

Considerações prévias

O desenvolvimento lento das capacidades gerais de coordenação na fase até 10 anos e posteriores à estagnação parcial na puberdade tem muita importância, ou seja, essas capacidades têm significado para o treinamento da técnica no handebol. Enquanto na categoria até 10 anos a capacidade de aprendizado ainda é caracterizada acima da média, na puberdade muitos meninos e meninas sentem uma maior dificuldade para a aquisição de novas formas de movimento, em comparação aos anos anteriores. Agora, o "aprender de primeira" ou por "insight" ocorre raramente (WINTER, 1988, p. 354), e o sucesso desejado, freqüentemente, só após esforços intensivos.

Para o técnico, uma proporção crescente de paciência torna-se importante. Companheiro de caminho, ele precisa deixar que os exercícios técnicos sejam repetidos várias e várias vezes. A qualidade dos exercícios por ele propostos tem mais do que nunca um papel-chave. Em outras palavras: as complicadas formas de movimento no jogo de handebol não são amadurecidas de forma nenhuma naturalmente" e, também, não é regra geral que uma criança possa adquiri-las imediatamente, sem que se submeta a um plano ou a um processo de exercícios analíticos objetivos. Grandes pesquisas sobre o desenvolvimento motor comprovam isto. Em jovens de 13-14 anos, que não tiveram o treinamento especial ou mesmo a técnica mais básica, o lançamento com apoio, por exemplo, não se encontra no seu repertório "normal" de atividades – aproximadamente, 25%; e menos de 10%, para os meninos que não conseguem realizar, sequer de forma aproximada, um movimento de lançamento. Na maioria, pode-se observar grande quantidade de erros e deficiências.

Portanto, a realização sistemática de treinamento (jogo) é o que leva os nossos jogadores para frente. Com o auxílio de exercícios analíticos, apesar desses meninos e meninas não possuírem mais uma capacidade ótima de aprendizado da coordenação, muitas coisas são possíveis de serem alcançadas e melhoradas. Um primeiro ponto importante no treinamento de base é o trabalho para a aquisição de novas habilidades esportivas específicas. Os jovens que treinam regularmente em um clube já deveriam ter absorvido as primeiras experiências com o lançamento normal (ver Vol.1) ou adquirir o conhecimento necessário para a realização deste lançamento o mais rápido possível, ou no mais tardar no início do período etário de 10 a 14 anos. Partindo disto, pode-se utilizar o treinamento para ensinar outras importantes técnicas específicas do handebol, por exemplo, os lançamentos com queda e salto.

Nos capítulos seguintes apresentaremos meios metodológicos para o aprendizado dessas últimas formas de movimento – lançamentos com salto e queda. No Volume 1 (p. 42-43) é possível encontrar exemplos de exercícios de fintas e recebimento de bola no movimento de engajamento, além de técnicas de defesa que são tratadas nos capítulos "Treinamento Ofensivo" e "Treinamento Defensivo", respectivamente.

Um segundo ponto importante nas categorias menores e cadetes está na utilização das técnicas aprendidas – treinamento de utilização da técnica – no jogo e na própria situação de jogo. No treinamento técnico dois setores têm um grande significado:

① Aprendizado de variações técnicas:

② Por exemplo, lançamentos com saltos e com o braço contrário rápido ou lançamentos com salto e dois tipos.

Aperfeiçoamento da adaptação técnica:

Por exemplo, diferentes variações de saltos contra diferentes tipos de comportamento dos defensores.

Este segundo ponto é relativamente novo para a prática do treinamento. Um treinamento de utilização da técnica já aprendida foi até agora deixado de lado na prática cotidiana, não só no treinamento infanto-juvenil, mas também no setor adulto, no qual, em geral, há um treinamento específico com variações técnicas(por exemplo, impulsão com uma ou duas pernas do pivô). Se estes pontos principais forem esquecidos durante um longo tempo, nós não devemos nos assombrar se os jogadores

Treinamento Técnico

Bibliografia:
WINTER, R.: Zur Periodisierung der Ontogenese in der Kindheit und Jugend. In: Theorie und Praxis der Körperkultur 24 (1975) 1, 39-50.

Fig. 3: O treinamento técnico no treinamento de base.

Observação:
Neste capítulo descreveremos, de forma ampla, a base do treinamento de aquisição da técnica. O treinamento de variação e adaptação da técnica será apresentado somente de forma prática (veja capítulo "Treinamento Ofensivo"). Uma explicação (teórica) mais ampla será realizada no volume 3 na introdução do capítulo "Treinamento Técnico".

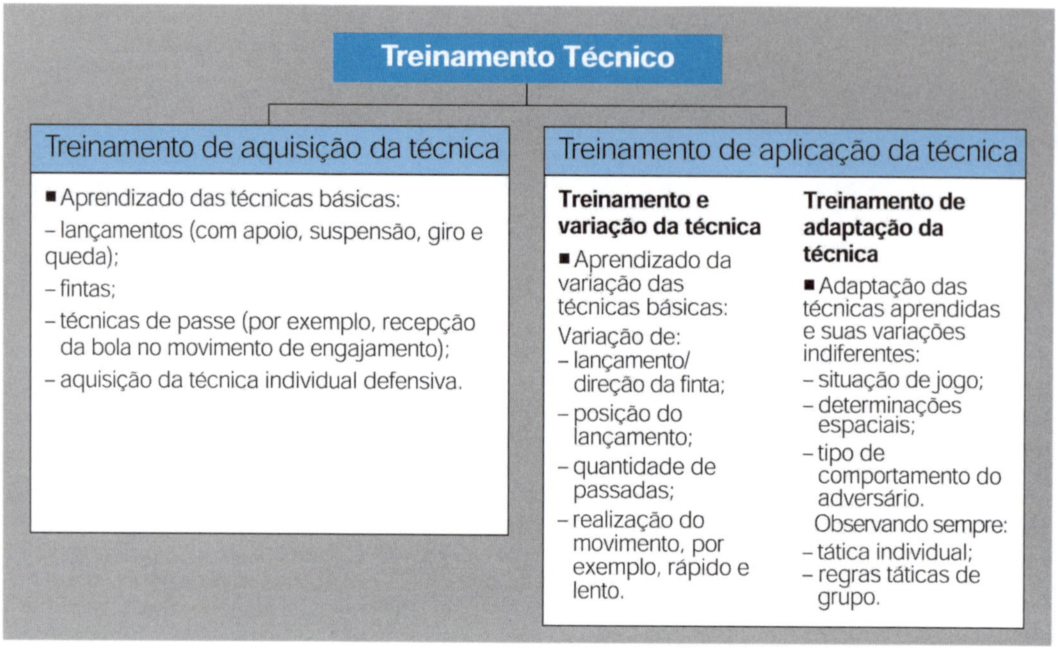

Treinamento Técnico

Treinamento de aquisição da técnica

- Aprendizado das técnicas básicas:
  – lançamentos (com apoio, suspensão, giro e queda);
  – fintas;
  – técnicas de passe (por exemplo, recepção da bola no movimento de engajamento);
  – aquisição da técnica individual defensiva.

Treinamento de aplicação da técnica

Treinamento e variação da técnica
- Aprendizado da variação das técnicas básicas:
Variação de:
  – lançamento/ direção da finta;
  – posição do lançamento;
  – quantidade de passadas;
  – realização do movimento, por exemplo, rápido e lento.

Treinamento de adaptação da técnica
- Adaptação das técnicas aprendidas e suas variações indiferentes:
  – situação de jogo;
  – determinações espaciais;
  – tipo de comportamento do adversário.
  Observando sempre:
  – tática individual;
  – regras táticas de grupo.

---

infanto-juvenis não adquirirem nenhum grande repertório técnico, mas sim, por exemplo, só conseguirem realizar com perfeição um tipo de lançamento e, na maioria das vezes, só do seu ponto predileto da quadra ou só, como vemos nos jogos, conseguirem fazê-lo com uma determinada direção de corrida.

Portanto, devemos ter em mente que:

No treinamento de base devem ser aprendidas diferentes formas de variação dos lançamentos básicos e finta para vir a ocorrer a adaptação correspondente ao comportamento do adversário no jogo.

Assim, organizamos as formas de variação dos lançamentos básicos sob o ponto de vista da especificidade de cada posição (armador, lateral e pivô). Este é o tema central do conteúdo da estruturação do treinamento (veja vol. 3 dessa série).

A Figura 3 mostra mais uma vez os pontos resumidos do treinamento técnico nas categorias menores e cadetes.

O Treinamento de Aquisição Técnica
Como pode ser simplificado o aprendizado de novas técnicas?

No Volume 1 da série de Manuais da Confederação Alemã de Handebol (CAHb) está fundamentado que o ensino dos padrões técnicos básicos é descrito através de uma fórmula, que modifica e inverte a lógica utilizada para o treinamento geral das capacidades coordenativas:

> Aprendizado Técnico = movimentos complicados (complexos) + condições facilitadas

Repetindo, a idéia básica é que o iniciante que não consegue conceber ou realizar imediatamente o novo movimento deve ser auxiliado através da diminuição do grau de dificuldade da tarefa motora.

Concretamente, temos três importantes possibilidades de simplificação que são diferenciadas umas das outras:

① *Princípio da divisão do movimento– encurtamento do programa geral do movimento*
A técnica precisa ser dividida ou encurtada, se o movimento total (o número de elementos que devem ser realizados um após o outro neste movimento) sobrecarregar o aprendiz.

Por exemplo:
A bola é retirada da mão do treinador após uma corrida pre-paratória (passe). Finalmente, a partir da parte superior de um plinto (como suporte para o salto) é realizado um lançamento com salto.
② *Princípio do apoio– facilitação das características temporais*
A técnica precisa ser facilitada no seu aspecto temporal ou nas suas características temporais, se o número de elementos que devem ser realizados ao mesmo tempo ou a velocidade do movimento representarem um problema para a aprendizagem. Por exemplo, no salto e lançamento, queda e lançamento – simplificação da coordenação total da queda e lançamento no aprendizado do lançamento com queda. O jogador segura a bola já na posição de queda e pode assim se concentrar totalmente na queda e no movimento de lançamento.

③ *Princípio de apoio– facilitação das características dinâmicas do programa de movimentos*
A dinâmica do movimento

precisa ser reduzida se as exigências de força para o iniciante forem muito altas. Por exemplo, se a força de salto no início não é suficiente para a realização de um lançamento com salto, tecnicamente correto, então a fase de vôo pode ser alongada/aumentada através do auxílio de um plinto ou minitrampolim para o salto.
Na prática do ensinar e aprender é normal, nas primeiras fases do processo de aquisição, que o técnico (e não há exceção) não só se utilize da estratégia aqui nomeada, mas também da combinação delas ao mesmo tempo. Não raramente são utilizadas formas de exercícios nas quais algumas partes do movimento (princípio 1) são treinadas sob condições temporais e dinâmicas facilitadas (princípios 2 e 3).

Quais seqüências metodológicas são praticáveis para o aprendizado das formas básicas de lançamento?

Diretamente com a reflexão sobre a facilitação de padrões técnicos complexos está ligada a pergunta: como e com quais parâmetros é organizado o caminho do pré-exercício para o exercício principal ou objetivado? A resposta geral aqui só pode ser que a simplificação, seja ela qual for, deve ser reduzida progressivamente no decorrer do processo de aquisição, até que o estado final ou o estado objetivo seja alcançado, ou seja, que a

técnica almejada esteja à disposição. Assim, um encurtamento da técnica precisa novamente ser revisto, e os apoios temporais e de força devem ser retirados gradativamente na medida em que se domina o movimento.

! Aqui são válidos os seguintes princípios gerais já conhecidos "do fácil para o difícil" e "do simples para o complexo". A seqüência das tarefas ou a organização dos exercícios que se baseiam nas estratégias de simplificação de 1 a 3, bemcomo as suas evoluções, em que ocorre uma retirada sistemática da facilitação, são denominadas na prática esportiva como Método de Aprendizado em Série ou Analítico. Normalmente, eles são construídos através da experiência prática geral e devem ser algo como "o caminho seguro" para o aprendizado do padrão de movimento a ser construído.
Na literatura especializada, publicada até hoje, foram descritos vários caminhos para a introdução às técnicas básicas de lançamento.
No entanto, o treinador precisa ser alertado sobre formas muito estreitas e "maçantes" de aprendizado. Com a sua forma "teimosa" de utilização, esses métodos tratam todos os aprendizes metodicamente da mesma forma, e com isso precondicionam que em todos os alunos surjam as mesmas características de superexigência ou de dificuldade. No entanto, nãoraramente, na prática ocorre o contrário. Então temos:

Séries metódicas de exercícios analíticos, prescritos de forma restrita, levam muito pouco em consideração as particularidades individuais e as condições dos jovens. Portanto, existe o perigo de que os jogadores sejam subexigidos ou superexigidos.

Individualização do aprendizado técnico – ensinando com seqüências pedagógicas diferenciadas

Nossa sugestão para a organização do aprendizado no primeiro momento de aprendizagem – treinamento técnico de aquisição – desvia-se, em parte, da teoria e da prática dominante nas "seqüências pedagógicas".

Nós acreditamos que uma estratégia que contenha uma simplificação completa, já predeterminada como forma de ensinar, é pouco efetiva e argumentamos a favor de um método com uma forte diferenciação e individualização. Este, no entanto, não pode e não deve ser um treinamento individual, que por sua vez é de difícil e complicada organização. Objetivamos muito mais um caminho intermediário entre a utilização completa de séries de exercícios pré-estruturados e um treinamento totalmente individualizado. Nós denominamos este conceito como "ensinar de acordo com seqüências pedagógicas diferenciadas". Como tal método "funciona" será descrito a partir do exemplo, já citado, dos lançamentos dos saltos e quedas. No centro do ensinamento e aprendizagem das técnicas do handebol estão as chamadas séries de controle. Elas abrangem vários exercícios que estão dispostos em diferentes graus de dificuldade e, ao contrário dos métodos normais, são utilizados nos graus de dificuldade do difícil para o fácil. Esse paradoxo se esclarece a partir da função das séries-controle. Com essas séries deve-se avaliar o nível de evolução do aprendiz e consegue-se comprovar quais aspectos concretos da técnica são mito complicados para estes jovens. Naturalmente, é necessária uma observação exata por parte do treinador.

Procedimento metodológico para o aprendizado do lançamento com salto (em suspensão)

Primeiramente, o nível de performance precisa ser avaliado, ou seja, o nível metódico inicial. Assim, o treinador comprova se a simplificação do aprendizado é necessária, deixando que o jogador realize a técnica alvo do "lançamento em suspensão". Jogadores que podem realizar esta tarefa imediatamente e de forma satisfatória, via de regra, são jovens talentosos e com nível técnico avançado que já têm uma experiência com o mini-handebol, que "copiam" os movimentos de jogadores de alto nível ("aprender de primeira por insight") e são reunidos em um mesmo grupo, no qual podem começar com um treinamento pertencente ao segundo ponto principal, ou seja, ao aprendizado sistemático das variações e adaptações técnicas do lançamento com salto (veja "Treinamento de Lançamento: Variações Técnicas e Treinamento de Adaptação", no capítulo principal "Treinamento Ofensivo"). No entanto, ocorre, em geral, que a realização da técnica-alvo tem em si dificuldades variadas. Aqui o treinador precisa checar o nível intermediário:

■Existem jogadores que não têm nenhum problema com o recebimento da bola em movimento e conseguem organizar a passada, mas por causa da falta de força de salto não estão em condições de coordenar o lançamento de forma correta.

Os déficits que podem resultar disto são:
– Movimento de braço precipitado com um pequeno volume de ação;
– Lançamento atrasado, ou seja, ocorre pouco antes da aterrissagem.

■Existem jogadores que não têm problemas com o recebimento da bola em movimento ou com a organização das passadas, mas demonstram um déficit na coordenação e no salto.
O déficit na coordenação do salto/lançamento pode ter os seguintes motivos:
– Posição inadequada no momento do lançamento, ou seja, o lançamento ocorre muito

cedo (descoordenação corporal sem um claro direcionamento do braço de lançamento para trás);
– Movimentação atrasada do braço para a frente. Em conseqüência, o lançamento é atrasado pouco antes da aterrissagem.

■Caso surjam as dificuldades listadas na fase de aceleração, na fase de salto ou na coordenação do lançamento/salto, deve-se utilizar o conceito das seqüências pedagógicas, diferenciadas de acordo com a respectiva seqüência de exercícios específica para uma maior aproximação com a técnica-alvo. Isto pode ser visto na Figura 4, como séries metódicas A, B e C. Através desse método, na prática também é possível corrigir iniciantes que partem de um nível zero de habilidade e que cometem vários erros ao mesmo tempo. O treinador precisa escolher métodos de nivelamento inicial mais críticos. Em relação a isso oferecemos formas de exercícios preparatórios elementares.
Um fracasso inicial em todas as fases da técnica-alvo mostraria, no entanto, que o jovem, em razão da totalidade de seu desenvolvimento motor, não possui ainda as condições para o aprendizado do lançamento com queda. De acordo com cada quadro de erro individual são necessários maiores ou menores volumes de préexercícios para a melhora da capacidade condicional (força de salto) e/ou uma base específica de coordenação (técnica básica de lançamento).

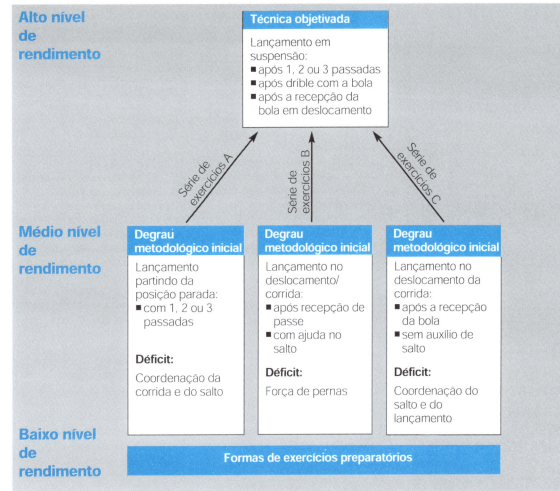

Finalmente temos mais uma indicação:

Com os procedimentos metodológicos demonstrados na Figura 4, partimos para um processo de aprendizagem com uma organização variada de passadas. Portanto, após o aprendizado, os jovens podem realizar um lançamento ao gol com salto a partir de uma, duas ou três passadas.
Essa decisão resulta da observação no tratar com os "velhos" métodos de seqüências

Fig. 4: Progressão metodológica do lançamento em suspensão.
Ficha de Controle (fonte: Ehret et al.,1999, p. 39).

Seqüências de exercícios diferenciadas para o aprendizado do lançamento em suspensão

pedagógicas, nos quais lançamento com salto, inicialmente, era ensinado somente com três passadas. Muitos treinadores das categorias infanto-juvenis tiveram, com certeza, a experiência da dificuldade, apresentada na tentativa de ensinar o lançamento com apenas duas passadas, que na realidade é o que mais ocorre durante um jogo.

Indicações gerais sobre os exercícios

■ Para os exercícios apresentados em seguida, devem ser utilizadas marcações de auxílio para caracterizar quando se deve iniciar acontagem dos contatos com o solo nas corridas com uma, duas ou três passadas.

■ A velocidade da corrida de aproximação e da realização do lançamento deve ser aumentada progressivamente. Na maioria das vezes, a realização muito rápida do lançamento resulta em erro.

■ O percurso de corrida deve ser oblíquo em direção à parte interna da quadra (veja Fig. 5), pois assim a porção superior do corpo e a posição do lançamento são melhores preparadas.

■ Para a realização do movimento desejado no nível seguinte, não é sempre necessário utilizar todos os exercícios de um nível. Freqüentemente, já é suficiente uma escolha sistemática, que todo treinador deve realizar de acordo com as suas observações.

Seqüência de Exercícios A

Exercício 1 (Fig. 5):
Os destros se encontram na zona do armador-esquerdo e os canhotos na zona do armador-direito. Cada jogador tem uma bola. Os jogadores seguram a bola com as mãos e realizam, após a ultrapassagem de uma marcação (cones, linhas etc.), um lançamento com salto e uma passada. A corrida é realizada, diagonalmente, na direção do gol.

Exercício 2:
Como no exercício 1, só que com duas ou três passadas.

Exercício 3:
Como nos exercícios 1 e 2, mas o treinador se coloca ao lado do gol e sinaliza, na passagem do jogador pela marcação, se ele deve executar o lançamento com uma, duas ou três passadas.

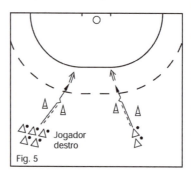
Fig. 5

Exercício 4:
Organização como no exercício 1, porém existe um jogador com um carrinho de bolas que segura uma das bolas com a mão nas posições de armador-esquerda e direita. Os jogadores iniciam a aproximação sem bola, pegam a bola do jogador que está com ela na mão e executam um lançamento com salto e uma passada.

Exercício 5:
Como no exercício 4. Porém, ocorre o lançamento com salto após duas ou três passadas.

Exercício 6:
Seqüência como nos exercícios 4 e 5. O treinador coloca-se ao lado do gol e mostra, no momento do início da corrida de aproximação, se o lançamento será realizado com uma, duas ou três passadas.

Exercício 7:
Forma de organização como no exercício 1 (Fig. 5). Porém, os jogadores não correm com a bola até a marcação; quicam até a linha, seguram a bola e realizam o lançamento com uma, duas ou três passadas.

Exercício 8:
Realização como nos exercícios 6 e 7. O técnico coloca-se ao lado do gol e mostra, no início da corrida de aproximação, se o lançamento deve ser executado com uma, duas ou três passadas.

Exercício 9:
Organização como no exercício 1. Porém, o treinador coloca-se na zona do armador-direita e os jogadores correm sem a bola. Os jogadores finalizam, rimeiramente, com uma, depois com duas e, finalmente, com três passadas.

Exercício 10:
Como no exercício 9, mas o passe é feito da ponta-direita ou da ponta-esquerda.

Seqüência de Exercícios B

Exercício 1 (Fig. 6):
Os jogadores destros estão colocados nas posições trocadas, ou seja, na posição de armador-esquerda, e os jogadores canhotos na posição de armadordireita.
O treinador coloca-se com um carrinho de bolas na posição de armador-central.
Após o passe do treinador, ocorre o lançamento com salto a partir de uma posição elevada (plintos, pequenas caixas ou trampolins).

Exercício 2:
Os jogadores estão em posição de quadrupedia. A bola está colocada entre as suas mãos. Após a flexão das pernas, o jogador toma a bola, endireita a porção superior do corpo e realiza um lançamento com salto e com uma, duas ou três passadas.

Indicação:
Como treinamento adicional da capacidade de saltos podem ser utilizados os exercícios de coordenação da categoria

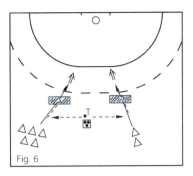
Fig. 6

"saltos", encontrados na literatura especializada correspondente.

Seqüência de Exercícios C

Exercício 1:
Forma de organização como estruturada na Figura 6. No entanto, sem auxílio para o salto. Os jogadores devem ser alertados, através de um sinal acústico, do momento ideal para a realização do lançamento.

Exercício 2:
O controle de eixo do ombro e do braço de lançamento é apoiado através de uma marcação na parede, que deve ser vista no momento da impulsão; ou então, coloca-se uma pessoa no ângulo direito do gol, no sentido da corrida de aproximação, para que o jogador o observe.

Formas de exercícios preparatórios

Exercício 1 (Fig. 7):
A partir da posição básica treina-se, primeiramente, o ritmo de duas passadas para o jogador canhoto. Podem ser utilizadas marcações para a estruturação

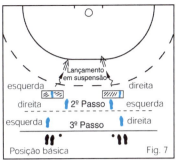
Fig. 7

das passadas. A evolução da movimentação pode ser apoiada por um ritmo dado pelo treinador:
– Batidas de palmas ritmadas;
– Batidas em um tamborim;
– Comando rítmico (por ex. "direita-esquerda-salto e lançamento").

Exercício 2:
Como no exercício 1. Porém, treina-se o ritmo com três passadas: "esquerda-direitaesquerda-salto-lançamento".

Exercício 3:
Os jogadores estão em posição de quadrupedia. A bola está entre as mãos de cada um deles. Após flexionar as pernas eles pegam a bola, endireitam o corpo e realizam um lançamento com salto, a partir de duas ou três passadas.

Exercício 4:
Os jogadores destros encontram-se na posição de armador-esquerda e os canhotos na posição de armador-direita. Os jogadores não têm nenhuma bola consigo. A partir da corrida de aproximação com uma, duas ou três passadas, realiza-se então um lançamento

1 2 3 4 5

Seqüência das fotos:

Lançamento em suspensão sobre o braço de lançamento (masculino)

Preparação para a recepção da bola
O jogador desloca-se na direção do seu braço de lançamento e recebe o passe do lado contrário do seu braço de lançamento. Ele vê e percebe a bola, esticando os braços para recebê-la (veja a Foto 1).

Recepção da bola
Dado um passo com a perna direita à frente, ele recebe à altura do peito com as duas mãos na bola, levando-a perto do corpo (Foto 2).

Salto e preparação do braço de lançamento
Após uma e somente uma passada (perna de apoio sobre a perna esquerda) é preparado, agora, o movimento de salto. Como o jogador pode lançar com o máximo de força, ele pode realizar um movimento circular do braço de baixo para cima e pela frente do corpo levando à posição de armar o braço (Foto 3).

Armado do braço e lançamento
Num ponto máximo de seu salto, o jogador tem alcançado a posição de armada do braço. Na Foto 4, podem ser observados claramente o giro da troca para trás e a extensão do tronco: o quadril permanece de frente, na direção do local de lançamento. O ombro do braço contrário de lançamento apresenta-se para frente mostrando a direção do lançamento.

Lançamento e preparação da queda
Na Foto 5, pode-se ver claramente que existe uma forte transferência de impulsos do ombro e do tronco, de forma a ampliar a potência do lançamento. Essa transferência apresenta-se numa flexão do quadril, e as pernas mantêm o corpo em equilíbrio.

A queda
Ela pode acontecer sobre as duas pernas ou sobre a perna de salto.

com salto, sem bola, com uma, duas ou três passadas e sem auxílio para o salto (forma de organização ver Fig. 7).

Exercício 5:
Forma de organização como no exercício 4. No entanto, cada jogador tem uma bola, que é carregada durante a corrida de aproximação.

Exercício 6:
Como no exercício 5. Porém, o lançamento é executado a partir da bola que é quicada pelo jogador.

Exercício 7:
Como no exercício 5. Porém, o lançamento é feito após o recebimento da bola em movimento: primeiro com um passe para o chão e depois através de um passe direto. Também, aqui, finaliza-se após uma, duas ou três passadas.

1 2 3 4 5

Exercício 8:
Os jogadores pegam a bola a partir da posição de lançamento e realizam uma passada com uma finalização de lançamento.
O ponto do lançamento, propriamente dito, pode ser acentuado através de sinais acústicos. Finalizar com um lançamento com queda, com uma, duas ou três passadas.

Exercício 9:
Através da visão de um ponto de orientação – marcação na parede ou pessoa – no momento da impulsão é "exigida" a movimentação "correta" dos braços.

Exercício 10:
O desenvolvimento e a organização deste exercício é igual ao dos exercícios 4 e 6, mas não serão utilizados equipamentos de auxílio para a impulsão. A seqüência será a seguinte:
1. Aprendizado dos ritmos de uma e duas passadas e do

Preparação para a recepção da bola
A jogadora corre na direção do braço de lançamento e recebe a bola passada pela colega do mesmo lado. Ela vê a bola e estica os braços para recebê-la (Fotos 1 e 2).

Salto e preparação do braço de lançamento
Com o pé direito na frente, a jogadora tem recepcionado a bola e inicia com o pé esquerdo um movimento de armar o braço (Foto 3). Como ela não pode lançar com muita violência, seu movimento de armado do braço é realizado diretamente da posição da recepção levando o braço para trás.

Armado do braço e lançamento
No ponto máximo de seu salto, a jogadora tem armado o seu braço (Foto 4), de forma que pode começar o giro do tronco para preparar e aumentar sua força no lançamento.

Lançamento e preparação da queda

Aqui também na Foto 5, pode-se observar o apoio que existe na transferência de impulsos do ombro e do tronco, de forma a ampliar a potência do lançamento.

A queda
No caso desse lançamento observa-se na Foto 5 a queda sobre a perna de impulsão.

Seqüência das fotos:

Lançamento em suspensão sobre o braço de lançamento (feminino)

movimento de salto sem bola a partir do andar;
2. Aprendizado dos ritmos com uma, duas e três passadas, além do movimento de salto sem bola a partir de corrida preparatória;
3. Aprendizado dos ritmos com uma, duas e três passadas quicando a bola;
4. Aprendizado dos ritmos com uma, duas e três passadas após o recebimento da bola em movimento.

Procedimento metodológico para o aprendizado do lançamento com queda

O conceito "lançamento com queda" é um conceito geral para diferentes padrões de movimentos (por ex. lançamento com salto e queda; lançamento com giro e queda; lançamento com salto, giro e queda). Assim, trataremos mais detalhadamente as variações técnicas no subcapítulo "Treinamento de Lançamento – Variações Técnicas e Treinamento de Adaptação da Técnica" do capítulo 4. Já que na prática a maioria dos lançamentos com queda são realizados a partir de um giro, falaremos agora sobre o lançamento com giro e queda.
A Figura 8 mostra a série de controle para o treinamento de base, principalmente para os aprendizes do lançamento com giro e queda.
O treinador comprova, em primeiro lugar, se o jogador é capaz de realizar a técnica-alvo (veja os quadros na porção superior da Fig. 8).

■Jogadores talentosos, que já dominam a técnica-alvo, devem ser colocados juntos em um grupo que já pode aprender as variações deste tipo de lançamento.

■Em jogadores que não conseguiram realizar a técnica-alvo, o que no treinamento de base tem de ser a regra, é preciso comprovar se uma promoção para o nível 3 é possível. A seqüência de exercícios "A" é escolhida se o déficit na coordenação do movimento de giro e queda é constatado. Ligado a isto geralmente está uma insuficiência da capacidade de orientação para o gol.

Erros:
– Movimento de queda adiantado - o movimento de giro não é levado até o fim;
– O jogador não consegue uma boa posição frontal para o lançamento (= insuficiência de contato visual com o gol).

Se a fluidez do movimento é bloqueada através do medo de cair, recomenda-se iniciar com a seqüência de exercícios B.

Erros:
– Os jogadores lançam a bola e depois realizam a queda;
– Os jogadores caem e lançam pouco antes da queda;
– O jogador realiza um agachamento quase completo para reduzir a distância da queda.

Se existem insuficiências na coordenação dos movimentos de queda e lançamento, a técnica-alvo deve ser aprendida a partir da seqüência de exercícios C.

Erros:
– Os jogadores lançam primeiro e caem depois – falta de

O lançamento com apoio pertence ao repertório básico de todos jogadores de handebol! No treinamento de base é possível utilizar algumas variações e aplicá-las nos pequenos jogos ou em jogos específicos durante os treinamentos.

harmonia no movimento como um todo;

– Os jogadores iniciam o movimento de armar o braço tardiamente (precisão diminuída em relação ao objetivo e pouca força de lançamento; podem lançar somente em ângulos baixos do gol);

■Jovens que cometem vários erros ao mesmo tempo (grau de performance inferior) precisam ser reunidos em um mesmo grupo, que através de formas preparatórias de exercícios dos níveis de performance médio elevam a sua própria performance

! *Indicação:*
Naturalmente, um procedimento diferenciado é freqüentemente problemático por causa de motivos organizacionais. No entanto, a experiência mostra que uma diferenciação em dois ou mais grupos é possível.

■Na introdução do treinamento das formas básicas do lançamento (e, naturalmente, também das fintas) é decisiva a escolha do tamanho certo da bola. Freqüentemente são observados erros na realização do lançamento em razão da utilização de bolas muito grandes.

■Se primeiro deve-se ensinar o lançamento com salto ou o lançamento com queda, não pode ser dito de maneira geral. O treinador tem que decidir com o auxílio das condições individuais.

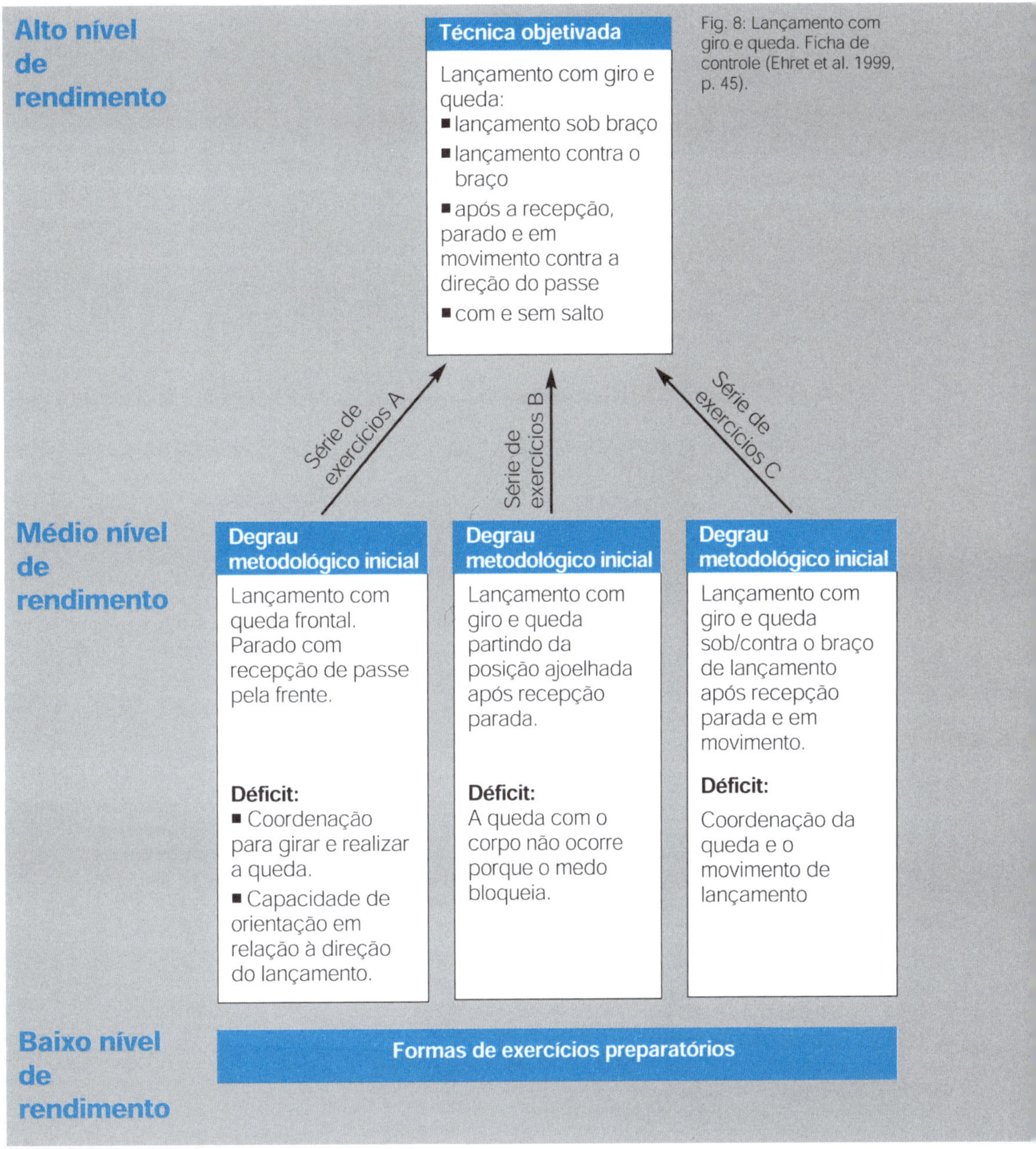

Alto nível de rendimento

Técnica objetivada

Lançamento com giro e queda:
■ lançamento sob braço
■ lançamento contra o braço
■ após a recepção, parado e em movimento contra a direção do passe
■ com e sem salto

Fig. 8: Lançamento com giro e queda. Ficha de controle (Ehret et al. 1999, p. 45).

Série de exercícios A

Série de exercícios B

Série de exercícios C

Médio nível de rendimento

Degrau metodológico inicial

Lançamento com queda frontal. Parado com recepção de passe pela frente.

Déficit:
■ Coordenação para girar e realizar a queda.
■ Capacidade de orientação em relação à direção do lançamento.

Degrau metodológico inicial

Lançamento com giro e queda partindo da posição ajoelhada após recepção parada.

Déficit:
A queda com o corpo não ocorre porque o medo bloqueia.

Degrau metodológico inicial

Lançamento com giro e queda sob/contra o braço de lançamento após recepção parada e em movimento.

Déficit:
Coordenação da queda e o movimento de lançamento

Baixo nível de rendimento

Formas de exercícios preparatórios

Seqüência das fotos:

Lançamento com giro e queda sobre o braço de lançamento (menino)

Preparação para a recepção da bola

O jogador observa a bola que vem voando na sua direção e estica os braços para recebê-la.

Recepção da bola

Simultaneamente com a recepção da bola à altura do peito, inicia-se o movimento de levantar o pé direito e iniciar o giro sobre o braço de lançamento apoiando o peso do corpo sobre a ponta do pé esquerdo (Foto 2).

Conformação dos passos e movimento de preparação do lançamento

O giro é realizado seguindo a seqüência das passadas direita e esquerda, de forma que o jogador fique de frente para o gol. Paralelo à estação começa a preparação do armado do braço com um movimento circular (Fotos 3 e 4).

Vôo e lançamento

A Foto 5 mostra claramente que a realização desse movimento será um lançamento de giro e queda. Após a impulsão do corpo sobre a perna esquerda, o mesmo inicia a fase de vôo praticamente paralela ao chão. A Foto 5 mostra claramente a extensão do tronco, bem como o giro deste. Na mesma foto observa-se o momento em que o armado do braço está finalizado e o jogador observa o comportamento do goleiro.

A queda

Observem as inscrições realizadas na seqüência de fotos da página seguinte.

1

2

3

4
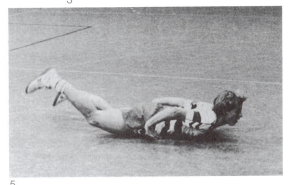
5

Recepção da bola

O jogador está posicionado como pivô no centro da área de seis metros e recebe um passe realizado pelo armador central na altura do seu peito (Foto 1).

Giro e preparação do lançamento

O giro é iniciado no momento em que o jogador, com o pé direito, procura, na medida do possível, apoiá-lo o mais perpendicular ao gol possível acompanhando o movimento com a bola e o resto do corpo (Foto 2). Ele balança a perna esquerda em volta do corpo de forma a aumentar e preparar o salto (Foto 3). Paralelamente, inicia-se o movimento de armado de braço. Instantaneamente, quando o peso do corpo se equilibra sobre a perna esquerda, ocorre a impulsão e o salto na diagonal para frente e para cima.

Vôo, lançamento e queda

Em relação ao vôo e ao lançamento, comparar a descrição realizada na seqüência das fotos na p. 42. Na queda o corpo será recebido com os dois braços, e os cotovelos serão ligeiramente flexionados; a mão do braço contrário ao do lançamento chegará no chão um pouco antes que a outra. Finalmente o corpo será impulsionado para frente na forma de golfinho (Foto 5).

Observação:
O lançamento aqui descrito pertence também a uma das variações do lançamento com giro e queda.

Seqüência das fotos:

Lançamento com giro e queda contra o braço de lançamento (menino)

Seqüências de exercícios metodológicos diferenciados para aprendizado do lançamento com giro e queda

Seqüência de Exercícios A

Exercício 1 (Fig. 9):
Os destros estão colocados fora da área do goleiro, do lado esquerdo, e os canhotos na área de seis metros, à direita, com as costas voltadas para o gol. Todos os jogadores têm uma bola.
O primeiro jogador gira para o lado do seu braço de lançamento e passa a bola para o companheiro de equipe no gol, retornando para o final da fila.

Exercício 2:
Como no exercício 1. Porém, o passe é feito para o goleiro e, no início, o jogador recebe a bola através do passe de um outro companheiro de equipe (ver Fig. 9).

Exercício 3:
Como no exercício 2, mas com lançamento ao gol.

Alterações:
O técnico se coloca atrás do gol e indica o ângulo em que o lançamento deve ser feito.

Indicação:
O treinador precisa observar que, quando o exercício apresenta um volume maior de tempo, o lançamento acontecerá claramente durante o movimento de queda.

Seqüência de Exercícios B

Exercício 1:
Os jogadores colocam-se sem bola, com as costas voltadas para o gol, no meio da área dos seis metros. Nos lados direito e esquerdo encontra-se uma superfície acolchoada (solo macio, colchões de ginástica, tatame ou algo semelhante). O movimento de giro e queda é realizado para a esquerda e para a direita (no lado do braço de lançamento e do lado contrário ao braço de lançamento).

Exercício 2:
Como no exercício 1, mas cada jogador tem uma bola. O lançamento com giro e queda é realizado com bola e o exercício é finalizado com aterrissagem sobre o colchonete.

Exercício 3:
Os jogadores recebem passes da posição de armador-central ou da posição de armador-esquerda ou, ainda, da posição de armador-direita e realizam um lançamento com giro e queda no lado do braço de lançamento. O giro é feito, alternadamente, para o lado do braço do lançamento e para o outro lado.

Seqüência de Exercícios C

Exercício 1:
Se o lançamento é realizado antes do movimento de queda ou só após a aterrissagem, uma variante pode ajudar a corrigir esse comportamento: o jogador faz a corrida preparatória, salta pouco antes do colchonete com a perna correspondente ao braço contrário do lançamento e realiza o movimento de lançamento.

Exercício 2:
Seqüência de exercício como o exercício 3, descrito na seqüência B.

Importante:
O jogador executa primeiro o movimento de giro para a direita ou para a esquerda, e só então prepara o lançamento, que é ligado ao movimento da queda propriamente dito.

Indicação:
Se o movimento do lançamento é realizado no momento errado, o treinador pode corrigir este comportamento através de um sinal acústico (comando ou apito).

Fig. 9

Formas de exercícios preparatórios

Exercício 1:
Lançamento com queda após passe frontal, com queda sobre um colchonete colocado diagonalmente no solo. A bola é passada ao companheiro na queda e antes da aterrissagem. É construído um plano inclinado com vários colchonetes colocados um em cima do outro no ponto em que o jogador deve aterrissar. Os colchonetes são retirados um após o outro até que não reste nenhum.

Exercício 2:
Lançamento com queda após passe frontal com aterrissagem em um colchonete.

Exercício 3 (Fig. 9):
Os destros colocam-se, com bola, na posição de ponta-esquerda (PE) e os canhotos também com bola se colocam na posição de ponta-direita (PD) com as costas para o gol. O jogador toma uma posição de agachamento, gira com a bola para o lado do braço de lançamento e passa para o companheiro de equipe que está colocado no gol.

Exercício 4:
Como no exercício 3. No entanto, a posição de agachamento é tomada antes do recebimento do passe (ver Fig. 9).

Exercício 5:
Como o exercício 3, mas com finalização a gol. O técnico está colocado atrás do gol e mostra o ângulo em que a bola deve ser lançada.

Exercício 6:
Como no exercício 4, mas com lançamento finalizador. Atrás do gol está o técnico que indica o ângulo em que a bola deve ser lançada.

Exercício 7:
Como no exercício 6, mas o lançamento é realizado com movimento de queda.

Exercício 8:
A bola é tomada ainda com o corpo ereto após o passe pela frente. Então, existe a queda para a posição do lançamento, que é quando a bola deve ser lançada, ou seja, durante o movimento de vôo.

Exercício 9:
Como no exercício 8. No entanto, a sincronização errada do lançamento é corrigida através de um sinal acústico (comando, apito).

Exercício 10:
O jogador coloca-se com as costas para o gol e, sem bola, realiza primeiro o giro e, então, o movimento de queda. Durante o movimento de queda ele se orienta em relação ao treinador que está atrás do gol e grita o número de dedos que este mostra ao levantar a mão.

Exercício 11:
Como no exercício 10. Porém, com bola e lançamento. O momento errado de realizar o lançamento é corrigido pelo treinador, novamente através de um sinal acústico.

Observações em relação ao lançamento em suspensão com giro e queda

Diferentes formas de condução da bola para se armar o braço
Nessa idade, em geral, a maioria das meninas adotam a condução reta para trás da bola e do braço. Isto se deve às suas mãos, que são pequenas, e elas não conseguem segurar a bola. Portanto o movimento semicircular de armado do braço, como descrito na maioria dos exercícios deste livro, traria como conseqüência que a bola voasse longe da mão. Em relação aos meninos, muitas vezes a mão é maior, o que permite uma condução em qualquer uma das formas.

Diferentes alturas e distâncias do salto
Aqui em geral os meninos têm vantagem. Como eles possuem uma maior face de vôo, podem variar e controlar melhor seu comportamento no momento do lançamento. Esta discrepância de rendimento clara e diferenciada se deve também com muita certeza ao volume total de treinamento de um e de outro, já que na Alemanha as meninas nessa faixa etária, freqüentemente, só treinam uma vez por semana. Em comparação aos meninos, elas são geralmente treinadas por pessoas que não estão bem preparadas, isto é, não são treinadas por treinadores com especialização em treinamento juvenil.

Desde o princípio treinar de formavariada
Nesta idade é extremamente importante que já sejam treinadas formas básicas de variações da técnica e estas por sua vez sejam colocadas em situações adequadas de tomada de decisão.

1 2 3

Seqüência das fotos:

Lançamento com giro e queda sobre o braço de lançamento após troca de direção (meninas)

Corrida
O ponta-direita sai da sua posição e corre paralelo à área do goleiro (Foto 1) e recebe um passe do armador-esquerdo.

Recepção e parada
No momento da recepção da bola, a jogadora freia sua corrida (Foto 2) e realiza uma finta prolongando seu equilíbrio sobre a perna direita (Foto 3) como se fosse fazer um giro contra seu braço de lançamento. Com a realização de um passo sobre o pé esquerdo, inicia-se o movimento de giro sobre o braço de lançamento.

Movimento de giro e impulsão
Com a impulsão acima do pé esquerdo na direção do giro (Foto 4), este acontece sobre a planta do pé seguindo uma linha reta e preparando o armado do braço em um movimento direto. Como se observa na foto, a jogadora já tem uma posição frontal em direção ao gol e seu salto está direcionado na distância (Foto 5), podendo se iniciar um movimento de lançamento.

Queda
O corpo após o lançamento se apoiará nos braços como se observa na Foto 6, primeiro apóia-se a palma da mão do braço contrário ao de lançamento. Quando o braço de lançamento chegar, os dois servirão de apoio para fazer o golfinho e amortizar, desta forma, a queda.

Treinamento de Utilização da Técnica

Um segundo ponto principal no setor do treinamento de base, ao lado do treinamento de aquisição da técnica, é o treinamento de aplicação da técnica. Aqui, por sua vez, temos dois setores de extrema importância (Fig. 3):
1. O aprendizado de variações técnicas;
2. A adaptação das técnicas aprendidas em diferentes situações de jogo.

Treinamento de Variações Técnicas

No treinamento de variações técnicas, os jogadores devem aprender detalhes modificadores das técnicas já aprendidas, que foram ensinadas de forma metódica durante o treinamento de aquisição da técnica. O subcapítulo "Treinamento de Lançamento – Variações Técnicas e Treinamento de Adaptação da

Exercício 12:
Como no exercício 11. Mas, agora, a partir de um passe realizado pelos jogadores de diferentes posições (armador-central, armador-direito, armador-esquerdo, pivô-direita, pivô-esquerda etc.).

5   6

Técnica" contém detalhes das variações necessárias para as formas de lançamento. Isto se relaciona da mesma forma com o setor das fintas.

Indicação:
As formas de exercícios gerais para a variação técnica das formas básicas de lançamento podem ser estudadas a partir da contribuição de Roth (veja revista Treinamento de Handebol, vol. 8, 1986, 10, 3-7).

Treinamento de Adaptação Técnica

No treinamento de adaptação técnica os jogadores aprendem a utilizar as técnicas de acordo com as situações de jogo. Além disso, é necessário que eles se decidam, de acordo com as condições dadas (pressão do tempo etc.), pela observação do comportamento do adversário, organizando a técnica escolhida nos detalhes da definição da jogada.

Em razão da pressão do tempo a que o jogador é submetido, isto só é possível se ele "filtrar" as suas observações, ou seja, souber, primeiramente, em que deve prestar atenção: "aos sinais relevantes" ("o que perceber"). Para a utilização de variações técnicas do lançamento ao gol, os seguintes critérios de observação são relevantes:
– O adversário cobre o lado do braço de lançamento?
– Ele age em uma posição frontal?
– Age parado ou a partir de uma movimentação para frente ou lateral?
– Onde estão os seus braços?
– Onde está o goleiro?
Já que eventualmente e de acordo com cada situação o auxílio de meios táticos de ataque em grupo se faz necessário, é preciso que seja observado também o comportamento dos companheiros
de equipe e adversários ao redor. Na organização metódica dos exercícios de adaptação técnica, o treinador precisa facilitar fortemente as situações ao jogador para que ele não seja superexigido.
O comportamento do jogador de defesa por conseguinte é, primeiramente, limitado e tem alguma semelhança com "o papel de figura estática".
Assim, é mais fácil para o jogador ligar as características situacionais às variações técnicas adequadas.

Observe no treinamento técnico, em relação ao trabalho dos jogadores na defesa, a seguinte seqüência:

1. Treinamento sem adversário.
2. Treinamento com comportamento limitado do adversário.
3. Treinamento com comportamento ilimitado do adversário.

Bibliografia:
ROTH, K.: Das Training technisch-taktischer Fertigkeiten.
In: handballtraining 8 (1986) 10, 3-7.

Indicação:
Formas gerais de exercícios para o treinamento de adaptação a técnica nos lançamentos básicos podem ser retiradas da contribuição de ROTH/SCHUBERT (Zs. Handballtraining 10 [1988] 6/7, 33f. e 10 [1988] 10, 25f.).

Treinamento Tático

O significado de um treinamento tático planejado e sistemático é indiscutível. Todo treinador sabe que os fatores técnico-condicionais e os de performance só podem ser conduzidos de forma ótima se forem utilizados no momento e na situação adequados. Exatamente neste momento deve-se empregar o handebol analítico:

Os jovens precisam aprender a solucionar as tarefas e os problemas que se apresentam no jogo de forma rápida e objetiva. Sobretudo, é importante exercitar a tomada de decisão, o chamado "O que decidir", "O que fazer?", ou seja, a escolha das respostas que serão apropriadas para solucionar determinadas situações de jogo.

"O que decidir" é, por exemplo, "lançar para o gol ou passar a bola, passar a bola para o pivô ou devolvê-la, arrancar para o gol ou passar a bola para o companheiro de equipe que está engajando". Antes de iniciarmos, de forma concreta, os conteúdos e a organização metódica do treinamento sobre "O que decidir", torna-se necessário o esclarecimento de alguns conceitos.

Tática e Estratégia

Enquanto o setor da tática trata das ações para a solução em curto prazo – dentro de um jogo em que o jogador precisa do seu poder de desempenho, da forma de jogo dos seus companheiros de equipe, do adversário e de condições exteriores (regra) – a estratégia é um conceito que tem um aspecto organizacional a longo prazo – leva, por exemplo, para o período de competição, a preparação, os objetivos da sessão, o comando durante a competição através do treinador e também a preparação geral e especial de cada jogo. Estes aspectos serão esclarecidos mais detalhadamente nos próximos volumes desta série de manuais.

Subdivisão da Tática

O conceito de tática é subdividido na prática e na literatura de acordo com diferentes critérios. Um primeiro ponto de vista importante se orienta na forma e na característica das possíveis ações, para a solução de problemas, com as quais um jogador pode decidir-se, de acordo com as situações de jogo dadas. Este conceito leva ainda a uma diferenciação das medidas táticas individuais, de grupo e de equipe (veja Fig.10).

São caracterizadas como táticas individuais todas as ações de um jogador, nas quais procure uma situação 1:1, sem uma ação direta do seu companheiro de equipe para alcançar o objetivo almejado. Exemplos: lançamentos a gol, fintas, condução da bola, defesa de lançamentos ou o desmontar de ações do atacante adversário.

Em medidas táticas grupais, o processo de decisão do jogador tem sempre uma relação com as ações de, no mínimo, mais um jogador. Assim, tabelas, passes para o pivô ou assistências (passes a gol), bloqueios ou cortinas, cruzamento no ataque, toma e troca de marcação e coberturas na defesa só são soluções utilizáveis e sensatas quando se baseiam na decisão de um grupo de jogadores (freqüentemente 2 ou 3 por grupo).

Correspondentemente, é valido para a chamada tática em equipe que a colocação das ações individuais tenham um conceito conjunto comum a toda a equipe. A recepção na movimentação de engajamento de um jogador que atua na intermediária (setor de armação do jogo) em um sistema de ataque 3:3, a troca de formação através da ponta para a área e o comportamento específico de um jogador de defesa – quando em situação de vantagem ou desvantagem numérica – são exemplos da realização de decisões, nas quais o sucesso e a objetividade dependem do trabalho conjunto da equipe.

Um segundo critério de divisão para a apreciação de ações e decisões de jogo – freqüentemente utilizado na prática – tem origem na colocação dupla de objetivos do jogo de handebol, ou seja, impedir a ação do adversário e fazer gols por si mesmo. Estas intenções contidas em todas as ações esportivas são diferenciadas entre tática de ataque e tática de defesa ou, em alguns casos, caracterizadas com conceitos diferenciados como tática de contra-ataque, tática do jogo posicional, tática de superioridade numérica, tática para situações estandardizadas etc.

Fig. 10: Diferenciação dos conteúdos táticos no treinamento de base (Ehret et al., 1999, p. 53).

Tática		
Individual	**Grupo**	**Conjunto**
Ataque ■ Jogo 1:1 – lançamento – finta – penetração ■ Contra-ataque (simples quicando a bola e ampliado com passes curtos).	*Jogo em pequenos grupos:* ■ Passe no movimento. ■ Passe ao colega no engajamento. ■ Assistências. ■ Cruze. ■ Bloqueio ou Cortinas. ■ Passe curto – Contra-ataque.	■ Jogo posicional na formação 3:3. ■ Troca de posições na largura e na profundidade. *Importante:* Sem determinação fixa de percurso da bola ou do jogador.
Defesa ■ Regras táticas de comportamento individual no jogo 1x1. ■ Bloqueio/lançamento (por exemplo, bloqueio ofensivo). ■ Defesa perante fintas (toma marcação). ■ Rápida mudança defesa-ataque.	■ Ajudar/cobertura. ■ Toma e troca de marcação.	■ Variações da marcação individual. ■ Defesa 1:5 ou 3:3 defesa 3-2-1 orientada com o adversário.

Métodos e Conteúdos

Menos compactas do que os limites deste conceito e a avaliação do valor da tática são as "opiniões dos práticos" sobre quais conteúdos devem ser treinados para que a capacidade de desempenho tático individual do jogador ou de uma equipe inteira seja influenciada positiva ou negativamente.

Observações de treinamentos, seminários de formação de técnicos e análises da literatura do handebol esclarecem que, sobretudo, existem dois pontos de vista das suas formas de opinião a respeito do treinamento de "O que decidir".

1. As situações são adaptadas previamente às decisões tomadas (decisões prévias);
2. As decisões são adaptadas às situações (comportamento de tomada de decisão adequado à situação).

Essas situações são, com certeza, velhas conhecidas da própria experiência do treinador. São realizados acordos sobre a utilização de determinado meio de ataque (por ex. o passe e devolução na troca de direção, ou o bloqueio/deslocamento entre dois jogadores), para que a respectiva situação de jogo (por ex. comportamento, defensor etc.) seja adaptada. Assim, não se treina nenhum comportamento de decisão em situações. Pelo contrário, a utilização do "O que decidir" ocorre através de uma decisão antecipada, de forma que o jogador não possa decidir sozinho e produtivamente a tarefa de jogo que se apresenta, mas sim

Bibliografia:
KONZAG, G./KONZAG, J.: Anforderungen an die kognitiven Funktionen in der psychischen Regulation sportlicher Spielhandlungen. In: Theorie und Praxis der Körperkultur 28 (1980) 1, 20-31.
KONZAG, G.: Entscheidungstest - ein Verfahren zur Objektivierung des Resultats und der Zeit für taktische Handlungsentscheidungen von Sportspielen. In: SCHELLENBERGER, B. (Red.): Untersuchungsmethoden in der Sportpsychologie. Berlin (Ost) 1983, 129-149.
KUCHENBECKER, R.: Über den Spielzug und seine Stellung innerhalb der Angriffsshulung. In: Lehre und Praxis des Handballspiels 4 (1982) 3, 6-12.

precisa somente treinar padrões de comportamento e "despejá-los".

As formas de exercícios pertencentes estão na prática e na teoria do jogo de handebol sob conceitos como "Treinamento de jogadas programadas" ou "Treinamento estandardizado do percurso da bola e de corrida do jogador".
A segunda posição filosófica sobre o tema tem relação com o treinamento de decisão no seu sentido mais puro. Os representantes desta posição argumentam que o adversário muito raramente irá se comportar como ocorre nas situações de jogos pré-planejados – não se deixa colocar nas situações de jogos desejadas – e que a melhora do comportamento de decisão, individual e espontânea, deveria estar no centro do treinamento. Um treinamento tático com a colocação destes pontos-chave contém, na prática – comparável com o treinamento de aplicação da técnica, situações variadas de exercícios, nas quais o jogador, através da utilização dos "sinais relevantes de percepção e de possibilidades alternativas de soluções de problemas", pode realizar de fato as decisões adequadas às situações (KUCHENBECKER, 1982, p.12).
Dessa forma, medidas metodológicas e processos são ligados, costumeiramente, a chavões como: concepção (concepções de ataque e defesa), treinamento de situações, treinamento de percepção, treinamento de tomada de decisão e treinamento situacional.

Alta flexibilidade e criatividade tática são as exigências no jogo moderno de handebol. Não é por acaso que a concepção de treinamento da Confederação Alemã de Handebol renuncia claramente a "uma forma de jogo orientada para a finalização prefixada, programa". Especialmente para o treinamento de base, esta afirmação tem uma importante conseqüência metódica.

■ Se no treinamento de base a tática da equipe for treinada de forma forçada com percursos de corrida e de bola pré-planejados e locais de definição preestabelecidos, é claro que isto prejudicará a formação e o desenvolvimento sistemático individuais dos jogadores.
■ Para o desenvolvimento tático do jogo ofensivo no treinamento infanto-juvenil é válida a seguinte perspectiva: provocar soluções táticas com seqüências de ações criativas e variáveis.
O que isto significa para a formação tática dos jogadores das categorias menores e cadetes? Nós representamos o ponto de vista que o ponto principal na faixa etária de 10 a 14 anos deve recair mesmo sobre a tática individual espontânea. Dois argumentos muito fortes a este favor são:

1. Pesquisas de KONZAG & KONZAG (1980), KONZAG (1983), entre outros, mostram que os jogadores das categorias menores e cadetes não oferecem, ainda, condições ótimas para o exercício da tática em equipe ou em grandes grupos. A fase da melhor treinabilidade para combinações de jogos estandardizados inicia-se, ao contrário dos fatores de desempenho que foram mencionados até o presente momento (coordenação, técnica), só com 15 e 16 anos.

2. As mudanças de jogadores nas categorias infanto e menores são ainda muito grandes. Existem muitos iniciantes, jovens que vêm de outro esporte, e também aqueles que o abandonam, tanto que as formas de jogos em grupos com mais de dois jogadores dificilmente são realizáveis e permanecem sem efeito prático. O treinamento analítico de combinações de jogos deveria ser colocado de forma gradual e lentamente no treinamento do handebol. Parece aconselhável limitar-se, primeiramente, aos elementos com combinações mais simples (por ex. entre o armador-esquerdo e o pivô-esquerdo, entre o jogador que atua na posição de central e o que atua como pivô-central, entre o armador-direito e o jogador que atua como pivô-direito, ou seja, o trabalho em "pequenas sociedades") que não precisam ser treinados ainda de forma especial, mas sim mais ou menos integráveis às variações de jogo (ver cap. "Treinamento Ofensivo"). Sobre a metodologia "da adaptação a situações com decisões predeterminadas", teremos uma descrição detalhada e sistemática no Volume 3 da série Manual de Handebol. Exceção

aqui é o treinamento das decisões individuais, tomadas antecipadamente. Assim, já no treinamento de base, os jogadores precisam aprender a observar de forma objetiva o respectivo comportamento do adversário. Estas observações podem levar a uma antecipação da decisão do jogador sobre o que ele deve fazer na situação seguinte (por ex., na próxima posse de bola). E não só isso, ele tentará até conseguir as condições favoráveis para realizar o seu intento, quer dizer, "provocar" um determinado comportamento no adversário.
Um exemplo:
Se o jogador armador-esquerdo observa durante a posse de bola que o seu adversário tenta cobrir o seu lançamento do lado do braço de lançamento com posicionamento corporal extremamente na diagonal, ele realizará o seguinte plano: no próximo recebimento de bola após um passe do ponta-esquerda ocorre o movimento para frente voltado para o setor interno da quadra. O espaço para ataque que se origina daí é aproveitado, então, para um arranque com lançamento após troca de direção com o braço contrário ao braço de lançamento (veja o esquema em azul na Fig.11).

Portanto:
Regras de comportamento tático individual formulado para situações estandardizadas auxiliam o jogador a agir de acordo com a situação.

Agora falaremos sobre o treinamento da tomada de decisão. Aqui temos dois grupos, divisíveis, de medidas metódicas com grande significado:
1. Conhecimento Tático e Predisposição;
2. Capacidades Táticas.

Conhecimento Tático e Predisposição

As categorias infantis e menor deveriam dar aos jogadores de handebol um conhecimento completo sobre as regras básicas do jogo, a organização da competição, a divisão de papéis e tarefas etc. Os jovens precisam aprender a reconhecer e identificar situações típicas de jogo, bem como saber responder a perguntas sobre quais técnicas ou em qual repertório-padrão de técnicas é realizável e substituível, se for o caso, de forma correspondente. Aos conhecimentos importantes e relevantes de decisão tática, pertencem também um conhecimento preciso a respeito das próprias técnicas e possibilidades de condição física individual.
Não só em crianças é freqüentemente observável a chance de sucesso da utilização

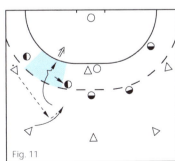
Fig. 11

de determinadas técnicas (por ex., o próprio lançamento ao gol é geralmente superestimado). Este problema é encontrado, sobretudo, quando se comparam as avaliações subjetivas do jogador e dados objetivos retirados da observação do jogo. Também fora dos ginásios esportivos, em conversas entre treinador e companheiros de equipe, o jogador pode fornecer observações táticas razoáveis. No caso de comportamento individual indesejável (por ex. na tendência à ação egoísta e individual) é preciso, imediatamente, "apertar os valores" do jovem em questão. É importante que o handebol seja visto como uma modalidade desportiva de equipe, na qual são necessários os objetivos conjuntos e uma concepção de jogo unitária da equipe.
O treinamento técnico é composto não só de exercícios práticos, ele condiciona também um confronto psicológico com o jogo, com a própria habilidade e com a representação de valores pessoais.

Capacidades Táticas

A qualidade do "O que decidir" depende, proporcionalmente, do poder de percepção e observação do jogador. Os jovens precisam reconhecer, sob pressão do tempo, as posições específicas, o *timing* etc., de seus companheiros de equipe e adversários, para poderem efetuar as suas decisões. Para o treinamento dessas capacidades são válidos os mesmos princípios metodológicos do treinamento de

45

Aprender sobre o que decidir (lançamento para o gol ou passe) é um ponto importante do treinamento de base.

adaptação da técnica.
Naturalmente, sobre o ponto de vista metodológico, o técnico deve facilitar as ações no aprendizado tático individual, em grupo e em equipes.
Ele deve orientar-se nos seguintes princípios:

1. Variação dos espaços de jogo
Formas de jogo ou exercícios para o treinamento técnico devem ter o objetivo de facilitar o aprendizado. Assim, deve ocorrer primeiro em grandes espaços para o ataque e a defesa, espaços estes que são pouco a pouco diminuídos.

2. Diminuição do número de jogadores
O número de jogadores e adversários é diminuído. Primeiramente, trabalha-se em pequenos grupos que treinam táticas individuais de 2-3 jogadores. Após isto, é elevado, sistematicamente, o número de componentes.

3. Limitação do comportamento do adversário
Se as ações táticas de ataque e defesa forem utilizadas contra outros jogadores que podem agir da forma que quiserem, o respectivo grupo de jogadores será supersolicitado, superexigido. Portanto, é preciso que o raio de ação ou forma de comportamento do adversário seja limitado no início (por ex., para a facilitação das ações táticas de ataque, primeiramente marcar defensivamente, então, de forma ofensiva e, por fim, com defesa antecipativa parcial).
Devemos nos lembrar ainda do seguinte:

L

No treinamento de "Como decidir", em relação ao treinamento de adaptação técnica, a escolha da situação correta para utilizar as formas de variações de jogo precisa ser treinada.
Exemplo: Como eu realizo um lançamento com salto? Para o lado do braço de lançamento ou para o lado contrário? Com uma, duas ou três passadas, rápido ou atrasado?

No treinamento do "O que decidir", toma-se, no treinamento técnico, a escolha das diferentes técnicas para a solução de cada situação.
*Exemplo:*Eu lanço para o gol (lançamento para o gol) ou passo para o pivô (*assistência*)? ■

Condições corporais para o treinamento da mobilidade e da força

O aparelho motor infantil pode ser treinado também durante a fase intensiva do crescimento, por exemplo, na puberdade. Nessa fase de desenvolvimento, ao contrário dos adultos, sobretudo, o aparelho motor passivo (ossos, cartilagens, ligamentos e tendões) é sensível a sobrecargas muito altas. Com isto, os jovens, de acordo com a sua idade e com o seu desenvolvimento corporal, podem experimentar sobrecargas esportivas. No entanto, é preciso que algumas particularidades do desenvolvimento na puberdade sejam levadas em consideração:
– O crescimento longitudinal acelerado e do peso corporal: anualmente as crianças podem crescer entre 6 a 10 cm e, no total, de 10 até 30 cm. Já nas meninas a puberdade inicia-se mais cedo, na faixa etária de 10,5 até 13,5 anos e, em média, maiores. E na faixa etária de 10,1 até 13,8 anos, em média, também são mais pesadas que os meninos (GÄRTNER & CRASSELT, 1976). Com idade entre 14 e 15 anos, os meninos tornam-se, em média, maiores e mais pesados;

– Desproporção entre as extremidades (braços e pernas) e o tronco;
– Desproporção desfavorável da alavanca de força/carga. Aqui ocorre uma piora das capacidades coordenativas (por ex., precisão de movimentos).
– Uma maior porção muscular: A porção muscular na massa corporal total aumenta nos jovens em cerca de 17% a 40%. Esse aumento da massa muscular e da força muscular ocorre em razão da enorme elevação do hormônio sexual masculino, a testosterona. Em meninas a taxa de testosterona altera-se pouco. Essas trocas hormonais são as causas para a grande diferença de performance entre meninos e meninas.

❗ Esta fase de desenvolvimento é apropriada de forma excepcional para o desenvolvimento posterior das capacidades condicionais. O treinador de jovens nesta faixa etária deveria colocar em primeiro plano o desenvolvimento da força e da flexibilidade, bem como a estabilização das habilidades coordenativas.
■A segunda fase da puberdade inicia-se nas meninas com a idade de 12 até 14 anos, o mesmo ocorrendo nos jovens com 15-16 anos, e dura até 17-18 e18-19 anos de vida. Ela é mais harmoniosa do que a primeira fase pubertária e forma a transição para a fase adulta. O forte crescimento longitudinal desaparece dando lugar ao

aumento da massa corporal, o que leva a uma relação de força/carga balanceada. A harmonização nessa fase de desenvolvimento tem um efeito bastante positivo especialmente sobre as qualidades coordenativas. A coordenação e a condição física (força/resistência) podem ser agora bem treinadas. Também a falta de equilíbrio psicológico, que é fortemente caracterizada na primeira fase da puberdade, desaparece gradativamente. Não existe mais nada que testemunhe contra um treinamento intensivo e com grande volume.

Pontos fracos do aparelho motor dos homens

É preciso deixar claro que, especialmente em razão da boa situação hormonal, na puberdade o treinamento das capacidades condicionais e das habilidades é recompensador e necessário. A boa treinabilidade do organismo jovem não deve, no entanto, ser hipersolicitada através de estímulos nãofisiológicos
e que não podem ser realizados pelos jovens. De acordo com a lei de Mark Janssen ("Tudo ou nada"), o organismo humano na fase de crescimento é muito sensível em relação a sobrecargas superdosadas de treinamento e não adequadas à determinadafaixa etária.

Especialmente o aparelho motor passivo demonstra, ao contrário

Treinamento da Flexibilidade

Bibliografia:
GÄRTNER, K./CRASSELT, L:
Dynamik der körperlichen
und sportlichen Leistungsentwicklung
im frühen
Schulalter.
In: Medizin und Sport 1976,
S. 120.

do que ocorre em adultos, algumas particularidades no processo de treinamento que, quando não observadas, podem levar a contusões por sobrecarga. Agora nós vamos demonstrar os pontos fracos do aparelho motor passivo:

1. O Esqueleto

O esqueleto é o aparelho de sustentação do corpo humano e é composto de elementos ósseos e cartilaginosos. Ao contrário do esqueleto de um adulto, o esqueleto de um jovem contém mais elementos cartilaginosos e por isso é mais macio e maleável. Portanto, não responde de forma muito positiva à tração e à pressão. Essa forma cartilaginosa dos ossos é modificável e sofre fortes variações até a ossificação final por volta dos 17-18 anos. O crescimento longitudinal dos ossos (braços e pernas) ocorre, por exemplo, através da reestruturação dos tecidos cartilaginosos em tecido ósseo. Este e outros processos são a origem para que nessa fase exista uma capacidade de resistência diminuída da coluna vertebral.

! Assim, uma hiperlordose, como a que pode ser observada durante a realização do exercício de carrinho de mão, pode ser considerada como uma sobrecarga que pode provocar lesões na coluna vertebral. Especialmente em perigo estão as inserções musculares, nas quais os músculos se fundem com os tendões. Quando se colocam sobrecargas muito altas, pode ocorrer uma ruptura nesta inserção.

2. A Cartilagem

Também a cartilagem – uma importante parte da articulação – é muito sensível nesta fase de crescimento. Especialmente a cartilagem que auxilia no crescimento e é colocada em risco através de grandes forças transversais e de pressão.
Assim o treinamento realizado de forma intensiva e unilateral pode levar a lesões dos ossos que estão sob o ombro.
Também as cartilagens do joelho e do quadril são prejudicadas em seu desenvolvimento, através da aplicação de sobrecargas unilaterais e errôneas.

3. Ligamentos e Tendões

A tarefa principal dos tendões é estabilizar as articulações. Por outro lado, os tendões são responsáveis pela transmissão da força desenvolvida pela musculatura aos ossos. A forte deformidade e elasticidade dos ligamentos e tendões são o motivo principal para a hipermobilidade da articulação infantil. No entanto, eles têm uma desvantagem que é a possibilidade de contusões em razão da amplitude de movimento que eles possibilitam.

! No decorrer do crescimento, quando se concretiza um maior desenvolvimento da musculatura, é que ocorrerá a diminuição do risco de lesão na articulação.
Ocorre uma piora na mobilidade por causa do estirão de crescimento da primeira fase pubertária e, com isso, a diminuição da capacidade de suportar cargas do aparelho motor passivo. Pensa-se que a mobilidade dos ligamentos e músculos permanece retardada em relação ao crescimento longitudinal acelerado. Portanto, é necessária a melhoria da flexibilidade em jovens na fase pubertária (FREY, 1978).

! Por causa do processo de crescimento e maturação, a capacidade de suportar cargas do aparelho motor passivo dos jovens é muito menor em comparação aos adultos.

"Nesta faixa etária, portanto, dever-se-ia exigir, tanto das meninas quanto dos meninos, menos da capacidade máxima de desempenho esportivo e muito mais da capacidade de desempenho de movimento" (COTTA & SOMMER, 1986).

O que é flexibilidade?

Flexibilidade é a capacidade de esgotar a amplitude de movimento da articulação através de movimentos amplos. Ela se baseia em dois componentes principais: mobilidade e capacidade de alongamento (Fig.12).

Flexibilidade ativa

Sobre flexibilidade ativa entende-se a maior amplitude de movimento possível de uma articulação que pode ser criada pela atividade muscular voluntária de um atleta.
Por exemplo: o jogador equilibra-se sobre a perna esquerda e tenta trazer o calcanhar da perna direita o mais

perto possível do glúteo. O quanto ele é bem-sucedido neste movimento depende do grau de alongamento muscular (aqui da musculatura até sua porção anterior da perna) e da força da musculatura antagonista (aqui porção posterior da perna).

Flexibilidade passiva

Fala-se de flexibilidade passiva se a amplitude máxima de um movimento é alcançada através de influência externa.
Por exemplo: um jogador traciona, com o seu braço direito, o seu calcanhar em direção à musculatura glútea.
A flexibilidade ativa tem um significado limitador do desempenho para o jogador de handebol. Ela é uma condição para o treinamento da flexibilidade passiva. Outros fatores que influenciam a proporção da flexibilidade:

– Metabolismo articular (uma articulação aquecida tem uma maior flexibilidade);
– Processo neurofisiológico (capacidade de descontração muscular);
– Estado emocional (fortes estímulos emocionais limitam a flexibilidade);
– Processo de envelhecimento (com o avanço da idade piora a flexibilidade);
– Fatiga corporal (um treinamento muito forte diminui a flexibilidade);
– Sexo (em razão das diferenças hormonais das meninas/mulheres e dos meninos/homens).

Nenhum treinamento de flexibilidade em estado de fatiga.

Por que treinar a flexibilidade?

A musculatura tem a função principal de realizar movimentos articulares. Esta tarefa só pode ser cumprida porque possui a capacidade de se encurtar (contrair). Se for superexigido através do treinamento e da competição, principalmente o desempenho de alta força da musculatura, ocorrerá ao longo do tempo um encurtamento muscular. Se estes não forem eliminados através de um treinamento de flexibilidade de forma regular e objetiva (por ex. através de exercícios de alongamento) a musculatura permanecerá encurtada e, então, formam-se os chamados "encurtamentos musculares" ou "baixas de capacidade de contração", que limitam a flexibilidade articular. Músculos encurtados trazem as seguintes conseqüências negativas:

■Impossibilidade de um desenvolvimento total e a exaustão das capacidades coordenativas e condicionais. Por exemplo, não é possível um desenvolvimento da força e da flexibilidade, já que a musculatura encurtada possui uma baixa amplitude de movimento e permite somente um curto percurso de aceleração.
Por exemplo: só com uma boa flexibilidade dos membros superiores é que os jogadores de handebol estarão em posição de ampliar o movimento de preparação do lançamento, conseguindo assim utilizar sua força de maneira ótima através de um maior percurso de aceleração da bola (maior alavanca).

■Músculos encurtados são mais suscetíveis a contusões. Quanto mais encurtado o músculo maior é o perigo de contusão.

■Os tendões de músculos encurtados têm freqüentemente problemas nas suas inserções.

■Músculos encurtados prejudicam a estática da coluna vertebral.

■Assim, por exemplo, o reto femural, o extensor longo do dorso e o iliopsoas, quando encurtados, levam a longo prazo a uma anteversão do quadril (lordose acentuada).
Essas indicações mostram que a eliminação dos encurtamentos musculares, e com isso a melhora da flexibilidade, é um objetivo muito importante.

Uma boa mobilidade tem um efeito

Flexibilidade	
Mobilidade articular	**Capacidade de alongamento**
(Estrutura e Tipo de Articulação)	(Musculatura, Tendões e sua seqüência, Cápsula Articular)

Fig. 12: Diferenciação conceitual do termo flexibilidade, segundo Frey (cf. Training im Schulsport, Schorndorf 1981).

49

não somente sobre uma melhor capacidade de suportar cargas do aparelho motor, mas também é uma condição importante para a realização de movimentos de força e velocidade, bem como de movimentos de coordenação de alta qualidade (LETZELTER, 1983).

Como deve ser o treinamento da flexibilidade?

Já que a mobilidade é determinada em grande proporção através de fatores hereditários, ela é pouco influenciável. A melhora da flexibilidade é alcançada muito mais facilmente através da elevação da capacidade de alongamento.

Alongamento estático

Este método de alongamento é muito recomendado para que se alcance uma boa flexibilidade. No *Stretching (to stretch* (inglês) = alongar, aumentar) o jogador alcança sua posição individual de alongamento e a mantém de 10 a 60 segundos. O enérgico defensor do *Stretching*, Bob Anderson, descreve o método da seguinte forma: "Este método é uma importante divisão entre a vida ativa e a vida inativa. Ele mantém a musculatura preparada para os movimentos e auxilia a transição diária do estado de descanso corporal para o estado de movimento enérgico sem que seja preciso realizar sobrecargas muito altas" (ANDERSON, 1982).
Em relação à capacidade de desempenho esportivo, os exercícios de alongamento estático têm as seguintes funções:

– Preparação para o treinamento de handebol;
– Melhora da circulação e do metabolismo muscular;
– Evitar e combater o encurtamento muscular;
– Recuperação (regeneração) de sobrecargas intensivas de treinamento;
– Descontração psíquica;
– Fornecer uma melhor sensibilidade corporal;
– Diminuição do perigo de contusões musculares e articulares.

Alongamento dinâmico

Exercícios deste método são colocados muito freqüentemente como ponto principal da sessão de aquecimento. Esta forma de alongamento é realizada com movimentos rápidos, dinâmicos, bruscos ou circulares em seqüência. Ao contrário do método estático, o alongamento dinâmico não leva a um aumento do comprimento muscular, pois, em razão da provocação do reflexo de estiramento, o exercício provoca um efeito de encurtamento reflexo do músculo. O objetivo dos exercícios de alongamento perde-se e o perigo de contusões, quando usado este método, é elevado.

! O método dinâmico, criticamente denominado de "movimentos para a ruptura muscular", não leva a uma melhora da capacidade de alongamento. Apesar disso, é possível um bom alongamento se o músculo for previamente colocado em posição

que poupe a articulação. A partir desta posição podem ser realizados movimentos curtos de alongamento (impulsos curtos para alongamento muscular) de cerca de 1 segundo. É, portanto, um bom método para o alongamento ativo da musculatura em sobrecargas específicas.

Portanto, os exercícios dinâmicos têm também algum significado e não devem ser riscados totalmente do treinamento, pois:

1. A seqüência dos movimentos dos jogadores de handebol tem, em alta medida, uma natureza dinâmica (por ex., movimentos de preparação para um lançamento). Uma musculatura alongada precisa permanentemente reagir ao encurtamento dinâmico do seu antagonista. Assim, pode-se limitar as formas de movimentos que aparecem freqüentemente no jogo de handebol através dos exercícios dinâmicos de alongamento;

2. Exercícios dinâmicos melhoram a coordenação e contribuem para a ativação psíquica e física (por ex., antes de um jogo).

Indicações para a realização geral de exercícios de alongamento

■ Os exercícios dinâmicos de alongamento devem ser colocados no final do programa de aquecimento (após o alongamento estático).

■ No alongamento não devem surgir dores. No entanto, uma leve

Bibliografia:
ANDERSON, B.: Stretching. Waldeck 1988.
LETZELTER, M: Beweglichkeit als Trainingsziel.
In: Sportpraxis 24, 1983, 1, S. 15-16.

sensação de tração ou tensão não deve ser concebida como dor.

■Todo jogador precisa encontrar a sua posição individual de alongamento, que possibilite manter um tempo de alongamento de 15 a 30 segundos (sem dor). No entanto, o treinador precisa observar que a duração do alongamento depende também do tipo de sobrecarga. Antes das competições, os exercícios de alongamento devem ser realizados somente cerca de 6 a 8 segundos, já que – através de um tempo muito amplo de utilização deste tipo de exercício – a musculatura perde em tensão. A intensidade do alongamento pode ser aumentada através de uma mudança mínima da posição inicial.

■Após todos os exercícios é preciso que se realize exercício de descontração (qualidade antes de quantidade). É melhor utilizar o menor número de exercícios várias vezes e de forma exata do que empregar vários exercícios de forma curta e superficial.

■Os exercícios de alongamento devem ser realizados lentamente de forma concentrada e sem solavancos adicionais.

■Alongamento deve sempre ser realizado segundo o princípio "Agonista-Antagonista" (ver observação na margem da página).

■O programa de aquecimento deveria ser encerrado não com exercício de alongamento, mas

sim com exercício de tensão (exercício de força). A musculatura precisa receber novamente a tensão necessária, já que nas partes principais da unidade de treinamento serão realizados exercícios explosivos e de força rápida.

■Programa de alongamento é só uma parte do programa de aquecimento. Ele não é nenhum substituto para a corrida de aquecimento ou do aquecimento com jogo. Após o alongamento deve ter lugar sempre para uma curta "ativação" (por ex. exercícios dinâmicos – pequenos saltos rápidos) para poder preparar a musculatura para a sobrecarga a seguir.

■Após a sobrecarga, a musculatura deveria ser alongada com exercícios de alongamento mais extensos para normalizar a relação de tensão no sistema musculoarticular (até 30 segundos).

■Todo jogador deveria manter um programa individual de alongamento, já que o mesmo levaria em consideração os seus pontos fortes e suas fraquezas individuais.

■Para não sobrecarregar a concentração e a atenção do jovem, recomenda-se não realizar exercícios de alongamento em bloco, mas sim a sua divisão através de toda a unidade de treinamento.

■Se a flexibilidade de uma porção corporal é muito diferente

O treinamento da flexibilidade com indivíduos na puberdade

■O conteúdo, o volume e a intensidade dos exercícios precisam ser selecionados criteriosamente, o que freqüentemente é problemático, já que muitas vezes estes apresentam diferenças com relação ao crescimento e à capacidade de absorver sobrecargas.

■Os alongamentos passivos, nos quais o companheiro de exercícios reforça o efeito do alongamento através de ligeira pressão, devem ser evitados.
Não realizar movimentos de flexão ou extensão da coluna vertebral com grande amplitude, uma vez que estes sobrecarregam o aparelho motor passivo.

■Exercícios não-fisiológicos (por ex. alongamento com posicionamento de passagem sobre barreira) não devem ser utilizados no programa de treinamento.

■Para jovens com hiperflexibilidade e problemas posturais, é preciso colocar o fortalecimento muscular como primeira preocupação.

(por ex. porção posterior da perna direita é mais flexível do que a da perna esquerda), então a dosagem precisa também ser diferente (por ex. 4 vezes 20 segundos para a perna esquerda; 2 vezes 20 segundos para a perna direita).

■Para garantir uma efetividade do exercício o tempo de alongamento deve ser de 15 a 30 segundos, com a realização de 2 a 3 séries (por ex. 2 vezes 20 segundos para cada porção superior da perna).

Agonista - Antagonista
Como agonista considera-se o músculo que realiza o trabalho, portanto, o que se contrai (Foto 2a, p. 58, porção posterior da coxa). Como antagonista nomeia-se a musculatura contrária (Foto 2a, p. 58, porção anterior da coxa).

1a 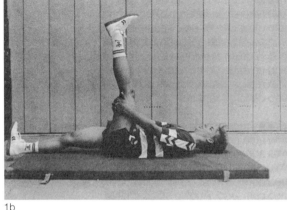 1b

1c

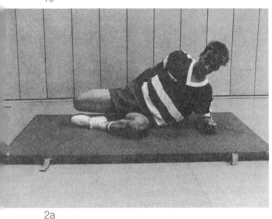 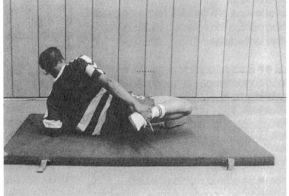

2a 2b

Programa de exercícios

Exercício 1 (Fotos 1a e 1b):
Musculatura solicitada: Porção posterior da perna.
Posição inicial: perna direita estendida no colchão, parte anterior do pé estendida.
Realização: tracionar a perna a ser alongada na direção do teto com as duas mãos. Os ombros e a cabeça permanecem no solo.

Variação (Foto 1c):
Posição inicial: Decúbito dorsal com uma perna estendida no solo. A coxa da perna a ser alongada deve ser tracionada em direção ao peitoral.
Realização: A perna flexionada deve ser estendida o máximo possível.

Exercício 2 (Fotos 2a e 2b):
Musculatura solicitada: Porção anterior da perna.
Posição inicial: Apoio lateral sobre a perna flexionada, ombros, joelhos e quadril estão na mesma altura. Uma mão segura a articulação do tornozelo da perna superior.
Realização (Foto 2b): Tracionar o calcanhar na direção do glúteo.

Exercício 3 (Foto 3):
Musculatura solicitada: Gastrocnêmio.
Posição inicial: Parte superior do corpo estendida, parte anterior dos pés apontando para frente, perna anterior semiflexionada, antebraços colocados na parede à altura da cabeça. O calcanhar da perna estendida permanece no solo, as articulações do joelho e do quadril estão estendidas.

Realização: Através da modificação da posição corporal o alongamento é fortalecido.

Exercício 4 (Foto 4):
Musculatura solicitada: Porção medial da perna.
Posição inicial: Sentado com as costas apoiadas em uma parede. A parte superior do corpo está reta, as pernas afastadas e estendidas. Os pés com a porção anterior apontando para os ombros.
Realização: Afastar as pernas ao máximo sem que a posição do tronco se desfaça.

Variação (Foto 4b):
Posição inicial: Como acima, com as pernas afastadas e semiflexionadas de forma que as plantas dos pés se toquem.
Realização: Os ombros pressionam o joelho na direção do solo.

Exercício 5 (Foto 5):
Musculatura solicitada: Flexores do quadril.
Posição inicial: Ajoelhar em forma de passada com a parte superior do corpo ereta. A perna que está atrás permanece sobre o solo.
Realização: Deslocamento lento do joelho para frente.

Importante:
Coxa e porção superior do corpo formam uma linha em que o quadril não pode ir para frente ou para trás.

Exercício 6 (Foto 6):
Musculatura solicitada: Glútea, porção inferior das costas.
Posição inicial: Decúbito dorsal, ombros e cabeça estão colocados no colchão, as pernas estão ligeiramente afastadas.

3

4a

4b

5

6

Realização: Tracionar os joelhos com as duas mãos na direção dos ombros.

Exercício 7 (Foto 7):
Musculatura solicitada: Peitoral.
Posição inicial: Ajoelhado, colocar os dois braços para a frente, em cima de um banco, sendo que os mesmos estejam estendidos e a cabeça esteja entre os ombros.
Realização: Deixar lentamente que a porção superior do corpo seja tracionada para o solo.

7

Treinamento da Força

O desenvolvimento da força em jovens de 11 até 14/15 anos

A melhora da flexibilidade e o incremento das capacidades de força pertencem às tarefas especiais de um treinador infanto-juvenil. Entre estas duas importantes capacidades condicionais existe uma estreita correlação.

Uma boa mobilidade articular só é saudável e promove a performance se o potencial de força e disposição da musculatura for suficiente para estabilizar as articulações na evolução dos movimentos específicos do handebol. Por outro lado, um alto índice de força só pode ser uma vantagem se o esportista possui uma mobilidade articular correspondente.

O que é força?

Do ponto de vista físico, a capacidade de força representa mover uma massa, ultrapassar uma resistência ou atuar contra ela. A força é transmitida através da capacidade da musculatura humana de se encurtar e é essa que torna possível a realização de movimentos (esportivos). O órgão que realiza esses movimentos é, portanto, a musculatura.

Diferencia-se entre duas formas de trabalho musculares:

1. Trabalho muscular dinâmico
Ele é caracterizado através da mudança de comprimento do músculo e provoca com isso movimentos articulares.

2. Trabalho muscular estático
Nesta forma de trabalho se desenvolve a força sem que ocorra um encurtamento muscular visível. Por exemplo: manter o braço estendido lateralmente durante um longo tempo.

Trabalhos musculares dinâmicos e estáticos estão colocados em estreita correlação uns com os outros. A força estática determina o grau de caracterização da força dinâmica. A força estática é sempre maior que a força dinâmica. Do ponto de vista da metodologia do treinamento pode-se dividir a força em: força dinâmica, força máxima, força rápida e resistência de força (ver quadro abaixo).

■ *Força máxima=* maior força voluntária que pode ser exercida sobre uma resistência.

■ *Força rápida=* capacidade de alcançar a maior velocidade de movimento possível.

■ *Resistência de força=* capacidade de resistir ao cansaço durante longas exigências de força.

Essas três formas de força têm uma correlação muito alta entre si: movimentos que envolvem força rápida (como as corridas de velocidade) só podem ser realizados de forma ótima se os jogadores possuírem um potencial de força satisfatório (força máxima). A resistência de força depende também da força máxima.

A capacidade de força na primeira fase da puberdade (11 até 13-14 anos)

A musculatura, que é responsável pelo desenvolvimento da força, cresce na infância mais lentamente do que todo o resto do organismo. Assim, a porção muscular em relação ao peso corporal total, após o nascimento, é cerca de 22%. No início da puberdade alcança cerca de 33% e na fase adulta atinge 44%. Cada grupo muscular alcança, em diferentes momentos, o seu valor máximo de desenvolvimento. Este é o motivo para as freqüentes perturbações da coordenação na infância e na adolescência.

No início da puberdade, em razão do aumento da produção de hormônios sexuais, ocorre um enorme crescimento muscular. Este estirão de crescimento na primeira fase pubertária (ver aqui a realização do treinamento e flexibilidade) tem lugar nas meninas, com cerca de 11 anos, e nos meninos, com cerca de 13 anos, através da elevação clara dos valores gerais de força. A partir deste momento a força dos jovens aumenta. Estas diferenças específicas do sexo precisam ser necessariamente levadas em consideração quando ocorre a organização do treinamento.

! Durante esta fase de crescimento intensivo a formação corporal multilateral é especialmente importante, sobretudo, para garantir um desenvolvimento saudável do esqueleto.

Os exercícios nos quais uma grande sobrecarga de tração ou pressão é exercida sobre a coluna vertebral (por ex. agachamento com sobrecarga adicional) devem ser evitados. Portanto, nesta fase deve-se dispensar o treinamento com pesos.

Também a cartilagem nas articulações e a coluna vertebral são especialmente sensíveis à cargas muito altas ou falsas durante o processo de maturação.

Capacidade de força na segunda fase da puberdade (14-15 anos)

Nesta fase ocorre mais crescimento dos níveis de força nos jovens do que na primeira fase. A relação de carga-força leva, especialmente, a uma forte elevação da performance da capacidade de sprint, bem como da força de salto e lançamento.

Segundo a concepção dos especialistas, esta fase é a mais apropriada para o desenvolvimento das capacidades de força. A partir dos 14-15 anos pode-se também trabalhar com cargas adicionais (pesos). No entanto, deve-se dispensar a utilização do agachamento total com altas cargas, já que ele representa uma sobrecarga muito grande para a coluna vertebral e também para as outras articulações.

Sobre o treinamento da força geral

A base da força geral deve ser trabalhada com a utilização de um treinamento geral de força.
O objetivo desse treinamento na idade juvenil é conseguir um fortalecimento geral da musculatura (pés, pernas, tronco, cintura escapular e braços). Através do treinamento da força geral faz-se uma base para um treinamento de força, específico para o handebol (posteriormente com altas sobrecargas).
Para evitar cargas erradas no aparelho motor em crescimento é preciso observar obrigatoriamente as seguintes recomendações:

■Antes e durante o estirão de crescimento na puberdade é preciso, necessariamente, prescindir de um treinamento de força com a utilização de pesos. O treinamento com o próprio peso corporal é com certeza o suficiente.

■Treinamento de força precisa ser multilateral para servir à manutenção do equilíbrio muscular.
O surgimento de desequilíbrios musculares (alguns músculos ou grupos musculares completos estão enfraquecidos ou encurtados) precisa ser diminuído, especialmente, quando da utilização rotineira, como "o treinamento da musculatura abdominal". Exercícios falsos e, freqüentemente, mal-executados formam um grande desequilíbrio, ou seja, abdominal tesoura, *sit up* e/ou exercícios semelhantes fortalecem em primeira linha os flexores do quadril, não a musculatura abdominal. Já que estas musculaturas, em razão das formas de movimento específicas do handebol (velocidade e salto), já estão suficientemente treinadas, o fortalecimento posterior dessa musculatura leva a um desequilíbrio muscular e, com isso, à possibilidade de contusão e à diminuição da performance.
Este procedimento forma flexor do quadril hipertrofiado e encurtado, além de uma musculatura abdominal enfraquecida. As conseqüências são, entre outras, uma forte lordose.

■Fortalecimento da musculatura abdominal que tem tendência a um enfraquecimento deve estar no ponto principal do treinamento. Uma musculatura abdominal bem treinada é a melhor defesa contra solicitações erradas de sobrecarga e supersolicitações da coluna vertebral. Ela precisa, em razão da sua função (trabalho de manutenção da postura), fundamentalmente, ser treinada de forma estática.

■A parte inferior da musculatura da coluna vertebral na região da coluna lombar tem uma tendência para o encurtamento e, portanto, precisa ser alongada.

■Os exercícios devem ser escolhidos de forma que seja possível uma realização técnica perfeita.

■Os elementos técnicos dos exercícios de força precisam ser dominados perfeitamente, antes que ocorra uma elevação da carga.

■Exercícios estáticos de força que tenham tempo de duração muito alto precisam ser evitados (por ex., manutenção da posição das pernas semiflexionadas em 90° e as costas contra a parede), já que a articulação (por ex. articulação do joelho) é prejudicada em seu desenvolvimento através de exercícios estáticos.

■Todo treinamento de força precisa ser realizado observando-se a máxima proteção da coluna vertebral. Assim o fortalecimento da musculatura da perna – sobretudo quando se trabalha com pesos adicionais – em decúbito dorsal ou ventral (no fortalecimento da porção posterior da perna) deve ser evitado de todas as formas e posições lordóticas, já que prejudica a coluna lombar.

■Se forem constatadas em adolescentes falhas na sua formação (por ex. no quadril ou nas rótulas) e o distúrbio de crescimento (por ex. Morbus Scheuerman= a doença juvenil da coluna vertebral que tem um qua-dro de fechamento das vértebras e fragilidade destas no setor da coluna torácica), é preciso levar esses problemas em consideração na organização do treinamento.

■Movimentos compensatórios de todas as formas precisam ser evitados.

■Após cada unidade de treinamento é preciso realizar exercícios de alongamento para a descontração da musculatura.

Considerações gerais para a realização de exercícios de força

A seguir, apresentamos exercícios de força estáticos e dinâmicos:

■Nos exercícios estáticos (manutenção da posição corporal em seis apoios, frontalmente, de costas e lateralmente) deveria ser mantido um tempo, de acordo com o estado de treinamento, entre 10-30 segundos e serem executadas de duas a quatro séries.

■Nos exercícios para a musculatura abdominal deveria ser mantido um tempo de 5-10 segundos em 4-10 repetições. Estes exercícios serão feitos em duas séries.

■Nos exercícios de fortalecimento dinâmico devem ser realizadas, de acordo com o estado de treinamento e com um ritmo lento, de 5 a 15 repetições para duas ou três séries.

❗ A realização correta do exercício é mais importante que o número de repetições.

Programa de exercícios

Exercício 1 (Fotos 1a até 1c):
Musculatura solicitada: Abdominal.
Posição inicial: Decúbito dorsal, pernas semiflexionadas em 90o no quadril e joelho.
Realização: Pressionar levemente a porção inferior da coluna no colchão e elevar os ombros e a cabeça até que a omoplata seja elevada do colchão; realizar movimento de vaivém com os braços estendidos.

❗ A coluna lombar permanece no colchão.

Exercício 2 (Foto 2):
Musculatura solicitada: Abdominal.
Posição inicial: Em decúbito dorsal, colocar as pernas semiflexionadas sobre o colchão e as mãos atrás da cabeça.
Realização: Tensão na musculatura glútea e elevação da cabeça e ombros.

❗ Os cotovelos permanecem atrás da linha da cabeça.

O exercício demonstrado na Foto 3 é muito perigoso, ele é um verdadeiro "assassino de discos intervertebrais". Portanto, é preciso evitar a realização deste tipo de exercício de todas as formas, já que a coluna lombar e as vértebras são expostas a uma sobrecarga não fisiológica.

Exercício 3 (Foto 4):
Musculatura solicitada: Tensão corporal total (lateral).
Posição inicial: Posicionamento lateral do corpo que é apoiado pelo antebraço, os joelhos são flexionados e o quadril está colocado em um mesmo nível.
Realização: Elevar o quadril. O antebraço, o joelho e a perna estão sobre o colchão.

Exercício 4 (Foto 5):
Musculatura solicitada: Tensão corporal total.

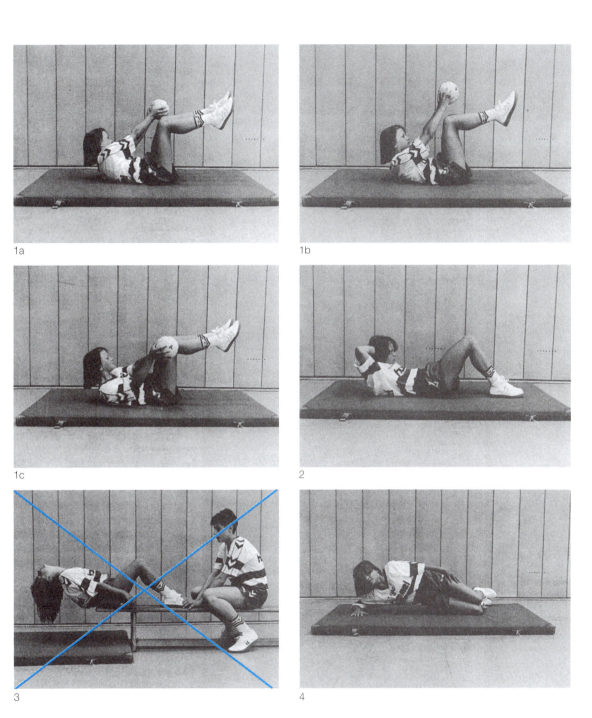

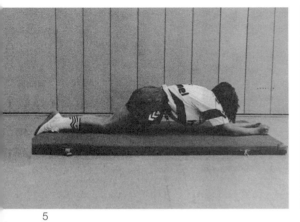

Posição inicial: Posição de quadrupédia sobre os antebraços (veja foto).
Realização: Os antebraços e as pernas a partir dos joelhos permanecem no colchão. O tronco permanece reto como uma "tábua" (não hiperestender a musculatura glútea).

Exercício 5 (Foto 6):
Musculatura solicitada: Tensão corporal total.
Posição inicial: Decúbito dorsal, apoios sobre os antebraços e os calcanhares com os joelhos levemente flexionados.
Realização: Contrair a musculatura glútea e elevar o quadril. O corpo tem que estar em um posicionamento paralelo em relação ao solo.

5 6

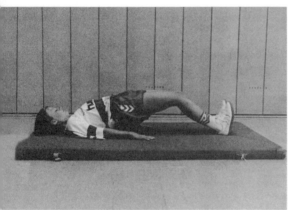

Variação (Foto 7):
Posição inicial: Decúbito dorsal, apoio sobre os braços, joelhos levemente flexionados e parte anterior dos pés flexionada.
Realização: Contrair a musculatura glútea e elevar o quadril.

Indicação:
Se os jogadores estão em posição de executar, de forma correta, os exercícios expostos nas Fotos de 4 a 7, eles devem então realizar os exercícios demonstrados nas Fotos de 8 a 10, que são mais difíceis. É extremamente importante que o posicionamento corporal seja mantido durante toda a realização do exercício (corpo contraído como uma tábua).

7 8

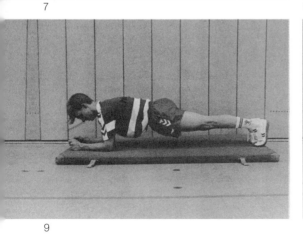
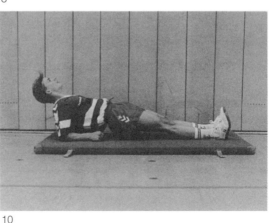

Exercício 6 (Foto 11):
Musculatura solicitada: Tensão corporal total.

9 10

Posição inicial: Pernas cruzadas, dedos apontam para frente, a cabeça é colocada no prolongamento do tronco.
Realização: Elevar a perna até a altura dos joelhos, flexionar os braços vagarosamente e estendê-los novamente. A musculatura abdominal permanece contraída.

O exercício demonstrado na Foto 12 deve ser evitado no período da adolescência, já que este tipo de carga estática tem um efeito muito desfavorável em relação à articulação do joelho.

Exercício 7 (Fotos 13 e 14)
Musculatura solicitada: Das pernas.
Posição inicial: Com o corpo ereto, colocar um pé sobre o banco.
Realização: Extensão da perna que está colocada sobre o banco, sendo que a outra perna é controlada até que a coxa esteja paralela ao solo.

Tocar o banco com toda a superfície do pé e estender o corpo o máximo possível.

Exercício 8 (Fotos 15):
Musculatura solicitada: Dos braços e dos ombros.
Posição inicial: Decúbito ventral, braços estendidos, cabeça no prolongamento do tronco, olhar para baixo.
Realização: Tracionar o corpo ao longo do banco.

Exercício 9 (Fotos 16):
Como no exercício 8, mas desta vez em decúbito dorsal.

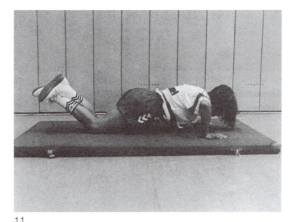

11

12

13

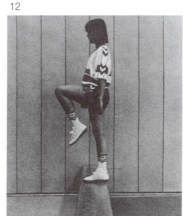

14

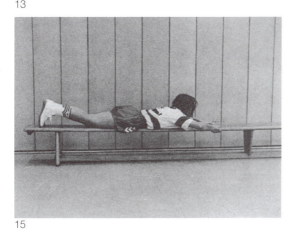

15 16

59

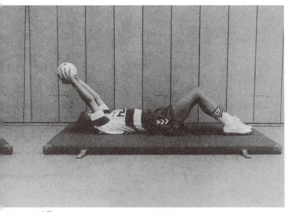

17

18

! Não auxiliar com os pés.

Exercício 10 (Fotos 17):
Musculatura solicitada: Dos braços e dos ombros.
Posição inicial: Decúbito dorsal e pernas semiflexionadas.
Realização: Levar a medicine ball ou uma pequena carga adicional, da posição inicial até o solo, repetir o movimento e contrair a musculatura abdominal. As costas permanecem no colchão.

Exercício 11 (Foto 18):
Musculatura solicitada: Dos braços e da porção superior do corpo.
Posição inicial: Pendurar-se diagonalmente a uma barra fixa com os dois braços estendidos (flexão de braços com apoio).
Realização: Flexionar e estender os braços.

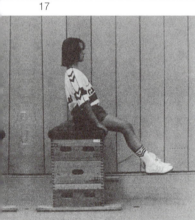

19

20

! Importante: não lordotizar o posicionamento corporal.
Não levar a cabeça ao peitoral como na Foto 18.

Exercício 12 (Foto 19):
Musculatura solicitada: Porção anterior da musculatura da perna.
Posição inicial: Sentar-se com as pernas estendidas sobre uma elevação qualquer, prender um medicine ballou um outro peso adicional qualquer entre as pernas.
Realização: Extensão lenta e gradual da articulação do joelho.

Exercício 13 (Foto 20):
Fortalecimento da musculatura dorsal, porção superior.
Posição inicial: Em pé, braços flexionados na altura dos ombros.

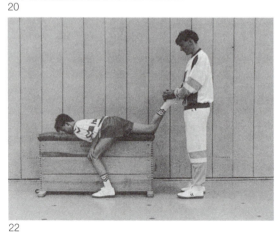

21

22

Realização: Pressionar os braços para trás.

Exercício 14 (Foto 21):
Musculatura solicitada: Dos braços e dos ombros.
Posição inicial: Sentado com a coluna ereta e as pernas estendidas em afastamento lateral. Realização: Tracionar os braços contra a resistência da banda de borracha.

! Importante: Utilizar uma boa estabilização da coluna e mantê-la projetada para frente.

Exercício 15 (Foto 22):
Musculatura solicitada: Porção posterior da perna.
Posição inicial: Decúbito ventral sobre o plinto. Uma perna fica ao lado do plinto e a outra é colocada semiflexionada contra a oposição do companheiro de exercício. Enquanto isto, a perna é tracionada na direção da musculatura glútea.

! Os glúteos e a cabeça não devem ser elevados do plinto.

Exercício 16 (Foto 23):
Fortalecimento para os pés
Posição inicial: Em pé, apoiando nos calcanhares, elevar a porção anterior dos pés. Realização: Andar sobre os calcanhares.

Exercício 17 (Foto 23):
Musculatura solicitada: Dos pés.
Posição inicial: Em pé, sobre os calcanhares, dorsiflexão dos pés. Realização: Com pequenas passadas, deslocar-se para frente e, lateralmente, com todas as articulações estendidas.

23

24

Nos limitaremos aqui a alguns aspectos importantes orientados para a prática.

O treinamento da resistência

■A resistência é excepcionalmente treinável durante a puberdade.

■No treinamento de base isto pode acontecer por meio de formas de jogos variados e apropriados para esta faixa etária (pega-pega, variações de jogos com bola, revezamentos, etc.).

■A resistência geral deve ser formada também nesta faixa etária por meio de corridas contínuas de 20 a 30 minutos realizados uma vez por semana.

O treinamento da velocidade

Não há nada contra a utilização de repetições de corrida em velocidade numa quantidade limitada. Porém é preciso garantir uma recuperação suficiente.
■Realizar repetições em distâncias não superiores a 30 metros. Sempre permitir uma recuperação completa entre as repetições (cerca de 2 minutos).
■A velocidade é melhorada nesta faixa etária, principalmente através de jogos de pegar, revezamento (com elementos específicos do handebol). Realizar o maior número possível de exercícios com bola.

Dicas para o treinamento da velocidade e da resistência

Treinamento Defensivo

Como deve ser realizado o Jogo Defensivo no Treinamento de Base?

No Volume 1 demonstramos o papel do jogo de defesa para crianças de6a10anos. Então podemos nos orientar pelo seguinte:

! Só quando os elementos ofensivos forem dominados é que pode acontecer o treinamento defensivo.

Nós decidimos então iniciar um treinamento defensivo somente no treinamento de base, porém, nos limitamos a demonstrar regras comportamentais para uma forma de jogo com marcação individual (Vol.1, p.123).

Como esse treinamento deve continuar?
Crianças que já jogaram mini-handebol aprenderam os princípios de movimentação e de posicionamento para o jogo defensivo. Na segunda parte do treinamento básico, o treinamento com jovens de 11/12 anos pode ocorrer de acordo com a experiência anterior das seguintes formas:

– Introdução/realização da marcação individual, por exemplo, as proximidades da área;
– Utilização de sistemas defensivos com comportamentos ofensivos antecipativos, combinando marcação individual/por zona (por ex. 4:0+2, 3:0+3);
– Com crianças e jovens de nível avançado, iniciar nas zonas de marcação/zona ofensiva.

No treinamento de base (13/14 anos) trabalha-se com o aprendizado sistemático de técnicas e táticas de defesa em situações 1:1, e estas são o ponto forte do treinamento defensivo.

Ao mesmo tempo, este setor é caracterizado pela transição da defesa individual para a defesa por zona.
Isto não deve, no entanto, representar uma alta exigência (tática) para os jogadores.
Agora, como já foi acentuado no capítulo "Bases do Treinamento Motor", o treinamento tático na faixa etária dos 10 aos 14 anos contém um comportamento tático individual espontâneo.
É lógico que, após a marcação individual, é preciso encontrar uma marcação por zona simples e com poucas regras básicas (tática) que seja caracterizada, pela situação 1:1.

Quais são então as exigências para montar um conceito razoável para o departamento juvenil de um clube?

A Figura 1 mostra uma visão geral da estruturação metódica e do desenvolvimento tático defensivo em todo o setor infanto-juvenil.

Como já foi demonstrado de forma exaustiva no Volume 1 (*Spilen und Üben mit Kindern*), as crianças praticantes de mini-handebol devem jogar somente com a marcação individual. Variações de marcação ou, por exemplo, sistema de marcação combinado – individual por zona (por ex. 4:0+2) – podem também ser utilizados agora ou mais tarde. No nível menor (12/14 anos), deveria se introduzir, de forma definitiva, a marcação por zona. Nós somos a favor, o que é incomum para muitos jovens treinadores, de uma marcação por zona ativa e extremamente ofensiva em relação ao jogador que passa perto da defesa, portanto, defesa 1:5.

Ela é, na nossa opinião, um importante divisor entre o mini-handebol, a defesa individual e a defesa realizada nas categorias cadete e juvenil, que são a 3:2:1 e a 6:0 ou 5-1.
Ao mesmo tempo, a defesa 1:5 nos garante que – nós iremos apresentá-la de forma detalhada em um capítulo posterior e fundamentar a sua necessidade para o treinamento de base – os jovens jogadores irão assimilar um comportamento defensivo de acordo com as regras do jogo 1:1 de forma adequada.
Naturalmente, precisamos discutir também, neste contexto, as técnicas defensivas que vão contra as regras do jogo, já que o handebol, ao contrário do basquetebol, é um esporte que não pode ser praticado sem um contato corporal direto.
Durante a organização de um treinamento – conteúdo do Volume 3 do *Manual de Handebol*– trabalha-se com uma defesa 3:2:1, a partir da categoria menor 12/14 anos.
Assim, a tática de grupo (ajudar, segurar, troca de marcação etc.) ganha um significado dentro da formação defensiva.

Uma alternativa para jogadores avançados de equipes cadetes (14-16 anos), por exemplo, pode ser a formação defensiva 6:0, que funcionaria como uma segunda formação defensiva.

Este conceito é totalmente caracterizado pelas linhas diretrizes no setor de treinamento infanto-juvenil que requer uma defesa ofensiva. Isto é válido tanto para equipes masculinas quanto femininas.

Essa exigência vem da premissa de que, atualmente, mesmo nas zonas de performance medianas, joga-se predominantemente com uma formação defensiva 3:2:1. Finalmente, somente através de uma defesa ativa e ofensiva desde o início podemos alcançar a formação, com um adequado comportamento defensivo individual, dos nossos jogadores infanto-juvenis.

Alguns treinadores já "sofridos" de equipes masculinas e femininas podem contar quais foram os problemas que tiveram em relação ao comportamento individual defensivo na integração de jovens talentosos.

Formação básica

1. Marcação individual:
   – quadra toda;
   – a partir da metade da quadra;
   – próximo à área.
2. Pré-forma da marcação por zona (por ex. marcação combinada individual-zona).

Volume 1

Treinamento de base

1. Variações de marcação individual.
2. Defesa 1:5 (defesa 3:3 individual combinada com defesa por zona como por exemplo na defesa 3:0+3).

Volume 2

Treinamento de construção

1. Defesa 3:2:1:
   – em relação à bola;
   – ofensiva e defensiva;
   – com transição: 4:2 para 6:0.
2. Defesa 6:0.
3. Variações de acordo com a situação de jogo.

Volume 3

Fig. 1: Estrutura metodológica da tática de defesa no treinamento infanto-juvenil.

- O aprendizado de formas de comportamento técnico-tático na defesa 1:1 é o ponto principal do treinamento de base.

- Basicamente, tanto no setor masculino quanto no setor feminino, deveria se defender ofensivamente.

- Após a defesa individual, que é utilizada sobretudo pelos jovens da categoria infantil, como primeira marcação por zona, temos a formação defensiva extremamente ofensiva 1:5. Só assim os jovens podem experimentar um treinamento de base útil com comportamento defensivo individual.

Marcação Individual

Fases e áreas de rendimento de utilização da marcação individual

❗ Nós gostaríamos de apresentar algumas observações importantes sobre a marcação individual.
A defesa individual deveria ser o ponto principal durante todo o treinamento de base, já que crianças e adolescentes podem aprender, da melhor maneira possível, as habilidades básicas técnicas e táticas do jogo defensivo, ou seja:
– Jogo 1:1 contra o atacante, com e sem bola;
– Perturbar a recepção e o passe do adversário;
– Colocar-se em linha de passe para recuperar a bola;
– Bloquear percurso de corrida, "prever" as ações de ataque do adversário;
– Manter o contato visual com a bola e o adversário.
Portanto:

O domínio da defesa individual é uma condição básica para que se possa jogar com uma defesa por zona mais tarde. Mas também, durante o jogo, a marcação individual nesta faixa etária é extremamente efetiva. Basicamente, pode-se usá-la em três situações:

① Na transição do jogo 4:4, jogado em uma parte da metade da quadra (mini-handebol), para o jogo 6:6 no campo normal de jogo, deve-se deixar que os jogadores da categoria trabalhem predominantemente com a marcação individual. Aqueles que iniciaram em outros esportes e praticam agora o handebol podem aprender mais rapidamente as habilidades básicas elementares do ataque e da defesa.
Sobre o aspecto da tática de jogo, podem ser utilizadas as seguintes formas de defesa individual:

■ *Defesa individual na quadra toda*
Aqui o adversário é colocado sob extrema pressão, o jogo ofensivo é perturbado já na sua origem. No entanto, por causa do amplo campo de jogo, essa forma de defesa representa uma exigência alta em termos de trabalho de pernas e, respectivamente, em relação ao jogo 1:1 com e sem bola. O risco de que um jogador que está defendendo seja fintado é relativamente alto.

■ *Defesa individual na própria quadra*
Esta forma facilita sobretudo os iniciantes que têm de resolver a difícil tarefa de alinhar-se ao jogador adversário, no caso de perda a bola. Apesar disso, como no exemplo anterior, temos à disposição um amplo campo de jogo que dificulta um auxílio ao companheiro de equipe em situações nas quais ele é fintado.

■ *Defesa individual próxima ao setor da área*
Esta forma extremamente defensiva da marcação homem a homem facilita a organização de acordo com os atacantes. Ao mesmo tempo, ela é totalmente compacta; ações de arrancadas de um atacante podem, eventualmente, ser bloqueadas por dois defensores.

■ Forma com revezamento
Uma outra possibilidade é de que um ou dois jogadores da defesa permaneçam como perturbadores no campo de ataque do adversário, enquanto os outros se retiram para as proximidades da área que deve ser defendida por eles.
Finalmente, deve-se comentar que também a forma simples de defesa combinada individual/zona (3:0+3 ou 4:0+2) pode ser utilizada. Para isso os jogadores da defesa devem agir mais ou menos na altura da linha dos sete metros de forma ofensiva.

② Também em equipes infanto-juvenis avançadas, portanto em jovens da categoria cadete e menor, de tempos em tempos deve-se utilizar o sistema defensivo, seja em fases do jogo para surpreender o adversário e colocá-lo sob pressão ou quando, no final do jogo, é preciso que se tome a posse da bola para poder igualar o placar.

③ Finalmente, a defesa individual pode também, sob o ponto de vista tático, ser utilizada em situações estandardizadas em um curto tempo, ou seja:

– Quando existe superioridade numérica da própria equipe (Fig. 2) para conseguir ou ter a posse da bola o mais rápido possível (um líbero age ao longo da linha do gol e auxilia nas ações de arrancada dos atacantes);
– Em um lançamento de ataque como efeito surpresa (Fig. 3). Vamos resumir as vantagens táticas mais importantes da marcação individual outra vez:

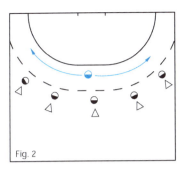

Fig. 2

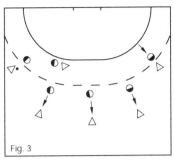

Fig. 3

Jogo do castelo em uma meia quadra com dois "neutros" (Fig. 5).
Em um jogo 4:4, procura-se acertar um dos plintos (= 1 ponto). Assim, uma zona demarcada de lançamento não deve ser ultrapassada.
O atacante não pode arremessar sobre a caixa se ele receber a bola de uma zona neutra. Pode-se proibir o quicar da bola.

- Perturbar o jogo conjunto dos atacantes.
- Inutilizar os jogadores muito fortes.
- Conseguir a posse da bola através da marcação individual, que é uma forma ativa de defesa.

Formas de jogo para introdução e treinamento da marcação individual

A marcação individual pode ser trabalhada progressivamente com diferentes formas de jogos. Naturalmente, são necessárias também formas de exercícios para o aprendizado individual das técnicas de defesa. Estas, por sua vez, encontram-se no próximo capítulo.
Jogos em meia quadra com dois "neutros" ou passadores ou "coringas" (Fig. 4) joga-se 4:4. A equipe que estiver defendendo precisa realizar a marcação de forma individual.
Dois jogadores neutros, que estão colocados sobre caixas (para que possam ser mais bem vistos pelos outros jogadores), podem ser utilizados pelos atacantes durante o jogo.

Tarefa:
Toda a bola tomada dos atacantes vale 1 ponto. Qual equipe consegue fazer 30 pontos primeiro?
Não é permitido quicar a bola e os passes para os jogadores neutros não valem nenhum ponto.

Variações:
– um maior número de jogadores (5:5, 6:6 etc.);
– para cada 5 bolas apanhadas em seguida, pode-se contabilizar um ponto.

Indicações:
Nesta forma de jogo, os jogadores aprendem o posicionamento em relação ao adversário e em relação à bola na marcação individual.

Fig. 4

Variações:
– Maior número de jogadores;
– Aumento da zona de lançamento;
– Limitação do espaço para quicar a bola (só duas vezes);
– Cada equipe "defende um plinto ou castelo";
– Dispensa do jogador neutro como estação de passe adicional.

Indicações:
Através da introdução de uma zona de lançamento, é necessário que se faça um outro posicionamento em relação ao atacante, quando há marcação individual (adversário, plinto).
Jogos com bola e colchão e participação de dois "neutros" (Fig. 6)

Fig. 5

67

Em um campo de jogo normal, apenas observando as áreas, joga-se 6:6. O objetivo aqui é acertar um dos dois tapetes ou colchonetes colocados na área do gol. É preciso que o lançamento seja feito diretamente sobre o tapete. Lançamentos indiretos não contam.
Os dois neutros podem movimentar-se ao longo das linhas laterais.
Após o passe proveniente de um jogador neutro não se pode arremessar contra o colchão.

Variação:
Na utilização do jogador neutro.

Indicação:
Por causa do grande campo de jogo, agora é necessária uma outra divisão do espaço. Neste campo são realizados passes mais longos, o que proporciona à defesa uma boa possibilidade de apanhar e interceptar a bola ou os passes.

Variações dos jogos
Aos jogadores avançados podemos oferecer uma grande gama de variações de jogos, na qual a equipe que defende tem de marcar fundamentalmente de forma individual. Joga-se de acordo com as regras do handebol.

Jogos em uma metade do campo

■"Jogo dos dez passes", a equipe que possui a bola precisa trocar passes 10 vezes com os outros jogadores para que seja computado um ponto.
■Qual equipe consegue manter a bola 30 (45) segundos em seu campo de ataque (= 1 ponto)?

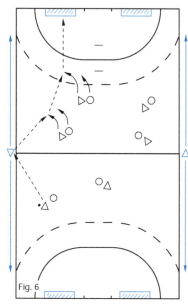

Fig. 6

Jogos em todo o campo

■O objetivo é colocar a bola no gol adversário.

■Colocar a bola atrás da linha de fundo da equipe adversária.

■Colocar a bola sobre os colchonetes.

■Cada equipe precisa, por exemplo, de dois colchonetes, que são colocados no gol e precisam ser defendidos.

Variações básicas
– Não é permitido quicar a bola;
– Não é permitido atrasar a bola (passá-la para trás);
– A equipe que possui a bola precisa atacar após 15 (10) passes;

– O campo de jogo é limitado em sua largura ou em seu comprimento;
– O jogo é sem contato, como no basquetebol.

Regras básicas para o defensor em uma marcação individual:
■Colocar-se sempre entre o atacante e o seu próprio gol.
■Cobrir o braço de lançamento do adversário.
■Observar os seus adversários:
– Em relação ao seu comportamento visual (para onde eles olham);
– Suas mãos (preparação para recepção);
– Suas intenções em relação ao percurso de corrida.

■Permanecer em contato visual com o adversário que carrega a bola.
■Quanto mais perto a bola vier, mais em contato com o adversário deve-se estar.
■Manter sempre uma distância de segurança em relação ao adversário (algo em torno de um metro).
■Procurar interceptar as bolas passadas, com cuidado, para evitar uma saída falsa.
 Colocar-se nos percursos decorridos mais vantajosos para o adversário.
■Limitar e perturbar as possibilidades de saída do adversário, quando este tomar a posse da bola.
 Procurar, quando o adversário quicar a bola, tocá-la para que ela saia da quadra.

■Ajudar os companheiros de equipe, quando estes forem ultrapassados pelos adversários.

Observações

No treinamento de base, a formação da defesa através de jogos básicos deveria estar em primeiro plano. No capítulo "Conceito de Treinamento", há como orientação rudimentar uma distribuição de 50:50 entre jogos e exercícios. Para que este auxílio orientacional possa ser utilizado no treinamento, nós dividimos este capítulo da seguinte forma:

– Técnicas de corrida e de movimentação (trabalho de pernas e trabalho de braços);
– Treinamento do comportamento defensivo em jogos 1:1;
– Introdução da forma de jogo antecipativa.

Como a Figura 7 mostra, trabalha-se primeiramente a defesa 1:5 somente através de jogos escolhidos entre os diferentes jogos básicos. De acordo com o desempenho e o estado de domínio da técnica dos jogadores é preciso também que o treinador exercite de forma isolada algumas condições técnicas necessárias, bem como formas de comportamento tático individual para que ocorra a formação de uma defesa 1:5 de forma satisfatória.
Antes que nós expliquemos as bases do treinamento defensivo no treinamento de base, queremos ainda, uma vez mais, fundamentar por que nesta faixa etária deve-se introduzir primeiramente uma forma ofensiva de formação defensiva.

Por que é preciso aprender primeiro uma formação ofensiva de defesa?

Após os atletas jogarem predominantemente com a marcação individual nas categorias infantil e mirim (ver Vol.1), já na transição para as categorias cadete e menor podese introduzir a marcação por zona. Aqui temos a seguinte pergunta: qual formação defensiva deve ser introduzida primeiro?
Na prática diária de vários clubes, já nas categorias menores e infantis, ao invés de uma defesa individual, joga-se com uma formação defensiva 6:0. Isto significa, de forma concreta, que todos os jogadores agem como se estivessem "atracados à área do gol", deslocando-se ao longo desta (Fig. 8) e procurando bloquear os lançamentos dos adversários.
Contra este procedimento existem inúmeros argumentos. Nós queremos propor um novo caminho, no qual acreditamos que os nossos jovens jogadores receberão uma melhor formação básica e, sobretudo, um melhor comportamento defensivo individual.

O ponto principal do treinamento de base precisa ser a formação da técnica individual de defesa

Formação e Regras Básicas Defensivas 1:5

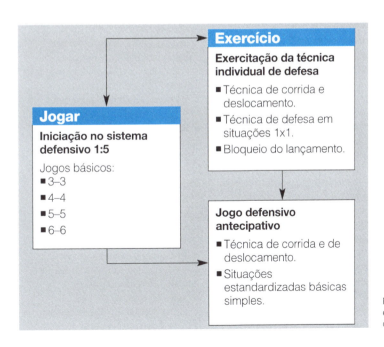

Fig. 7: Área do jogo e exercício no treinamento da defesa.

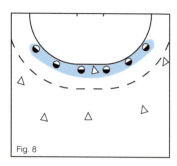

Fig. 8

Se nós introduzíssemos primeiramente uma defesa 6:0, o ponto-chave da formação recairia, quase que exclusivamente, sobre o bloqueio de lançamento do adversário. Uma formação do comportamento defensivo – e ofensivo – no jogo 1:1 seria raramente utilizada.
Exatamente aqui é que a maioria dos jovens jogadores, mesmo na categoria cadete, demonstra uma enorme imperfeição. Nós só podemos impedir essa falta quando, já no treinamento de base, coloca-se uma acentuação no aprendizado das regras de comportamento defensivo 1:1. Isto significa que, após a marcação individual, primeiramente se deve introduzir uma formação defensiva ofensiva. Os espaços que resultam deste tipo de marcação devem e podem ser utilizados, sobretudo, para o jogo 1:1. Já os atacantes são obrigados a elaborar e enfrentar situações de fintas e lançamentos ao gol enquanto os defensores precisam tentar defender-se através de um trabalho de pernas efetivo e técnicas defensivas objetivas.

Com a decisão sobre qual formação defensiva deve ser utilizada, define-se também a forma de treinamento individual, técnica e tática do jogo.
A propósito, uma formação defensiva ofensiva na transição da marcação individual para a marcação por zona também é lógica por motivos metodológicos. Por que devemos colocar os jovens jogadores, após terem jogado parcialmente na quadra toda, em frente a área do gol como se estivessem "pregados" lá?

Só uma defesa ofensiva pode limitar a área de ação do ataque adversário!

Contra uma formação defensiva 6:0, o ataque pode trabalhar relativamente sem distúrbios. Isto tem conseqüências fatais nas categorias infantil e menor, pois, freqüentemente, já no segundo ou terceiro passe, arremessa-se contra o gol e, na maioria das vezes, o mesmo jogador é quem faz o lançamento (jogador com crescimento acelerado), enquanto os outros apenas assistem.
Se a defesa joga de forma ofensiva, pode perturbar os atacantes durante a armação da jogada, e não só isto: uma defesa ativa e ofensiva pode provocar mais passes errados por parte do adversário e tem mais chance de apanhar a bola. Os atacantes são então obrigados a jogar em conjunto e até o principal arremessador do time adversário (jovem com crescimento acelerado) precisa passar a bola para o companheiro livre, se ele estiver muito marcado. A experiência mostra que as equipes com menor vantagem corporal individual equilibram esta desvantagem com uma defesa extremamente ofensiva.

Defesa "Ativa e Ofensiva", este deveria ser o lema no treinamento de base. Só assim o treinador infanto-juvenil conseguiria fazer com que os seus jogadores também sentissem alegria no jogo defensivo.

A formação da capacidade de jogo como objetivo maior – isso precisa ser levado em consideração também na escolha da tática defensiva

O ataque e a defesa dependem um do outro. A escolha de uma certa tática de defesa provoca uma forma de ataque totalmente determinada. Vejamos isto na prática do jogo: contra uma defesa 6:0, nós já tínhamos mencionado que os jogadores de ataque dificilmente seriam obrigados a jogar e, na maioria das vezes, é sempre o mesmo jogador que é procurado pelos outros companheiros de equipe e que deve ser colocado em uma posição favorável para o lançamento. Treinadores experientes que atuam nas categorias infanto-juvenis sabem que jogadores com uma superioridade em termos de força física na categoria menor podem, sim, decidir um jogo. Quando as condições corporais se igualam, isto já nas categorias cadete e juvenil, esse jogador já não conseguirá agir com tanto sucesso como nas categorias anteriores. Pelo contrário, agora o jogo ofensivo da categoria menor é quebrado e o arremessador principal tem até um bom lançamento, mas não aprendeu a passar e seus companheiros de equipe não aprenderam nem a arremessar e nem a jogar de forma individual.

Os chamados talentos – que por um lado sabem arremessar, mas não conseguem jogar – podem sempre ser encontrados na categoria menor. Aqui precisamos repensar e desistir, ao menos em parte, da orientação para as vitórias em favor de uma formação básica técnico/tática mais ampla para os nossos jogadores em desenvolvimento.

No handebol de alto nível existe a tendência para a utilização do jogador universal, que tanto possui um repertório variado de lançamento como sabe passar a bola nas mais diversas situações. Joga também na defesa e marca tanto defensiva quanto ofensivamente, já atrapalhando o ataque do adversário na origem. Assim, ações individuais nem sempre trazem bons resultados, pois os atacantes são obrigados a jogar em conjunto. Isto também deve ser levado em consideração quando o treinador que atua em equipes infanto-juvenis decidir por uma determinada tática defensiva. Como a prática mostra, só algumas equipes da categoria menor possuem uma tática variada de ataque em grupo. Aqui uma tática ofensiva de defesa pode, com certeza, agir de maneira decisiva se for colocada em prática de forma ativa. Assim, o oponente será obrigado a reconhecer que o jogo de handebol é um jogo coletivo.

Resumo:
Com a linha diretriz "defender-se de forma ativa e ofensiva", o treinamento defensivo ganha no treinamento de base um significado totalmente novo. Portanto, são almejados os seguintes objetivos táticos:

■ Perturbar a armação do jogo;
■ Limitar o raio de ação do atacante;
■ Tentar roubar a bola.

Naturalmente, esta forma de defesa tem um caráter destrutivo – o jogo ofensivo deve, sempre que for possível, ser perturbado e limitado em sua efetividade. Só esta frase contém uma nova concepção e forma de jogo defensivo que motivam o jogador muito mais do que os outros treinamentos de defesa aplicados até agora.

Regras básicas da defesa 1:5

Como nós sabemos, uma boa formação defensiva vive do entendimento entre os defensores e regras claras que foram previamente combinadas.

Após os jovens jogadores terem aprendido e jogado com a

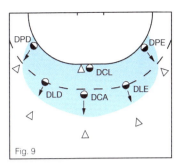
Fig. 9

marcação individual, é preciso eleger uma marcação por zona que seja simples de se jogar e que, no início, contenha apenas poucas regras de comportamento tático e de grupo. De forma alguma devemos sobrecarregar os jogadores que participam de um treinamento de base em relação à tática de jogo.

Como transição da marcação individual para a marcação por zona, temos a formação defensiva 1:5, esboçada na Figura 9. Cinco jogadores na zona de defesa, que está ao longo da linha de tiro livre, e um outro – o meia-recuado (defensor posição 2) – na frente da área, marcando o pivô da equipe adversária.

Quem compara os esboços azuis das Figuras 8 e 9 vê que efeito de penetração tem a defesa 1:5, em comparação à defesa 6:0.

❗ O efeito é claro: lançamentos a partir das proximidades da área são raros, os atacantes precisam prevalecer no jogo 1:1 ou no jogo conjunto (por exemplo, em grupos de 2).

Assim, esta marcação pode ser dominada rapidamente e utilizada no jogo. Do ponto de vista tático, são necessárias regras muito

Seqüência 1

1

2

5

6

simples a partir das quais cada jogador da defesa pode se orientar.

> **Regra Básica 1:**
> Todo jogador de defesa tem uma zona de marcação determinada e, dentro dela, o defensor é responsável pelo adversário!

Que todo defensor marca um atacante e defende a meta contra ele já é conhecido da marcação individual. Portanto, estrutura-se esta defesa sobre antigas regras de comportamento.
A novidade é que cada um deve defender um terreno específico da quadra, pelo qual o defensor é responsável. Contra um ataque 3:3 existem 5 zonas de defesa. Nestas zonas, os laterais e ou armadores e pontas, bem como o central, são responsáveis respectivamente por um adversário (Fig.10). O defensor central (defensor posição 3) precisa marcar o pivô adversário de forma individual, cobrindo-o, acompanhando-o e cortando os passes de seus companheiros de equipe. De forma consciente, esta formação defensiva deve ser jogada com orientação para a marcação individual. A posição certa em relação ao adversário e o combate ao atacante com ou sem

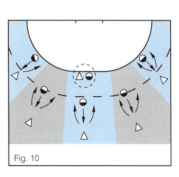
Fig. 10

3

4

7

8

bola são os aspectos centrais da formação defensiva. Só quando isto for dominado pode-se acentuar a moderna forma de jogo no handebol, muitas vezes, observada e concentrada em relação à bola (agrupar, deslocar e aprofundar no lado em que a bola está).

A seqüência de fotos 1 mostra os movimentos básicos na defesa 1:5 contra um ataque 3:3, no qual os jogadores passam de posição para posição.

Na posse de bola no ponta direita (PD) no ataque da direita (Foto 1), o mesmo é combatido pelo ponta-esquerda (DPD) da defesa e perturbado durante o passe. O segundo defensor (2) age em uma posição diagonal e, a partir dessa posição, tem três possibilidades de ação:

■Atacar, relativamente rápido, o seu adversário na posição de armador-direito (AD).
■Retornar de forma veloz e auxiliar, se o jogador na pontadireita realizar uma investida para o interior da quadra.
■Recolher ou antecipar-interceptar um passe do ponta-direita para o armador-direito com uma passada rápida para a frente (olhar antecipadamente, defesa antecipativa).

As vantagens deste posicionamento diagonal são claras em comparação à posição básica frontal, ou seja:

– O defensor cobre uma zona maior da quadra (auxiliado por seu trabalho de braço);
– Podem agir (ofensivamente) em ambas as direções (ofensivo na marcação na frente e defensivo na direção de sua meta);
– Pode cortar bons percursos de passe do adversário e assim perturbar seu jogo.

Continuação da Seqüência 1

9

10

13

14

Como pode ser visto na Figura 1, o jogador que marca na posição de central (DCL) coloca-se, sempre que possível, antes do pivô adversário e o pressiona caso a bola lhe seja passada.
O adiantado (DA1) coloca-se, em caso de posse de bola do ponta-direita, um pouco para trás e age também com um posicionamento diagonal.

Com o passe do ponta-direita para o armador-direito no ataque (Fotos de 2 a 5), o segundo defensor que está na defesa corre ao encontro do seu adversário com duas ou três passadas rápidas para atacá-lo imediatamente. Para isso, a partir da sua posição diagonal, precisa colocar-se em uma posição frontal e passar a agir como atacante. Como a Figura 5 mostra, em uma posição frontal pode-se tampar o braço de lançamento do adversário (na seqüência 1, um destroestá colocada na posição de ponta-direita).
O jogador da defesa, que está na posição de ponta-direita, não recua ao mesmo tempo para a frente da área de gol, mas sim em caso de posse de bola do ponta-direita adversário. Só então ele toma uma posição semidefensiva (Foto 4).
A partir dessa posição, em caso de um passe para trás do ponta-direita que está no ataque, ele pode combater diretamente o seu adversário.
Só com o reconhecimento de um passe do ponta-direita para o armador adversário é que o ponta-esquerda defensor (DPE) retorna para a frente da área (Fig. 5). Com o passe do ponta-direita para o armador – o ponta-esquerda (DPE) na defesa tem também a função de perturbar o passe do

11

12

15

16

adversário, por exemplo, com as mãos – o segundo defensor precisa atacar o seu adversário (veja Fig. 9). Como se vê nas Fotos de 2 a 5, ele tem, em caso de posse de bola do ponta-direita – ainda em um posicionamento diagonal – que se orientar para a frente, na direção do armador.
O central (DCL) age, como pode ser observado na Foto 9, sempre em relação à altura da bola e cobre o pivô para que ele não receba a bola dos jogadores de armação.
Especialmente importante é o comportamento de movimentação semidefensivo do ponta-esquerda (DPE).
Após o passe do ponta-direita para o armador, ele muda o seu posicionamento frontal com um giro e adquire um posicionamento diagonal (veja Fotos de 6 a 9). A partir deste posicionamento ele pode, com uma passada lateral rápida, tentar interceptar as tentativas de passe do armador para o ponta no ataque.
Só após o passe do armador para o ponta-esquerda é que este jogador pode atrasar-se e retornar um pouco.

! Sempre que a bola estiver do outro lado da quadra, o ponta-esquerda defensor (1º) (DPE) se posiciona mais ou menos sobre a linha pontilhada.

Com o passe do armador para o ponta-esquerda (Fotos de 10 a 14), todos os defensores que estiverem do lado direito precisam realizar a mesma movimentação, ou seja:

- O ponta-direita (DPD) toma uma posição frontal quando da posse de bola do atacante (PE);

Seqüência 2

1

2

5

6

- O meia coloca-se novamente, após o passe do armador, com uma passada em rotação, na posição diagonal;
- O central movimenta-se na linha do pivô que está com a bola (veja Foto12);
- O ponta-direita (DPD) toma uma posição semidefensiva (veja Fotos de 10 a 14).

Com um passe do armador-direito para o ponta-direita, o ponta-direita defensor ataca os seus adversários a partir da linha pontilhada de forma ofensiva, enquanto o armador-direito (DLD) posiciona-se diagonalmente (Foto 16). A partir disto ele pode, de um passe para trás do ponta-esquerda para o ponta-esquerda, atacar novamente, e é também um auxiliar, se o ponta-esquerda quiser arrancar na direção do gol. O central movimenta-se para a direita e coloca-se na linha de passe do ponta-esquerda para o pivô (veja Fotos de 13 a 15).

Regra Básica 2:
Marcação ativa – o adversário é combatido o mais cedo possível!

Enquanto uma formação defensiva 6:0 é pensada como uma marcação em bloco, é preciso deixar claro que a marcação 1:5 tem uma conotação de marcação combativa. Isso significa que os defensores não esperam o planejamento dos

3

4

7

8

atacantes; muito pelo contrário, os defensores colocados nas pontas e nas laterais, bem como o central, têm a tarefa de correr ao encontro do adversário e combatê-lo tão logo reconheçam que ele entrará na posse da bola. Por causa da perspectiva de observação escolhida na segunda série de fotos, esta forma de jogo pode ser reconhecida muito bem. Como podemos ver nas Fotos de 1 a 6, toda a ação, ou pelo menos a maior parte do efeito ofensivo do sistema 1:5, parte do adiantado (DA1) no centro. Ele pode levar o armador para trás (na Foto 4 ao redor de 14 a 15 metros antes do gol) e assim perturbar sensivelmente o jogo ofensivo do adversário.

Nas Fotos 5 e 6, a forma específica de jogo dos dois pontas defensores direita e esquerda, em caso de posse de bola do armador, pode ser reconhecida da seguinte forma: ambos encontram-se em uma posição diagonal e podem, portanto, atacar o seu adversário o mais rápido possível.
As Fotos de 5 a 9 mostram a conduta de jogo dos defensores adiantados nas posições de armador-direito (DLD) e armador-esquerdo (DLE), quando de um passe para o ponta-direita ou esquerda (PD/PE):

O defensor ponta-esquerda (DPE) ataca o ponta-direita (destro) no seu braço de lançamento (uma mão na bola para perturbar o passe);

Continuação da Seqüência 2

11

12

15

16

– O adiantado (DA1) toma um posicionamento diagonal e está preparado para um possível passe para o armador. Além disso, pode auxiliar se ocorrer uma arrancada por parte do ponta-direita. O defensor que está na meia-direita (posição 2 na defesa ou DLD) já retornou durante o passe do armador para posição diagonal sobre a linha pontilhada.

As Fotos de 1 a 9 mostram a grande profundidade de efeito da defesa 1:5. A partir da frente da sua área, os defensores atacam os seus adversários o mais na frente possível no campo de jogo (de 12 até 15 metros na frente do gol). Nas Fotos de 10 a 18 pode-se observar a movimentação especial na seqüência standard de passe do AD-PD-AD: com o passe do AD para o PD (Fotos de 10 a 12), o armador-esquerdo defensor (DLE) gira e toma sua posição diagonal (Fotos 10 e 11). As Fotos 13 e 14 mostram como ele pode recuar ainda um pouco, através de passadas laterais, para auxiliar durante uma arrancada do ponta-direita no ataque, no sentido interior da quadra. Em um passe para o ponta-direita no ataque, o defensor 1 (ponta-esquerda da defesa) pode atacar o seu adversário ofensivamente com apenas duas ou três passadas (veja Fotos de 15 a 18).
O objetivo é, portanto, limitar o raio de ação do jogador que se encontra na área favorável ao lançamento e colocá-lo o mais

Seqüência 3

1

2

5

6

para trás possível. Quem analisar criticamente a Seqüência 2 reconhecerá que:

! Mesmo se um jogador conseguir ganhar no jogo 1:1 do seu adversário, ele não conseguirá arremessar imediatamente para o gol. Primeiramente, precisará quicar a bola para não ter um grande distanciamento do gol. Isso custará tempo e oferecerá ao defensor uma oportunidade para auxiliar.

Regra básica 3:
Marcação sobre pressão, se um atacante quica a bola

A Seqüência 3 mostra o comportamento defensivo específico do central (DCL) nas situações de jogo nas quais o pivô sai na frente da área. Se o pivô oferece-se, por exemplo, quando da posse de bola do armador-esquerdo, para receber um passe (Fotos de 1 a 6), o central (DCL) não pode mais marcá-lo. O central (DCL) age então atrás do pivô, cobrindo o seu braço de lançamento (veja Foto 6).
Se o pivô recebesse a posse de bola, uma arrancada no sentido

3

4

7

8

do braço de lançamento (portanto que ele seja destro) seria bloqueada pelo central. O pivô poderia também arrancar para um lançamento do lado contrário ao seu braço de lançamento, mas se arriscaria e assumiria um ângulo de lançamento muito ruim. Geralmente, o central deveria procurar evitar que o pivô recebesse um passe. Assim ele pode, por exemplo, como nas Fotos de 5 a 8, sinalizar com o seu braço esquerdo para o atacante, avisando que um possível passe não seria bem-sucedido. Finalmente, mais um outro aviso importante: como pode se ver nas séries de 1 a 3, os defensores procuram, dentro do sistema defensivo 1:5, o contato corporal com os seus adversários. Como a técnica defensiva individual de cada defensor deve ser concretamente formada, será explicada no subcapítulo "Treinamento Defensivo Individual" de forma detalhada. O objetivo da marcação 1:5 é perturbar o ataque do adversário em todas as situações possíveis. Ainda existe o agravante de que as estações de passe para o atacante que possui a bola são "fechadas". Como um sinal simples para todo o defensor, a

Seqüência 4

1

2

5

6

regra básica estabelece que se deve marcar de forma estreita o jogador mais próximo àquele que está de posse da bola. As Figuras 11 e 12 mostram duas situações de jogo básicas que exemplificam este aspecto.

Com essa marcação sobre pressão, perturba-se de forma sensível não somente as combinações e os passes do adversário, mas também o levam a cometer erros, causando a perda da posse de bola por erros nas passadas ou na decisão de realizar passes largos e arriscados para o jogador que está mais distante.
A Seqüência 4 mostra as medidas táticas de defesa quando a bola está com o ponta-esquerda no ataque.
Após uma finta (Foto 2) com a condução da bola em seguida (Fotos 3 e 4), o ponta-esquerda quer realizar o passe para o armador-esquerdo (Foto 5). O armador-direito de defesa (DLD), que está colocado em posição diagonal, corre tão logo o ponta-direita quique a bola na direção do ponta-esquerda que, por sua vez, já estará se deslocando com duas passadas

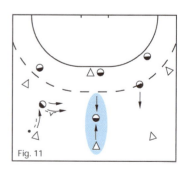
Fig. 11

3

4

7

8

laterais rápidas (veja Fotos de 3 a 5) para evitar a recepção. O defensor permanece na sua posição diagonal para poder cobrir o maior espaço possível. Adicionalmente ele deveria perturbar o jogador que está com a posse da bola através da movimentação de seus braços (movimentos de pára-brisa). Se o ponta-esquerda decidir por um passe longo para o armador–dooutro lado, este precisará, na maioria das vezes, passar pelos defensores –o (DLE) (defensor posição 2) terá a possibilidade de apanhar esse passe e partir para o contra-ataque (Fotos de 6 a 8).

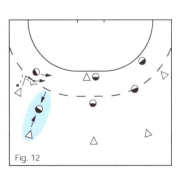
Fig. 12

Regra básica 4:
Perturbar as combinações de passes e jogadas – provocar passes longos

Na ampliação da regra nº 3, os jogadores da defesa podem também tentar atacar os seus respectivos adversários. Esta tarefa deveria ser realizada pelas defesas laterais (defensor posição 2). Como demonstrado na Figura 13,

83

Seqüência 5

1

2

5

6

ele pode, durante a posse de bola do armador-esquerda (AE) ou do armador-direita (AD), impedir um passe para o central através de uma saída decidida e rápida. Então, o passe longo entre os armadores laterais pode ser verdadeiramente arriscado – pelo menos nesta faixa etária. A defesa tem a chance de conseguir a posse da bola.

A Seqüência 5 mostra essa situação básica do jogo defensivo "antecipativo" (nós iremos fornecer indicações pormenorizadas no capítulo seguinte) dentro de uma defesa 1:5.

Já com o passe do ponta-esquerda

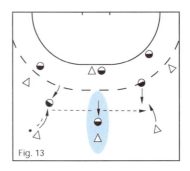

Fig. 13

para o armador-esquerdo, o adiantado deixa a sua posição defensiva e marca o seu adversário, o armador-central o mais perto possível do passe para o armador-esquerdo o mais de perto possível (Fotos de 1 a 4). Para evitar um passe ao central, o adiantado toma então uma posição frontal (marcação individual a curto prazo) contra o central. Naturalmente, aqui também seria possível um posicionamento diagonal, mas sobretudo para iniciantes é mais fácil a marcação individual.

3

4

7

8

Como se pode observar nas Fotos de 5 a 8, se o armador-esquerdo é obrigado a realizar um passe longo para o armador-direito, de acordo com a situação pode-se imaginar que o defensor lateral da defesa se coloque na linha desse passe desta forma pode-se procurar "roubar" a bola. Isso deveria no entanto só ser tentado se a bola puder ser apanhada com certeza. Caso contrário, origina-se uma superioridade numérica para os atacantes. Mesmo quando isso não é possível, a defesa tem, do ponto de vista tático, um objetivo a alcançar:

 Interromper a dinâmica da seqüência do jogo do ataque e da combinação de passes. Como se pode reconhecer na Foto 8, o defensor adiantado (DA1) desprende-se imediatamente após a bola ser apanhada pelo armador-direito, saindo da marcação individual e assumindo novamente a sua posição diagonal em relação ao armador – o que corresponde à movimentação básica dentro da defesa 1:5.

Naturalmente, o central da defesa (adiantado) pode, mas não precisa, utilizar esta tática de defesa, já que o ataque pode ajustar-se a ela e desenvolver medidas para anulá-la.

Portanto, os defensores devem utilizar tais táticas somente de tempos em tempos – quase como um efeito surpresa – e só quando o ataque agir de forma a pressionar a defesa.

Seqüência 6

1

2

5

6

Com essas duas regras básicas em conjunto, uma defesa 1:5 pode agir de forma ativa se limitar o raio de ação do atacante. Naturalmente, a condição básica para esta forma de jogo é a de que todos os defensores tenham uma ótima formação técnica individual para o jogo 1:1. Todo o treinador da categoria infanto-juvenil precisa dirigir o seu treinamento neste sentido.

Regra básica 5:
Atacantes que entram na zona de lançamento devem ser acompanhados

Às vezes o ataque contra a marcação ofensiva nem sempre age em um só posicionamento. Por exemplo, se um atacante de uma zona de defesa relativamente aberta penetrar na zona de lançamento (6-9 metros), então o grau mais alto de alarme estará ligado.

Nas Figuras 14 e 15 são caracterizados dois exemplos básicos.

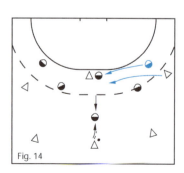
Fig. 14

3

4

7

8

Também aqui o treinador que atua no treinamento de base deve explanar um comportamento simples de defesa. Portanto, são válidas as seguintes regras:

L

Todo defensor é responsável pelo seu adversário. Se este corre perto da área, o defensor deve acompanhá-lo e marcá-lo bem de perto, quando passa por trás de um colega, o acompanha e, girando, passa pela frente e troca a marcação.

A Seqüência 6 mostra a utilização destas regras básicas:

Quando o ponta-direita tem a posse de bola, o ponta-esquerda da defesa (DPE) inicia uma corrida sem bola diagonalmente à sua posição (Fotos 1 e 2). O defensor ponta-esquerda (DPE), que age defensivamente, procura bloquear o percurso do ponta-direita ofensivo (Foto 1) e o acompanha em direção ao meio do campo (Fotos 2 e 6). Assim, o ponta defensivo precisa utilizar a mesma técnica de proteção que o central, que age levemente deslocado para o braço de lançamento (destro) do ponta-direita (veja Fotos de 5 a 7) e

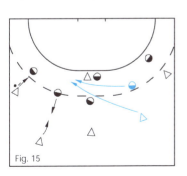
Fig. 15

Seqüência 7

1

2

5

6

pode, como nas Fotos 7 e 8, tocar a bola – que foi passada do armador-direita (AD) para o ponta-direito – para fora, com a mão esquerda.

> **Regra básica 6:**
> Atacantes que mudam a sua posição na frente da defesa são entregues e assumidos pelos defensores

Nós chegamos ao final com mais duas regras básicas nas quais existe a necessidade de uma tática conjunta em grupo de defesa. Basicamente, todo defensor deve se esforçar para se colocar entre o adversário e o seu gol. Se os atacantes trocam de posição antes da marcação (ver Fig.16), os dois defensores que são atingidos por essa troca devem passar ou "trocar" o seu atacante para que possam se responsabilizar, cada um deles, pelo atacante que vem para o seu lado da quadra. A Seqüência 7 mostra esta situação de passar/assumir ou trocar a marcação entre o armador-direita e o ponta direita em um cruzamento entre o armador e o ponta-esquerda de ataque. Como se pode ver na Foto 6, os dois

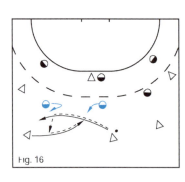

Fig. 16

3

4

7

8

defensores devem procurar obter a mesma posição na quadra. Só assim eles podem realizar a troca de marcação dos seus adversários. Na realidade, devem procurar estar na mesma linha. Após o armador ter passado a bola, ocorre a troca de marcação entre o adiantado e o defensor lateral. O adiantado precisa atacar o lado do braço de lançamento do armador-esquerdo que está se deslocando no movimento de engajamento (Fotos de 6 a 8). Portanto, não se deve, de forma nenhuma, acompanhar o cruzamento do armador por muito tempo porque senão o seu percurso seria muito longo até o lado do braço de lançamento do armador-esquerda. Naturalmente, esta regra básica nem sempre é útilizável. Em caso de dúvida vale sempre a regra 5: cada defensor é responsável pelo seu atacante.

Regra básica 7:
Auxiliar o companheiro de equipe, se este é superado pelo adversário

Contra este tipo de defesa tão ofensiva, os atacantes irão procurar, sobretudo, impor-se através de um jogo 1:1. Paulatinamente, os jogadores da defesa precisam aprender o princípio básico de toda a marcação por zona, ou seja, auxiliar o companheiro. Alguns exemplos a respeito disso foram esboçados nas Figuras 17 e 18. Como a Fig. 17 mostra, o último homem na defesa 1:5 – comparável com o líbero no futebol – recua e pode auxiliar

Seqüência 8

1

2

5

6

enormemente se os atacantes que se encontram na intermediária avançarem em direção ao gol. Mas, naturalmente, outros atacantes podem tentar bloquear o percurso do adversário (ver Fig.18).
A Seqüência 8 mostra as funções de líbero, do central ou defensor central (DCL).

Após o armador-esquerda fintar o defensor-lateral – posição 2 – (Foto 3), arrancar para o lado contrário ao seu braço de lançamento e partir em velocidade (Fotos de 4 a 6), o central age como último homem e bloqueia o espaço de penetração do armador-esquerda de posse da bola (veja Fotos 7 e 8). Já que o central, obrigatoriamente, tem de abandonar o pivô, essa marcação fica por conta do lateral (veja Fotos de 6 a 8).

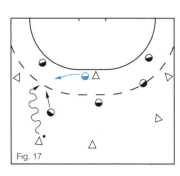
Fig. 17

3

4

7

8

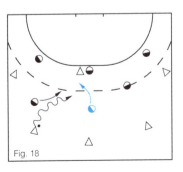
Fig. 18

L

Quem quiser ter defensores com uma boa formação defensiva não deve, de forma nenhuma, colocá-los precocemente para jogar sempre em uma posição determinada. Ao contrário: todos os jogadores devem, pelo menos no início, ter a experiência de jogar em várias posições defensivas.

Só assim poderá ter uma formação individual completa. Também não precisam – como no caso da formação defensiva 6:0 – colocar sempre o jogador mais alto no centro da marcação, pois, ao contrário, os jogadores pequenos têm uma grande mobilidade e podem defender nas posições de laterais ou de meia. Portanto, há mais essa vantagem a favor da formação defensiva ofensiva no setor infanto-juvenil.

Introdução à Formação Defensiva 1:5

Do ponto de vista metodológico, a defesa 1:5 pode ser trabalhada através de jogos básicos e do jogo em si. A ênfase está no ato de jogar, quando, a propósito, deve-se levar em consideração alguns auxílios para o aprendizado:

■ Limitação do espaço, que deve ser defendido em relação a sua largura. O espaço a ser defendido pelo iniciante deve ser diminuído, o que facilita o aprendizado defensivo;

■ Limitação do comportamento dos atacantes.

Exemplos:
– Nos primeiros jogos com posicionamento correto sem trocas, utilizar o jogo livre com as possíveis trocas de posições;
– Limitação das possíveis movimentações de trocas de formação (só os pontas e, após estes, os armadores).

A palavra *MOTIVAÇÃO* é escrita aqui com letras maiúsculas. Assim, são dadas, em conjunto com o complexo de exercícios, as tarefas de competição correspondentes. Os jogadores aprendem o sistema defensivo 1:5 em situações complexas e próximas da realidade competitiva.

 A manutenção de uma atitude competitiva contém um alto fator motivacional para o treinamento defensivo. Naturalmente, o treinador precisa utilizar as situações de jogo também para um trabalho de correção individual e efetivo das situações específicas. Para isto, o jogo-padrão nem sempre é suficiente.

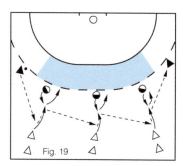

Quanto melhor os jogadores são na situação 1:1, melhor será a funcionalidade da defesa 1:5. Portanto, o treinador precisa – no treinamento de base – realizar muitos trabalhos de treinamento das pernas e as diferentes formas de comportamento técnico/tático na situação 1:1, de forma isolada.

A parte prática, a seguir, sobre o treinamento tático em equipe e em grupo, foi resumida e contém os caminhos metodológicos principais para a introdução e o treinamento dessa forma especial de marcação por zona.

Nível 1: Jogos básicos 3:3

Em uma área demarcada através de cones ou fita adesiva, os três defensores centrais jogam na formação 1:5 contra três jogadores (armador-esquerdo, central e direito) colocados em jogo posicional no ataque. Dois outros jogadores agem como estações de passe e são colocados na posição de ponta para os jogadores do ataque (Fig.19). Sob o ponto de vista metodológico, a tarefa defensiva dos três jogadores de defesa é muito facilitada no início, já que o raio de ação dos atacantes é aumentado gradualmente. Os seguintes passos metodológicos devem ser observados:

1. Pré-exercício sem a participação do goleiro

Os atacantes passam a bola de posição para posição, a defesa repete a técnica específica de deslocamento e cobertura, o grupo de três atacantes e defensores é trocado em forma de rodízio.

2. Jogo básico 3:3 com lançamento ao gol

Os atacantes não podem trocar as posições entre si (só jogo posicional), mas só os passes de uma posição para a outra.

As seguintes tarefas dos defensores são aumentadas gradativamente:
1. Combater ofensiva e ativamente o jogador que está com a bola. Através de uma saída adiantada, colocar o adversário o mais longe possível da sua zona de ataque;
2. Se o armador-direito ou esquerdo do ataque penetrar em direção ao gol, o central deve auxiliar na defesa;
3. Perturbar o passe;
4. Variar o jogo para o central: de vez em quando sair para surpreender e cortar o passe do armador-esquerdo para o central (provocar passes longos do armador-direito para o armador-esquerdo).

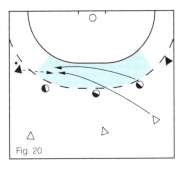
Fig. 20

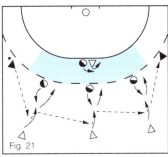
Fig. 21

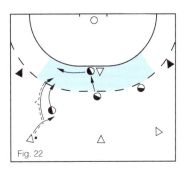
Fig. 22

3. Jogo básico 3:3 com mudança de posição (Fig. 20)

Neste jogo, respectivamente, um jogador do ataque pode tentar correr livre, sem a bola, nas proximidades da área (troca de formação ou desdobramento). Neste caso, os passadores que ocupam as posições de ponta-esquerda
e ponta-direita passam a bola para o ponta que estiver livre. Em tais situações, o defensor responsável pelo jogador que se desloca livremente precisa acompanhá-lo e combater as tentativas de recepção de passes. Atacantes que trocam as suas posições para a frente da defesa são entregues e assumidos pelos defensores. Regra básica: passou pela frente, troca; passou por trás, acompanha.

4. Jogo básico 3:3 sem uma limitação das tarefas competitivas (jogo livre)

Quantos ataques um grupo de 3 defensores pode repelir de forma bem-sucedida em 6 (8) tentativas?

Variação:
Roubos de bola feitos de forma ativa valem o dobro.

Nível 2: Jogo básico 4:4

Junto com 3 jogadores que agem na intermediária, coloca-se um pivô na zona de lançamento que tem um espaço de ação delimitado e que é marcado pelo central (Fig. 21).
Para o restante da organização do jogo, valem as mesmas regras metódicas do jogo 3:3, quer dizer, também aqui a ação dos atacantes é limitada com o objetivo de facilitar a aprendizagem defensiva. Isto é válido também para o comportamento do pivô, que tem o seu raio de ação aumentado da seguinte forma:

1. O pivô só deve agir no início, na frente da área;
2. Jogo livre do pivô – ele só deve receber passes dos jogadores que atuam na intermediária;
3. Como no segundo item, os passadores colocados nas pontas podem servir o pivô (assistência ou passe-gol).

A novidade é a tarefa defensiva do central. Ao lado da técnica de marcação, treina-se também o auxílio contra as ações de ataque dos jogadores na posição de armador (veja Fig. 22).

Nível 3: Jogo básico 5:5

Antes do jogo 6:6 realiza-se, como etapa intermediária, o jogo 5:5, no qual a técnica de defesa dos pontas se sobressai (Fig. 23).
Com o objetivo de simplificar, joga-se novamente sem o pivô e o central, de maneira que todo defensor, neste tipo de jogo, possa concentrar-se predominantemente no seu adversário.
Utiliza-se, novamente, os mesmos passos metodológicos como descrito no nível 1.
As tarefas dos defensores que estão na posição de ponta são ampliadas passo a passo:

1. Sair de encontro ao ponta (marcação ofensiva/antecipativa) com a mesma técnica de

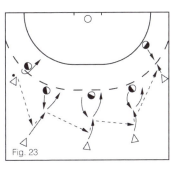
Fig. 23

corrida que foi descrita no préexercício.
Através de uma posição básica, claramente orientada para o lado do braço de lançamento, o defensor impede, de qualquer forma, a passagem do ponta para o interior da quadra. Após a entrega da bola, os pontas defensivos retornam até a frente da área;

2. Proteger o passe para o ponta, através de um adiantamento do tempo da saída com efeito de surpresa – jogo de discussão (Fig. 24);

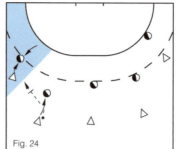
Fig. 24

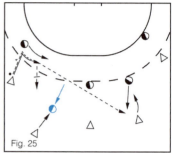
Fig. 25

! Esta variante só deve ser utilizada de vez em quando, pois senão o efeito surpresa deixará de existir.

3. Auxiliar em caso de ações de ultrapassagem dos armadores direito e esquerdo na direção das laterais da quadra;
4. Acompanhar se os pontas se direcionam sem bola para a zona de lançamento. Aprender a técnica correta de defesa (ver Técnica de proteção do central).

Além disso, pode ser introduzido o princípio da marcação sobre pressão dos armadores em tais situações, nas quais os pontas quicam a bola - pressão (ver Fig. 25).

Variações:
■Da tarefa competitiva; quanto tempo a defesa consegue se manter sem sofrer um gol?
■De exercícios de ligação com o contra-ataque. O goleiro realiza, após uma defesa bem-sucedida, um passe curto para um contra-ataque. Se a defesa marcar um gol, troca-se os jogadores da defesa para o ataque.
Indicação:
Esta variante também pode ser utilizada em jogos 3:3.

Nível 4: Jogo básico 6:6

Após a descrição metódica dos passos no nível 1 joga-se, finalmente, com uma formação 6:6. As regras básicas da defesa 1:5 predominam, assim o treinamento defensivo pode ser organizado em forma de competição de uma maneira muito interessante. Através de diferentes comandos podem ser introduzidos os pontos principais dos exercícios anteriormente praticados.

Exemplo:
■Competição do ataque contra a defesa: quem conseguir alcançar seis (8) pontos ganha o jogo. Para os atacantes, cada gol vale um ponto e, para os defensores, cada roubada de bola ou tentativa frustrada dos atacantes vale um ponto.

■Gols que são convertidos após um passe para o pivô valem o dobro (ataque = jogar em direção à área; defesa = trabalho de braços de todos os jogadores da defesa e técnica de cobertura).

■Faltas que resultem em tiros de sete metros são penalizadas com dois pontos.

■Se o ataque não conseguir marcar gol em um (2) minuto, a defesa ganha dois pontos.

■A defesa pode ganhar ainda dois pontos se, após um ataque sem sucesso do adversário, conseguir iniciar um contraataque (introduzir uma segunda bola através do goleiro, que a terá ao lado da trave).
Objetivo: mudança rápida do ataque para a defesa.

Dicas para a utilização em jogos

■Especialmente contra jogadores que tenham um lançamento muito forte, pode-se colocar um defensor pequeno, mas muito rápido, para enfrentá-lo. O central deve sempre estar preparado para auxiliar (a vantagem desta marcação é a possível segurança dupla contra jogadores com um lançamento muito forte).

- Atacar, antecipadamente, jogadores com um lançamento muito forte para que sejam obrigados a andar e/ou a quicar a bola.

Isto significa um ganho de tempo para a marcação. A propósito: nessa faixa etária, os jogadores com crescimento acelerado e que já são muito grandes dispõem, na maioria das vezes, de um lançamento muito bom, mas raramente têm variações para a penetração. Portanto, esses jogadores devem ser combatidos ofensivamente.

- Passes para jogadores que tenham um lançamento muito forte devem ser impedidos através da proteção do percurso do passe no tempo correto. Tentar, sempre, deixar os jogadores adversários inseguros.

- No início, a defesa 1:5 – sobretudo se o trabalho de pernas e comportamento defensivo 1:1 ainda não foi suficientemente treinado – também pode ser utilizada de forma extremamente ofensiva. São possíveis, ainda, variantes como a defesa 1:5, com uma formação "defensiva" (o armador-esquerdo, o avançado e o armador-direito só agem, isto é, saem para marcar até a linha pontilhada) e a 4:4 + 2 com formação defensiva.

- Especialmente importante é a experiência anterior com a marcação individual.

Equipes que anteriormente não jogaram uma defesa individual terão grandes problemas para a utilização da marcação 1:5 em relação àquelas que aprenderam a jogar com a marcação individual. O domínio do trabalho de pernas específico e o comportamento do atacante com e sem bola são problemáticos.

- Uma marcação ofensiva precisa sempre ser jogada com doação e motivação. O treinador deve, portanto, avaliar ações positivas na defesa e na realização de um gol.

- Observação:
Não determine as posições de jogo na formação defensiva de forma rígida. Deixe os jogadores colecionarem experiências também nas outras posições.

A defesa ofensiva também deve ser uma obrigação no handebol feminino.

Treinamento Defensivo Individual

Objetivo e conteúdo

O treinamento defensivo individual deveria ser ensinado em larga escala, ou seja, em longo prazo, durante a formação defensiva entre 10 e 14 anos. Essa formação é indispensável para o domínio do sistema defensivo 1:5.

Os objetivos e conteúdos da formação individual defensiva precisam ser coordenados nessa formação defensiva. Então, a defesa do jogo 1:1, por causa do grande espaço dado na defesa 1:5, é um ponto alto do treinamento, enquanto o bloquear de lançamentos é colocado em segundo plano.

A partir do caráter da formação defensiva 1:5 temos, como objetivo
claro no treinamento de base, a defesa ativa e ofensiva (Fig. 26). Os adversários que estão com a posse da bola precisam ser combatidos em seu raio de ação, o mesmo acontecendo através da alimentação das suas possibilidades de passes. Isso significa que os jovens precisam aprender que no handebol não se procura só o contato corporal. Esta não é uma tarefa fácil sob o aspecto das regras técnicas. Eles precisam também aprender formações defensivas, com as quais podem perturbar ativamente o fluxo de jogo do adversário, e ainda como provocar o erro da outra equipe.

Tais formas antecipativas de jogo – antigamente um privilégio dos esportistas de alto nível – precisam ser ensinadas já no treinamento de base. Com isto, o jovem pode dispor de um largo espectro em relação às diversas técnicas de defesa.

Nós colocamos a forma de jogo antecipativa em um capítulo especial. A seguir, entramos nas formas técnicas de movimento e nas possibilidades de defesa no jogo 1:1.

Técnicas Elementares de Movimento

Um bom trabalho de pernas pertence, com certeza, a um jogo defensivo de sucesso, e isto vale para todas as faixas etárias e níveis de jogo.

No treinamento de base, os jogadores precisam aprender, de forma sistemática, as técnicas elementares de movimento. Assim, na formação defensiva 1:5, podem agir de acordo com a situação. Como esquematizado na Figura 27, parte integrante desse treinamento é a técnica apropriada de corrida. As Seqüências 1, 2 e 5 do capítulo anterior mostram que a formação defensiva 1:5 deve ser utilizada pelos defensores em situações apropriadas.

Observemos a técnica de corrida exemplar do defensor 2 na Seqüência 2 (veja pp. 82 a 85): após três passadas laterais curtas e rápidas (Fotos de 1 a 6) ele assume uma posição corporal diagonal em relação ao adversário (direção do olhar para o jogador que está com a posse de bola e o armador-central). Em uma posição corporal frontal (Fig. 7), com duas passadas rápidas para frente, ataca o armador adversário. Depois do passe do armadordireito para o armador-esquerdo, ele se vira (iniciando o movimento com um giro do corpo a partir da perna que está colocada atrás) e, da posição frontal, coloca-se novamente em diagonal (Fotos 10 e 11) para retornar com duas passadas muito curtas (Fotos de 11 a 14) à sua posição, a fim de poder interceptar o percurso do passe realizado no sentido do gol. Com o atraso da bola rápida, que sairia do ponta-direita para chegar ao armador-direito (Fotos de 14 a 16), o segundo defensor precisa utilizar, de acordo com a situação, a técnica de corrida correta.

Como ele não consegue mais estar no momento certo no lado do braço de lançamento do adversário, através de passadas laterais, precisa atacar novamente o armador-direito, que engaja com passadas curtas e rápidas (Fotos de 15 a 18).

! Portanto, é preciso memorizar:

■ A característica da técnica de defesa em sua movimentação é a constante troca entre passadas laterais e ações em velocidade para frente, para trás e para os lados ligadas à correspondente rotação do corpo (posicionamento frontal e diagonal).

■ As passadas laterais e também em velocidade precisam ser

Fig. 26: Funções e objetivos da defesa ativa no treinamento de base.

realizadas com uma diminuição do centro de gravidade (corridas rápidas em todas as direções e reações em todas as mudanças de direção de corrida do adversário).

■Quadro de erros típicos:

– Passadas muito grandes;
– As passadas laterais não são realizadas no sentido horizontal, mas os jogadores têm propensão a saltar;
– Mudança lenta de direção e rotação corporal (falta de mobilidade geral e treinamento da coordenação).

No treinamento de formação, ao se trabalharem as técnicas básicas de defesa, freqüentemente se deixam de lado as explicações sobre a técnica dos braços. Nessa formação, extremamente ofensiva de defesa 1:5, sobretudo centrais, os armadores e os pontas precisam realizar movimentos de pára-brisa com os braços a fim de bloquear possíveis percursos de passe que têm como objetivo alcançar o pivô. Isso pode ser observado muito bem nas Fotos de 1 a 16, da Seqüência 1, no meia (defesa 2) da defesa 1:5 (sobre a técnica de proteção do meia – defesa 2 – alguns itens foram mencionados no capítulo anterior).
As técnicas de bloqueio (serão descritas de forma pormenorizada em um outro capítulo) também pertencem à técnica de braço, como demonstrado na Figura 27. Agora nós temos de lembrar o seguinte:

L

■Lançamentos com saltos e com apoio, quando executados muito alto, devem ser bloqueados com as duas mãos.
■Lançamentos com apoio a meia altura (de "quadril") e muito baixos são bloqueados, via de regra, com uma mão.

A defesa 1:1

Enquanto no setor do mini-handebol, em relação à marcação individual, o comportamento individual é aprendido na forma de jogo, os atletas precisam, então, treinar e assimilar diferentes táticas individuais e possibilidades para a defesa das ações dos adversários com bola, em uma situação 1:1.
Como parte integrante da tática individual, e isto é esquecido na prática do treinamento, existe a utilização "tática" do corpo. Se nós partirmos do princípio de que, em um treinamento de base, um exercício central é a ação de arrancadas após as fintas, então, é preciso que o treinador coloque, de forma concreta, o tema "difícil" das faltas no jogo. Desta discussão nós não podemos e não queremos, naturalmente, nos esquivar nos capítulos seguintes.
Nosso princípio:

! Crianças e jovens precisam aprender o maior repertório possível de diferentes técnicas de defesa. A isto pertence também uma técnica correta de utilização do corpo.

Técnicas de movimentação

Técnica de corrida	Técnica de braço
■*Corridas em velocidade para frente e para trás.* ■Passadas laterais. Corridas com mudança de direção e combinações de movimentos (paradas, giros, saltos).	■Bloquear percurso do passe (movimentos do limpador de pára-brisa). ■Apanhar os passes. ■Interceptar os lançamentos (com uma ou duas mãos).

Possibilidades de ação para a defesa em ações 1:1 com bola

Fig. 27: Técnicas básicas de movimentação do defensor.

Posicionamento básico
Basicamente, o defensor coloca-se em uma posição corporal frontal em relação ao atacante – que tem a posse de bola (a não ser contra o pivô) do lado do seu braço de

Fig. 28: Linhas e diretrizes para a defesa 1:1.

Linhas e diretrizes para a defesa 1:1

■Manter-se sempre de frente para o atacante = combate frontal.
■Defender como uma goma de mascar = modificar a posição básica frontal constantemente!
■Defender mais com as pernas do que com os braços = os braços funcionam como mantenedores de distância e amortecedores de impacto.
■Agir de forma flexível na defesa = não perseguir, e sim entregar.

lançamento (veja as linhas e diretrizes na Fig. 28).
Sobre a técnica em detalhes (veja Foto 2 da seqüência 9a e Foto 1 da Seqüência 9b) nós partimos aqui da idéia de que lidamos com um atacante destro:

- O posicionamento dos pés é diagonal e o pé direito está na frente, tanto que o jogador de defesa protege totalmente, com todo o seu corpo, o lado do braço de lançamento do atacante.
- Os joelhos estão levemente flexionados e são possíveis passadas rápidas para a frente, para trás e para o lado.
- Os braços encontram-se descontraídos, mais ou menos, na altura dos quadris.
- O defensor guarda sempre uma distância de segurança, mais ou menos, do comprimento do seu braço em relação ao seu adversário, assim ele pode reagir mais rápido às arrancadas do adversário e não ser surpreendido.

Sobre o comportamento tático individual na posição básica, são válidas as seguintes linhas diretrizes (veja Fig. 29):

Mantenha o atacante sempre na sua frente (disputa frontal)!

O motivo para a maioria das infrações às regras do jogo (comportamento com o adversário) é que o defensor não mantém uma posição ótima em relação ao adversário.

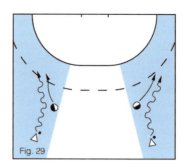

Fig. 29

Infelizmente, as infrações – mesmo para a defesa individual no treinamento de base, por exemplo, na categoria menor – aumentam já que se defende com os braços e pouco com as pernas.
Independentemente do sistema defensivo escolhido e da escolha básica ofensiva ou defensiva ligada a esta defesa, todos os jogadores defendem uma determinada zona. Se o atacante age neste setor com movimentos para frente, trazendo perigo de gol (= aumento da velocidade do ataque), o defensor é sempre o segundo vencedor, se o atacante, por exemplo, através de uma rápida mudança de direção ou de uma finta, conseguir ganhar terreno. Em tais situações, os defensores são atacados pelos lados ou por trás e são usadas, freqüentemente, técnicas de defesa ilícitas como "freio de emergência", agarrar, empurrar ou segurar – comportamento freqüentemente observado pelos técnicos no setor infanto-juvenil.

A posição inicial do defensor em situações de combate individual é a de adaptação do comportamento de movimentação em relação ao adversário. Não se defender com os braços, mas sim com as pernas.
Basicamente, o defensor precisa tomar uma posição frontal em relação ao atacante (com uma distância de segurança de mais ou menos um braço) para um deslocamento flexível das ações de arrancada. Portanto, um dos fatores de performance mais importantes é o adequado trabalho de pernas, que é amplamente reconhecido em várias modalidades esportivas, como o tênis, por exemplo. Observam-se, neste contexto, outros aspectos importantes sob o ponto de vista tático individual:

Quanto mais ofensivamente o defensor agir, menor será a necessidade de uma posição básica diagonal deslocada para o lado do braço de lançamento. Naturalmente, o defensor pode também "simular", a partir da sua posição básica, e oferecer um percurso de entrada em uma determinada direção (condição para provocar uma falta do atacante ou falta do ataque). De acordo com o objetivo do defensor e a intenção do atacante, são necessárias diferentes possibilidades de ação (arrancada após uma finta, batida direta ou lançamento com salto etc.).
Nós gostaríamos de analisar essa atitude.

Situação básica 1: O atacante tenta, quicando a bola, passar pelo defensor

A distância de segurança é muito importante aqui. Se ela for muito pequena (contra jogadores que quicam a bola, a distância deve ser ao redor de 1 até 1,5 metro) ou o defensor atacar em um falso momento (deixar-se enganar através de finta), ele facilmente poderá ser vencido.

Com o posicionamento básico descrito, o jogador de defesa estará 100% seguro de que uma ação de entrada do lado do braço de lançamento estará bloqueada (veja a metade esquerda da Fig. 29).

O objetivo da tática individual é colocar o atacante em uma direção de deslocamento ruim para sua entrada e dificultar o ângulo de lançamento.

Exceção: se um destro na posição de armador-direito procura ultrapassar o seu adversário quicando a bola, ele pode também marcar e pressionar para as laterais (veja metade da Fig. 29).

Decisivo é que o defensor, após a finta ou a mudança rápida de direção do atacante que quica a bola, não permaneça parado (perigo de ser ultrapassado), mas retorne e mantenha distância de segurança, cobrindo o braço de lançamento do adversário. Assim, terá boas possibilidades de ter a posse de bola:

! Se o atacante procurar desvencilhar-se do defensor na direção contrária do seu braço de lançamento, sem trocar a bola para seu braço contrário (no setor do treinamento de base pode-se observar isto freqüentemente!), o defensor poderá utilizar a sua mão rapidamente entre as do atacante para tirar a bola do jogo, se possível para frente.

Defensores avançados podem, através de um bloqueio rápido do percurso de entrada, provocar uma falta no atacante. O defensor precisa estar seguro de que o atacante correrá na sua direção e ele não deve deixá-lo escapar.

1

2

3

Seqüência 9a: Posicionamento básico e contato corporal do defensor (visão frontal).

1

2

Seqüência 9b:
Posicionamento básico e contato corporal do defensor (visão lateral).

Situação básica 2:
O atacante, no movimento de engajamento, adota o posicionamento de lançamento ("arma o braço")

Nós devemos guardar o seguinte: se o jogador de posse da bola entrar no movimento de engajamento, com perigo de gol em cima do defensor, este não deve permanecer parado, de forma nenhuma.
Se ele espera a ação de ataque de forma passiva, precisará arriscar-se e tomar uma decisão que possa acarretar conseqüências negativas:

! O atacante tem uma clara vantagem de movimentação em relação ao defensor (alta velocidade de ação).
O defensor precisa colocar-se na frente do seu adversário sempre de forma ativa e ofensiva, procurando o contato corporal típico do jogo de handebol.
A partir disso, resultam as seguintes linhas diretrizes para a tática individual:

Defender como uma "parede de borracha" na zona de defesa!

■ Combater o atacante que se encontra em movimento com uma ou várias passadas rápidas e atrasar um pouco o passo para poder cortar o impulso do adversário (ainda sem nenhum contato corporal).

■ Utilizar a mão que cobre a bola para impedir o braço de lançamento do armador.

■ Criar pressão contrária, com a outra mão, na outra metade do corpo do adversário.
O objetivo dessa técnica de defesa é equilibrar, de forma flexível, a vantagem de movimentação que o adversário possui.
Se for bem-sucedida, a sucessão de ações defensivas dependerá então do comportamento do atacante.
Esta possibilidade de ação tática individual para o comportamento defensivo em ações 1:1 é demonstrada nas Seqüências 9a e 9b em duas perspectivas diferentes. Finalmente, uma comprovação: o contato corporal entre o defensor e o atacante é, atualmente, uma característica típica do jogo de handebol, que pertence à estrutura do jogo e representa uma particularidade de diferenciação deste em relação aos outros esportes.
Naturalmente, o aumento do número de faltas levou o esporte a ter uma certa imagem negativa, o que faz com que o handebol corra o perigo de ser deixado de lado, pelo menos enquanto modalidade esportiva escolar.
No entanto, quando nós queremos que os nossos

3

jogadores, já no treinamento de base, aprendam a maior quantidade possível de técnicas de ataque e defesa, precisamos pre-parar situações de combate individual, que são típicas do jogo e contêm contato corporal. Os jovens precisam treinar técnicas básicas de defesa e diferentes comportamentos táticos sistemáticos, mas o segurar, agarrar e bater não têm lugar algum no treinamento. O treinador deveria, já da primeira vez, censurar a utilização desses tipos de ações. As formas de contato corporal aqui descritas não são sempre bem-sucedidas por causa da velocidade de ação do jogo. Então o treinador e os jogadores precisam contar com a possibilidade da penalização por tempo. Em tais situações o treinador infanto-juvenil é especialmente exigido.

Ele precisa assegurar que seus jogadores sejam flexíveis e que possam se adaptar à velocidade do jogo e que, como resposta, saibam também utilizar outras técnicas de defesa.

Exemplo:
Na situação aqui discutida, o jogador que tem a posse da bola toma a posição de lançamento a partir da sua movimentação de engajamento para a frente – o defensor precisa estar também em posição de bloquear corretamente um lançamento batido por baixo. Então, nós temos:
No treinamento de base, os jogadores precisam aprender, de forma sistemática, a conduta em situações de disputa direta, o que inclui também o contato corporal. As técnicas de defesa demonstradas por nós têm as seguintes vantagens:

■São claramente orientadas para a bola.
■Agarrar, segurar ou bater são atitudes fora de questão no jogo.
■Do ponto de vista individual, o defensor persegue os seguintes objetivos:
1. Equilibrar a vantagem que o atacante possui por estar em movimento;
2. Manter o atacante sempre na sua frente.

■No treinamento de base é preciso aprender um comportamento defensivo com um amplo espectro e de acordo com as regras do jogo.

Situação básica 3:
O atacante tenta, após uma finta, ultrapassar o defensor

Uma atitude é garantida, por causa do enorme espaço criado pela defesa 1:5; via de regra, o atacante precisa, após uma finta de corpo, quicar a bola pelo menos uma vez. Assim, originam-se boas oportunidades de defesa que devem ser aproveitadas pelo defensor.
A Seqüência 10 mostra o comportamento defensivo. O defensor age em geral observando as seguintes táticas individuais básicas:

■Com a sua posição básica orientada para o lado do braço de lançamento do adversário, ele bloqueia de qualquer forma o percurso de ultrapassagem do lado do braço de lançamento do adversário (veja Fotos 1 e 2).

■Observa o adversário, reconhece a finta e não reage a ela.

1 2 3 4

Seqüência 10: Defesa das ações de infiltração.

Se o atacante resolve, após uma finta, arrancar para uma entrada do lado contrário do braço de lançamento (Fig. 3), o defensor não deve permanecer parado, senão será ultrapassado. Precisa, imediatamente após o reconhecimento da mudança de direção, retornar (Fotos de 3 a 5) e fechar o caminho que leva ao gol (Fotos 6 e 7).

■ Se reconhecer precocemente a intenção da direção da arrancada do adversário, poderá bloquear o percurso de deslocamento e provocar a falta de ataque.

■ Se o atacante quicar a bola para o lado do braço de lançamento (veja Fotos 3 e 4), o defensor pode tentar tocar a bola para fora da quadra.

■ Se o atacante, nas situações das Fotos 5 e 6, colocar-se em posição de lançamento com salto, o defensor deve procura bloquear a bola do lado do braço de lançamento. Para tanto, é preciso uma divisão das tarefas entre o goleiro e os jogadores da defesa:

– O defensor cobre o segundo poste com o seu posicionamento orientado para o braço de lançamento do adversário, no sentido longitudinal do gol;

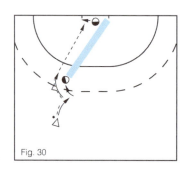

Fig. 30

– O goleiro concentra-se no poste mais próximo em relação ao atacante (veja Fig. 30).

■ Naturalmente, o defensor pode utilizar também as fintas. Um exemplo disso é exposto na Seqüência 11.
Aqui o defensor simula – durante a movimentação de saída para a frente com uma finta – sair ofensivamente sob o braço de lançamento (veja Foto 1) e combater o atacante no seu lado do braço de lançamento. Se o atacante pensa que o seu percurso de arranque do seu lado do braço de lançamento está bloqueado e decide por uma finta com posterior penetração do lado contrário do braço de lançamento, o defensor já estará preparado e poderá fechar a passagem.

 O defensor influenciou, dessa maneira, o comportamento

5 6 7

do atacante de forma ativa, obrigando-o a desistir da sua primeira atitude ofensiva. Portanto, agora ele pode:
– Bloquear de forma relativamente rápida o percurso de arrancada do atacante;
– Procurar provocar uma falta do atacante (após uma finta ativa existem boas perspectivas para isso);
– Tornar o atacante inseguro por causa da mudança de comportamento consciente do defensor.

Sobretudo, o último ponto tem uma importância especial:

Quando o combate do defensor é realizado constantemente e de tempos em tempos, ele só realiza uma finta de saída, o mesmo torna-se incalculável para o atacante, que se torna cada vez mais inseguro. Não raramente, tais situações podem levar a uma falta em forma de "andar" do atacante.

Seqüência 11: Finta com passada do defensor.

1 2 3

103

Fintas ativas pertencem hoje, obviamente, ao repertório de um bom defensor. Aqui também é necessário que o jogador, já no treinamento de base, possa recolher experiências correspondentes.
Agora, nós podemos resumir mais uma vez as linhas diretrizes mais importantes da tática individual:
Se o atacante estiver prestes a realizar uma arrancada para o gol, será preciso que o defensor procure modificar a sua posição frontal de acordo com a situação, tentando um novo contato corporal para bloquear uma arrancada posterior em direção ao gol.
Portanto:
Na zona defensiva, o defensor age de forma flexível e procura ser como uma "parede de borracha".

As mãos funcionam como "mantenedoras da distância" e "amortecedoras das batidas". Esta regra de comportamento descreve a técnica de braços, em uma disputa de bola, na posição frontal. Com a técnica de braços esplanada, a velocidade de ação da movimentação do atacante para a frente deve ser equilibrada através de um contato amortecedor.
O importante neste contexto é que há oposição desejada. Ações de defesa que ferem as regras, como segurar o bater, não devem ser utilizadas de forma nenhuma nessas situações de jogo.

Agir de forma flexível na própria zona defensiva; jogar com o adversário.
Exercitar as possibilidades de ações táticas individuais em uma situação de disputa de bola direta é muito importante no treinamento. O defensor tem inúmeras outras possibilidades de barrar a ação do atacante:

■ *Retornar e bloquear a linha de corrida*
Esta variante tática pode ser freqüentemente observada nos últimos tempos. O risco é deixar que ocorram lançamentos dos jogadores que estão colocados na linha de oito ou nove metros. Como essa técnica é muito difícil na meia distância, só alguns jogadores têm uma força de lançamento suficiente para fazer gol de longe.

■ *Provocar a falta do atacante*
Importante para o julgamento do juiz é se o defensor age de forma frontal em relação ao atacante.

■ *Utilização de fintas*
Exemplo: o jogador da defesa finta com uma passada para a frente e finge assim uma saída ofensiva. Através de variações conscientes e com um objetivo claro, pode-se deixar o atacante inseguro. Esta variação provavelmente se tornará imprevisível para o atacante. Uma linha diretriz importante para a moderna defesa individual é a seguinte:

O atacante precisa ser colocado diante de novas tarefas e situações para poder jogar com o defensor.

Situação básica 4:
O atacante arremessa, a partir da sua movimentação de engajamento, com um lançamento em apoio ou com salto (em suspensão).

A defesa 1:1, a partir de uma posição extremamente ofensiva no sistema tático-defensivo 1:5, é um ponto importante para a realização na forma de exercícios, pois tem absoluta prioridade na formação individual em um treinamento de base. O treinamento de uma técnica de bloqueio do lançamento fica claramente em segundo plano. No entanto, também ela precisa ser aprendida. Aqui o técnico deveria, em um primeiro momento, treinar uma defesa ofensiva em bloco contra lançamentos batidos e com saltos, respectivamente Seqüências 12 e 13. O bloco defensivo, que é sobretudo utilizado pelo central na defesa 1:5, deveria ser um ponto-chave só mais tarde, após esta fase de formação (veja a defesa 6:0 no Vol. 3 desta série).
Neste ponto, nós nos limitamos a uma apresentação das características mais importantes da técnica de bloqueio de lançamento. Com o bloqueio de lançamento ofensivo, as seguintes táticas podem ser utilizadas:

Características técnicas do bloqueio ofensivo contra o lançamento com apoio

■Bloquear o lançamento com apoio e com as duas mãos estendidas.

■Bloquear o lançamento com apoio à meia altura ou baixo com uma mão.

■Cobrir com todo o corpo o lado do braço de lançamento do adversário:
– manter os olhos abertos
– esticar o corpo e os braços e não se encolher
– não flexionar o corpo (reflexo por medo)

■Sempre bloquear com as pernas em afastamento ântero-posterior e cobrir o lado do braço de lançamento do adversário corretamente.
Além das características expostas, valem as regras que foram mencionadas para o posicionamento básico do defensor.

Seqüência 12:
Bloqueio ofensivo contra lançamento com apoio

A seqüência mostra a forma básica de bloqueio ofensivo contra um lançamento com apoio de um lateral, aqui demonstrado por um jogador da categoria menores. As características mais importantes são:

■Correr e assumir um posicionamento básico, claramente orientado para o lado do braço de lançamento (Fotos 1 e 2).

■Elevar os braços à frente do corpo (Foto 2).

! Bloquear o lançamento com apoio no alto com as duas mãos (Foto 3).

■Ir ao encontro da bola com as duas mãos de forma ativa e bloquear.

■O corpo tem que se manter ereto no momento do bloqueio.

■Manter distância de segurança. Bloquear a uma distância de aproximadamente 1 metro antes do atacante (Foto 3).

Seqüência 12　　　1　　　2　　　3　　　4

Seqüência 13:
Bloqueio ofensivo contra lançamento em suspensão

A seqüência mostra a forma básica técnica e tática do bloqueio ofensivo contra um lançamento em suspensão de um lateral demonstrado por um jogador avançado da categoria menores. As principais características são:
- Correr e cobrir constantemente o lado do braço de lançamento do adversário (Fotos 1 a 3).
- Observar a corrida do atacante. Avaliar exatamente onde ele arremessará.
- Sincronização: só bloquear, saltando com as duas pernas, após o adversário realizar a impulsão (Foto 3).
- Bloquear o lançamento com as duas mãos (Foto 4). O corpo e os braços devem estar estendidos.
- Manter a distância de segurança a todo custo. O defensor deve sincronizar a sua corrida e o salto de forma que ele bloqueie o lançamento do atacante cerca de 1 metro à frente deste (veja as Fotos de 2 a 4).

Características técnicas do bloqueio ofensivo contra o lançamento em suspensão

- Sincronização: levemente atrasado, aguardar que o atacante faça a impulsão para saltar e fazer o bloqueio.
- *Saltar* com as duas pernas.
- As mãos bloqueiam a bola de forma defensiva (para trás).
- O defensor salta cerca de 1 metro atrás do atacante que realiza o lançamento em suspensão na direção do bloqueio. Os braços são levados a frente do peitoral no momento do salto. O defensor salta um pouco atrasado em relação ao atacante.
- No ponto mais alto do bloqueio ofensivo com salto, os braços são estendidos.
- Cobrir o lado do braço de lançamento com todo o corpo.
- Manter os olhos abertos para acompanhar a movimentação de braço do adversário.

Seqüência 13   1   2   3   4

■O atacante é obrigado a colocar-se na zona de lançamentos a longa distância.

■A realização do lançamento ao gol é perturbada (por ex. através de um campo de visão prejudicado).

■Com uma técnica ótima de bloqueio do lado do braço de lançamento do atacante, procura-se bloquear ou mudar a sua trajetória para o lado do gol (veja divisão de tarefas entre goleiro e os jogadores da defesa):

– Sobre o adversário que está bloqueando;
– Ligação diagonal com o gol (veja divisão de tarefas entre o goleiro e o defensor).

Ainda podemos dar uma indicação final:

Ao contrário da defesa 1:1, o treinador deve dispensar o contato corporal quando da formação do comportamento do jogador no bloqueio do lançamento, por causa dos riscos de contusão que podem ocorrer nos jogadores. Aqui, o ponto principal deveria ser a correta técnica de bloqueio do lado do braço de lançamento do adversário.

A cooperação entre o goleiro e os defensores

A regra básica é (exemplo: lançamento de um jogador destro da posição AE, veja Figura 31):

O defensor cobre basicamente o lado do braço de lançamento do atacante (ângulo diagonal em relação ao gol), o goleiro é responsável pela cobertura no ângulo mais próximo da sua colocação.
Se esta combinação for colocada em prática de forma responsável, é possível provocar lançamentos com o lado contrário do braço de lançamento próximo ao goleiro, ou seja, do lado em que o goleiro está.

Sobre o comportamento básico da defesa contra o atacante sem a posse de bola.

Fundamentos

Para os defensores que marcam os atacantes que no momento não têm a posse de bola, valem as seguintes regras de comportamento:

■Agir sempre entre o gol e o adversário.

■Não perder a visão em relação ao adversário e a bola.

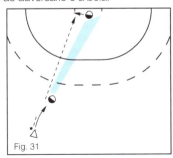
Fig. 31

■Sempre estar preparado para correr em qualquer direção.

■Em casos de emergência, auxiliar o companheiro ao lado (por ex. quando um companheiro de equipe for ultrapassado por seu adversário).

A posição básica inicial e a técnica de cobertura contra os jogadores que agem na zona próxima de lançamento (pivôs) já foram mencionadas. Para recordar:

1. Basicamente os defensores procuram agir entre o jogador com a posse de bola e o adversário (veja o comportamento defensivo do pivô na Sequência 1).

2. Se isto não é possível, por exemplo durante a penetração do adversário, o defensor deve colocar-se em uma posição básica atrás do pivô, cujo braço de lançamento será bloqueado.
Se um pivô consegue tomar posse da bola, ele necessitará utilizar o lado contrário do braço de lançamento (posição desfavorável). Ao mesmo tempo o defensor pode bloquear um lançamento na diagonal se ele saltar junto com o atacante (veja Fig. 32).

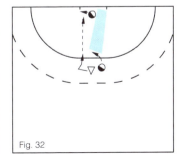
Fig. 32

107

Comportamento durante as disputas de bola

1. Posição inicial

Objetivo tático
- *Colocar-se frontalmente em relação ao adversário.*
- Posição lateral no sentido do braço de lançamento do adversário.

Sincronização (espacial-temporal)
- Posicionar-se de frente para o adversário.

Norma básica
- Manter o atacante sempre à sua frente (disputa de bola frontal).

2. Contato corporal

Objetivo tático
- Compensar a vantagem de movimentação do atacante devido a sua alta velocidade de ação.
- Em alguns casos desestabilizar o ímpeto do adversário sem contato corporal (sair e voltar da formação defensiva).

Técnica de contato corporal (1. Contato)
- Manter a distância de segurança (cerca de 1/2 braço).
- Os braços estão apostos.
- Os braços e as mãos servem para manter a distância e amortecer o impacto.
- Os braços não são colocados ativamente para frente.
- A mão que está do lado da bola não se desloca ativamente à frente.
- Com a outra mão o defensor exerce pressão contra a outra metade do corpo do adversário.
- Importante: breve contato corporal!

rros
- Defensor ataca sempre lateralmente.
- O defensor não consegue bloquear a penetração a tempo.
- O defensor corre antes da tomada de posição inicial através da área.

rros
- O contato corporal ocorre lateralmente ou por trás (não há posicionamento frontal básico).
- Sair e chocar-se (contra o braço estendido dos atacantes).
- Segurar ou prender o adversário com uma ou duas mãos (não utilização da distância de segurança).
- Segurar ou prender o adversário de forma permanente.
- Segurar o adversário pela camisa ou braço de lançamento.

3. Controlar e acompanhar o adversário

Objetivo técnico

- Modificar o posicionamento frontal de acordo com a situação correspondente à seqüência de ações.
- Realizar contato corporal quando uma penetração na direção do gol for interrompida. Importante: manter sempre o posicionamento básico!
- Entregar o adversário para o companheiro de equipe se for o caso.

Comportamento da movimentação do defensor

- Não permanecer parado, mas retornar para bloquear possíveis percursos de penetração por parte do adversário.

- Sempre manter o posicionamento básico frontal.

- Para ligações de penetração do adversário, modificar o posicionamento básico de forma flexível.

- Não utilizar contato corporal permanente: defender mais com as pernas do que com os braços!
- Caso seja necessário contato corporal próximo ao gol, utilize rápida movimentação dos pés.

Erros

- O defensor reconhece tardiamente a seqüência de ataque planejada pelo atacante, sendo ultrapassado por este.
- O defensor procura igualar a vantagem do atacante segurando ou chocando-se contra ele. Age lateralmente ou por trás.
- O defensor permanece parado durante todo o tempo.
- O defensor segura o atacante freqüentemente.

Pressionar

Na defesa ofensiva 1:5, uma tarefa especial de todos os defensores é dificultar e cortar os movimentos de corrida dos atacantes na zona de lançamento. Aqui, podem ser treinadas duas possibilidades táticas individuais diferentes:

1. O defensor deve bloquear os percursos de corrida do adversário que está sem bola. Portanto, ele não deve ser vencido (Fig. 33), bloqueando o caminho do atacante com um movimento rápido para trás (atenção para não bater);
2. Pressionar o adversário e passá-lo (toma e troca de marcação) para o companheiro de equipe mais próximo (Fig. 34).

Sobre a técnica de pressão:

■ Através do deslocamento lateral, o defensor impede, com o seu corpo, que o atacante ultrapasse o companheiro de equipe (veja Fig. 34). Princípio básico: entregar o adversário que está correndo na frente da marcação.

■ Para o seu apoio, o defensor procura o contato corporal através do amortecimento do movimento para a frente do atacante com as duas mãos sobre a porção superior de seu corpo (no tronco/ombros do adversário). Porém, esta forma de atuação é contra a regra. Portanto, não é de admirar se o adversário ganhar um tiro livre. De forma nenhuma se deve segurar o adversário em tais situações ou até empurrá-lo, pois

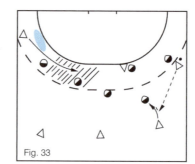

Fig. 33

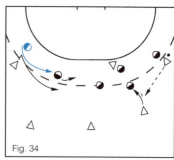

Fig. 34

isso pode ocasionar uma punição por tempo.
Outras possibilidades de ações táticas individuais para uma defesa ativa são demonstradas no subcapítulo "Jogo Defensivo Antecipativo".

Formas de Treinamento
Formas de jogo

Forma de jogo 1:
O pensamento básico é que duas equipes joguem com marcação individual, uma contra a outra, na quadra de handebol. Assim, são colocados os seguintes pontos principais:
Ataque
– Técnica com bola para treinamento da percepção;
– Corrida livre sem bola.

Defesa
– Marcação individual com o jogo 1:1 com e sem bola;
– Defesa ativa (apanhar passes, colocar bolas fora de jogo).

De acordo com o objetivo especial e as possíveis regras adicionais, este tipo de jogo elementar pode ser utilizado de forma extremamente variada no treinamento (veja Tabela 1).

Forma de jogo 2:
Bola rolando
Duas equipes jogam, de acordo com o tamanho do grupo, em apenas uma metade da quadra ou na quadra toda. Cada equipe defende um ou dois bancos suecos que estão colocados com os seus assentos na direção do campo de jogo. A bola é conduzida com uma mão; os passes são feitos de forma que a bola que está rolando seja golpeada com uma mão.
A bola só deve ser jogada em contato com o piso da quadra e não deve ser apanhada ou segurada.

O objetivo é fazer com que a bola bata no assento de um dos bancos suecos (= 1 ponto).
Essa forma de jogo treina muito bem o trabalho de pernas que é específico da defesa.

Forma de jogo 3:
Jogo de basquetebol
Duas equipes jogam uma partida de basquetebol com uma bola de handebol.
Ao longo das laterais estão dispostas várias cestas, sendo que se deve jogar em várias quadras ao mesmo tempo.

Tab. 1: Variações de objetivos e da regra para exercícios com jogos.

Variação de objetivos

- Deixar a bola na área (não lançar) = 1 ponto.
- Deixar a bola ao lado da linha lateral = 1 ponto. Lançar a bola contra o travessão ou a trave = 1 ponto.
- Colocar a bola sobre um colchonete colocado na intermediária = 1 ponto.
- A equipe que conseguir efetuar 10 (15) passes em seqüência ganha 1 ponto.

Variação da regra

- Nenhum jogador pode se deslocar à frente quicando a bola.
- É proibido quicar e conduzir a bola.
- Todos os jogadores de uma equipe têm que ultrapassar a linha que divide a quadra para conseguir 1 ponto.
- "Contato com a bola": a equipe defensora pode tomar posse da bola se um atacante for tocado por um defensor (defesa ativa).

Importante:
Fazer equipes de três até, no máximo, cinco jogadores.
Variação da regra:
- Nenhuma falta.
- Jogar principalmente com marcação individual.
- A bola só pode ser passada de forma indireta.
- Andar e quicar a bola, quando de sua posse, são atividades proibidas.
- Cada equipe defende duas cestas.

Forma de jogo 4:
Transporte da bola (Fig. 35)
Duas equipes (cada uma com três ou quatro jogadores) jogam uma contra a outra.
Uma equipe se defende por dois minutos e só pode deslocar-se entre o espaço da área e da linha pontilhada.
Os atacantes procuram, dentro do tempo de jogo, introduzir tantas bolas quantas forem possíveis, quicando-as na zona estabelecida. O atacante que conseguir fazer com que a bola passe irá colocá-la no cesto A e deve retornar imediatamente. Aquele que não conseguir deverá deixar a bola no cesto B.

Quantas bolas têm cada equipe?

Forma de jogo 5:
Esquema 1:1
No esquema 1:1, dois jogadores atuam, um contra o outro, quicando a bola. Com dois cones forma-se o gol de, mais ou menos, dois metros de comprimento.
O jogador precisa tentar passar pelo gol, quicando a bola (=1 ponto).
O jogador que defende procura impedir esta movimentação, de acordo com a regra, e defender de forma ativa e individual.

Formas de exercícios para o treinamento do trabalho de pernas

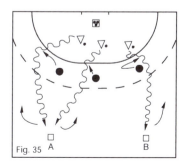
Fig. 35

Exercícios em grupos de 2 jogadores

Exercício 1:
Espelho
O jogador A quica a bola na direção que desejar, através da quadra. B se mantém como jogador de defesa a uma distância de segurança, com a tarefa de cobrir o braço de lançamento do atacante.
Variação:
Se o jogador A colocar-se em posição de "banco" (quadrupedia), o jogador B precisará saltá-lo duas vezes.

Exercício 2:
Quicar
Como no exercício 1, o defensor procura agora colocar a bola fora de jogo, tirando-a do adversário no drible. Se for bem-sucedido, trocam-se as tarefas.

Exercício 3 (Fig. 36):
O jogador A se coloca como defensor sobre a linha do gol, enquanto o jogador B, defensor, encontra-se na linha de lançamento livre com a bola. Os seguintes exercícios serão executados 5 vezes antes que as

111

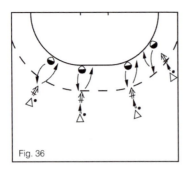
Fig. 36

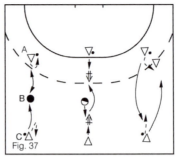
Fig. 37

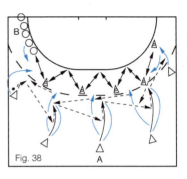
Fig. 38

tarefas sejam trocadas:
– O jogador A corre em velocidade com passadas curtas para frente e "corta" uma bola lançada para o alto pelo jogador B, retornando em velocidade para a sua posição inicial;

– Como no exercício acima, o jogador B toma uma posição de lançamento. O jogador A corre para frente em velocidade, com o intuito de combatê-lo (uma mão na bola e outra no ombro);

– Como no exercício acima, B salta para realizar um lançamento. A corre em velocidade para frente e realiza um bloqueio ofensivo;

– Como o exercício acima, só que B varia o seu posicionamento, utilizando diferentes formas de lançamento e fintas de corpo.

Exercícios em grupos de 3 jogadores

Os jogadores colocam-se em fileiras, um de frente para o outro, com uma distância de 4 metros (Fig. 37). Os jogadores colocados na lateral da quadra A e C têm, cada um, uma bola.

Os próximos exercícios deverão ser realizados 5 vezes seguidas por cada um dos jogadores.

Exercício 1:
O jogador B corre em velocidade na direção dos jogadores A e C e "corta" uma bola lançada para o alto (Fig. 37, esquerda).

Exercício 2:
O jogador B corre em velocidade, alternadamente, na direção de A e C para:
– Combater o posicionamento de lançamento (Fig. 37, meio);
– Reagir de forma defensiva aos diferentes posicionamentos de lançamento e fintas de corpo;
– Defender ações em situação 1:1.

Exercício 3:
A passa sua bola para B e corre em velocidade na direção de C. C passa a sua bola para A e corre em velocidade na direção de B (Fig. 37, direita).

Formas de exercícios em complexo

Os exercícios seguintes mostram de forma exemplar como é possível integrar elementos específicos do handebol com o treinamento do trabalho de pernas na forma de exercícios.

Exercício 1 (Fig. 38):
Competição combinada de ataque e defesa
Formam-se 5 grupos. A equipe A possui os dois laterais e todas as três posições de defesa ocupadas. Ela tem a tarefa de passar a bola cinco vezes, começando pela lateral-esquerda, passando-se o elemento (ou o "útil") de posição à posição no movimento de engajamento ida e volta até a posição inicial. Nesse intervalo, um defensor corre em velocidade até a zona de lançamento, de cone em cone. Tarefa da competição: Quantas corridas defensivas a equipe B consegue realizar em 5 (10) passagens completas de passes da equipe A?

Exercício 2 (Fig. 39):
Este exercício é parte de uma seqüência pedagógica para introdução à defesa 1:5. Duas fileiras são formadas (grupos B e C) uma de frente para a outra e dois passadores posicionam-se para cada fileira, como da lateral-direita e lateral-esquerda.

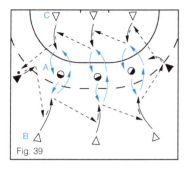
Fig. 39

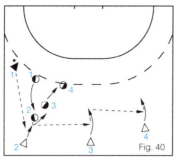
Fig. 40

Os atacantes passam a bola de posição em posição no sentido anti-horário. Os defensores do grupo A precisam marcar ofensivamente os seus respectivos atacantes dos grupos adversários B e C e, após o passe do seu atacante, voltar à posição inicial.

Tarefas dos atacantes:
Os atacantes dos grupos B e C recebem a bola sempre em movimentação para frente (treinamento concomitante da técnica de passe) e tomam, antes de executarem o passe, um claro posicionamento de lançamento (armação do braço de lançamento e passada preparatória para o lançamento).

Tarefas dos defensores:
Os defensores concentram-se, sobretudo, na técnica específica de corrida (demonstrada na Fig. 40, de forma exemplar):
1. Leve afastamento das pernas (como no *sprint*) na altura da linha de lançamento livre (7 metros), quando a bola estiver na posse do jogador na posição de lateral-esquerdo.
2. Sair à frente no momento do passe do lateral-esquerdo para o lateral-direito; posição básica orientada para o braço de lançamento do jogador que tem a posse da bola. Procurar o contato corporal.

3. Com a entrega da bola do ponta-direita para o armador, não voltar correndo imediatamente para a linha de lançamento livre. Após um giro (passada em giro) de aproximadamente 90 graus, assume-se uma posição meio ofensiva com um posicionamento transversal. Se o armador retorna a bola de surpresa para o armador-esquerdo, o jogador da defesa pode, a partir dessa posição defensiva, atacar o seu adversário prontamente.
4. Voltar para linha de lançamento livre com o passe da bola para o próximo atacante (aqui, armador-direito).

❗ Em todas as posições deve-se observar uma utilização correta do trabalho dos braços (veja a Seqüência 2 nas pp. 82-85).

Variações:
1. No ataque, não passar a bola muito rapidamente para que os defensores possam concentrar-se totalmente na técnica de corrida. Elevar o ritmo e a velocidade dos passes lentamente.
2. Após 5 séries, mudar a direção do passe (passar no sentido anti-horário).
3. Treinamento da reação: os atacantes modificam rapidamente a direção do passe, respondendo ao comando do técnico.
4. Para jogadores com um nível mais elevado, os atacantes passam a bola livremente.

Indicações:
■ Os grupos de três se revezam a cada um minuto – utilizando o princípio de rodízio entre atacantes e defensores.

■ A forma de organização eleita (duas fileiras no lado direito da quadra) é só um exemplo. Outras formações podem ser executadas sem nenhum problema (por ex. quadrado, círculo).

Exercícios básicos para a defesa 1:1

A seguir serão demonstrados os passos metodológicos mais importantes para o treinamento da defesa 1:1.

❗ São considerados também os seguintes auxílios de aprendizagem:

■ Para facilitar o trabalho do defensor, o terreno defensivo é limitado no início (através de cones). Então, o espaço para a realização do exercício é sistematicamente ampliado.
■ São utilizados exercícios básicos

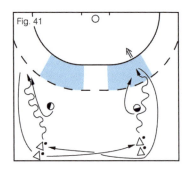
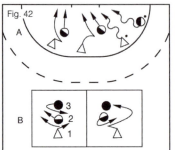
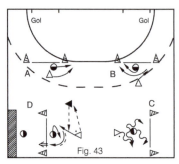

nos quais o ponto principal é o treinamento técnico-tático. Só então se seguem as formas de exercícios complexas e semelhantes para a competição.

Exercício 1 (Fig. 41):
Comportamento defensivo contra um atacante que quica a bola. Nos lados direito e esquerdo do ataque disputa-se alternadamente 1:1 em uma zona delimitada. Os atacantes têm a tarefa de correr em direção ao gol, quicando a bola.

Tarefas dos defensores:
■Pressionar o atacante para o seu lado "ruim" (lado contrário ao braço de lançamento).

■No caso de tentativas de infiltração, retornar à defesa.

■Tentar colocar a bola para fora da quadra (tirar do adversário).

■Utilizar fintas (fingir atacar a bola).

■Combater o movimento de armação do lançamento do atacante e bloquear lançamento com salto.

■Agir sempre, evitando cometer faltas.

Os atacantes revezam a posição de jogo após cada ação de ataque.

Forma de competição:
Cada atacante entra em ação uma vez contra dois defensores:
– Quem é o melhor defensor?
– Quantos gols o atacante fez, quantas ações de ataque foram bloqueadas pelos defensores?

Exercício 2 (Fig. 42):
Exercícios preliminares para a defesa contra fintas
Exercício básico (A): em uma área delimitada agem 2 grupos. Um atacante e um defensor colocam-se frente a frente e têm de manter uma distância de um braço entre si. O treinador nomeia diferentes porções corporais do defensor (pernas, coxas, glúteos) que o atacante tem de tentar tocar. Quantos toques podem ser alcançados em 1 minuto? No final trocar as tarefas.
Importante:
O treinador nomeia constantemente outras partes do corpo a serem tocadas.
Variações:
1. Todo jogador quica uma bola.

2. Todos os pares agem em uma área delimitada (através de bandei-rolas, cones, marcações no piso).
3. Dar tarefas adicionais de movimentação (saltar só com uma perna).
4. Um segundo defensor (n° 3, Fig. B) age próximo do primeiro defensor (n° 2). O atacante (n° 1) procura então tocar o defensor que está atrás (n° 3). O defensor n° 2 procura cobrir o seu companheiro com o corpo. Áreas delimitadas!
Correção:
Manter sempre a distância exata do comprimento de um braço. Não girar para fugir do contato.

Exercício 3 (Fig. 43):
Exercício preliminar para a percepção e a reação específica
Um defensor e um atacante colocam-se frente a frente. O defensor tem de proteger um espaço delimitado através de marcações (de 3 a 5 metros).
1. Sem bola:
Quem for o primeiro a tocar a marcação ganha um ponto (veja A e B). Os jogadores agem somente lateralmente com diferentes fintas de corpo.

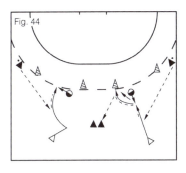
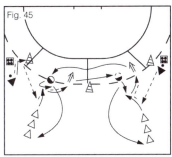
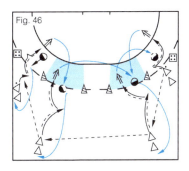

2. Com bola:
Ambos os jogadores quicam, cada um, uma bola. O atacante busca uma vantagem em relação ao adversário através de movimentos rápidos para que ele possa ultrapassar a linha (veja C). O defensor pode tentar repelir o atacante com a mão livre (não colocar a bola fora de jogo). Quantas infiltrações o atacante consegue realizar em, por exemplo, 30 segundos?

Variação:
Com lançamento para o gol: o atacante tem agora um passador (revezamento em rodízio). O defensor age sem bola (D).

Dicas para a organização:
No mínimo 4 grupos podem ser distribuídos em uma metade da quadra; utilize colchões de ginástica como gols adicionais.

Correções:
– Ambos os jogadores mantêm uma distância de aproximadamente um braço;
– No caso de ações de infiltração malsucedidas, voltar imediatamente à posição inicial e iniciar uma nova ação com um objetivo determinado.

Exercício 4 (Fig. 44):
Jogo 1:1
Um atacante procura, a partir de passes de dois outros jogadores em um jogo 1:1, ultrapassar o defensor e colocar a bola atrás da linha entre os dois cones. Quantos pontos o atacante consegue fazer, por exemplo, em 30 segundos (rodízio entre os grupos de 4 jogadores)?
Importante:
Os defensores jogam sem cometer faltas?
Os defensores só podem se encontrar lateralmente antes da linha-limite.

Variações:
1. Com lançamento.
2. Defensor marca, de tempos em tempos, ofensivamente para que o atacante precise utilizar situações de fintas em corrida sem bola. Ele corre para a frente livre e então passam-lhe a bola.

Dicas para a organização:
■Em toda a quadra:
Quatro grupos de 4 nos dois gols e dois a três grupos de 4 na linha do meio da quadra (até 28 jogadores!). Utilizar as marcações correspondentes na quadra.

■Metade da quadra:
Dois grupos de 4 no gol e na linha divisória da quadra.

■Com grandes grupos:
Colocar mais jogadores nas posições de atacantes.

Correções:
– Variar a direção da corrida com ou sem bola;
– Após a saída da bola, sempre voltar à posição inicial;
– Os passadores reagem a todas as fintas dos atacantes.

Exercício 5:
Jogo 1:1 em diferentes posições
Desenvolvimento básico (Fig. 45):
O ponta-esquerda (PE) passa para o armador-esquerdo (AE), que entra em uma situação de 1:1 contra o segundo defensor direito
(DLD).
O AE do ataque corre imediatamente para a posição de defensor na posição 2 do outro lado do campo e defende contra o armador-direito. O ponta-direita (DPD) da defesa muda (AD) para

a posição do defensor e assim por diante.
Princípios básicos:
Mudança contínua de posição e das tarefas dos atacantes e dos defensores.

Variação:
Ampliação do exercício anterior (Fig. 46):
– O ponta-esquerda joga 1:1 contra o ponta-direita de defesa;
– O ponta-esquerda corre para a posição do armador-direito; (posição 2) e defende contra o armador-esquerdo do ataque;
– O armador-esquerdo do ataque corre para a posição defensiva do outro lado (posição 2) e defende contra o armador-direito (DLE);
– O armador-direito de ataque corre para a posição do lateral-esquerdo da defesa (DLE) e defende contra o AE.

Os respectivos defensores se revezam de acordo com a ação defensiva com o grupo de atacantes. A seqüência das ações inicia-se na posição do ponta-esquerda e as bolas são colocadas em jogo, uma após a outra, pelo ponta-direita (veja B). Se a seqüência de ações inicia-se na posição do armador-direito, as bolas serão colocadas em jogo pelo ponta-esquerda.

Exercício 6 (Fig. 47):
Jogo 1:1 na zona de lançamento
São demarcadas três áreas na zona de lançamento. Nelas agem um pivô e um defensor.
O pivô toca uma marcação lateral, corre para a frente e troca passes com o jogador que lhe passou a

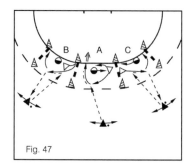
Fig. 47

bola. Após o passe, ele corre para a outra marcação lateral.
Após 3 ou 4 passes se joga 1:1, de acordo com a seqüência colocada (A, então B e C).
Após uma série, modifica-se a seqüência para o sentido anti-horário. Após 3 ações, trocam-se as tarefas dos atacantes, defensores e jogadores que fazem os passes.

Variações:
1. Os defensores agem primeiro defensivamente e, então, ofensivamente (procurar interceptar o passe para o pivô);
2. Competição: qual jogador faz, a partir da zona de lançamento, o maior número de gols?

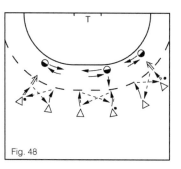
Fig. 48

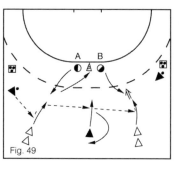
Fig. 49

Importante:
Nenhuma falta dos jogadores de defesa. Tentar bloquear o percurso do pivô com o corpo.

Exercícios básicos para o treinamento do bloqueio ofensivo

Finalmente, gostaríamos de esclarecer algumas formas simples para o treinamento do bloqueio ofensivo contra lançamento com apoio ou com salto. Indicações técnicas foram dadas no capítulo anterior.

Exercício 1 (Fig. 48):
Exercício preparatório
São formados grupos de 3:2. Jogadores passam a bola entre si antes da linha de 9 metros, e um defensor age na frente da área na altura da bola.
Ao sinal do treinador, o jogador toma um posicionamento de lançamento e lança com:

– Apoio (mais tarde na altura do quadril ou do braço contrário ao braço de lançamento);

– Salto para o gol (suspensão). O defensor precisa reagir com a técnica defensiva correta.

Exercício 2 (Fig. 49):
O passador da posição do ponta-esquerda (PE) passa para o armador-esquerdo (AE). O defensor
A precisa, a partir do cone, correr para a linha de 9 metros e atacar o armador-esquerdo o mais profundamente possível no campo de jogo.
O armador-esquerdo passa para o AC, que continua a seqüência para o armador-direito, que lança a gol contra a defesa ofensiva e bloqueadora de B.
Após B voltar à posição inicial, ocorre a mesma evolução do exercício, a partir da posição do ponta-direita.
Utilizar diferentes formas de lançamento.

Tarefa de competição:
Quem bloqueia o maior número de bolas em 10 tentativas?

Esclarecimento do conceito

Marcar de forma ativa e ofensiva é a diretriz no treinamento de base. Até agora temos descrito possibilidades individuais de ações ofensivas na defesa 1:5. Agora nós gostaríamos de dar um passo adiante.

A defesa ativa tem como objetivo não só perturbar o comportamento do atacante, mas também, de uma certa forma, determiná-lo. Esta forma de defesa significa uma mudança na concepção normal do jogo:

! O defensor não reage, mas procura, através de ações defensivas objetivas, determinar as reações do adversário.
Em regra os atacantes têm uma vantagem em relação aos defensores quando se movimentam, pois têm a posse da bola, assim:

- Os atacantes têm uma velocidade de corrida maior.

- Ao contrário do defensor, o atacante tem um plano de ação definido, que utiliza de acordo com a situação.
Se o defensor quiser colocar a lei da ação ao seu lado para neutralizar a vantagem do atacante, precisará iniciar o seu movimento o mais precocemente possível. Isso ele pode fazer de forma mais efetiva quanto mais cedo ele antevê o desenvolvimento da situação de jogo (antecipação). Resumindo, o conceito de defesa antecipativa afirma o seguinte: Sobre a base da observação do jogo e da experiência, o defensor procura prever o desenvolvimento

Jogo Defensivo Antecipativo

Fig. 50:
Possibilidades de ação e objetivos da defesa antecipativa.

Seqüência 14:
Possibilidades de ação em posicionamento oblíquo diagonal.

1 2

da situação de jogo (por ex. passe entre dois atacantes) e iniciar situações de defesa o mais cedo possível. Esta ação defensiva tem o intuito de perturbar as ações antecipadas de ataque, limitando a sua efetividade ou até acabando com ela.

Essa forma de defesa já foi um privilégio do handebol de alto nível. Nesse meio tempo se pode observar também a defesa antecipativa nas categorias menores.

Se nós quisermos formar os nossos futuros jogadores o mais amplamente possível no setor da defesa individual, é preciso orientá-los e fazer com que obtenham experiências com a forma de defesa antecipativa já no treinamento de base.
E, como já se ouviu, a formação defensiva 1:5 oferece tal possibilidade de jogo.

Objetivos táticos e formas básicas

Na Fig. 50 são demonstrados três objetivos que podem ser realizados já no treinamento de base:
- Perturbar o recebimento da bola.
- Impedir o passe para o adversário.
- Apanhar (interceptar ou antecipar) o passe.

Veremos, a seguir, quais dessas ações serão necessárias dentro de uma formação defensiva 1:5.

Perturbar o recebimento da bola

Repetindo: uma formação defensiva 1:5 persegue o objetivo de limitar o raio de ação do atacante e utilizar todas as possibilidades de limitar um ataque efetivo.
Para que isso ocorra, é preciso perturbar, o máximo possível, o passe e a recepção da bola por parte do adversário.

A manutenção de um posicionamento diagonal ofensivo em relação ao adversário é uma possibilidade que pode ser empregada, especialmente quando jogam pontas muito habilidosos.

Exemplo:
Como demonstrado na seqüência, o defensor da ponta-direita deixa, mais cedo do que nas demais situações, a sua posição básica na linha de 6 metros livres (Fotos 1 e 2) no momento em que o lateral-esquerda adversário empreende uma tentativa de infiltração sem sucesso e quica a bola (Fotos de 3 a 5).

- Uma recepção da bola em movimentação para frente no engajamento não é mais possível para o ponta-esquerda. Pelo

3

4

5

6

contrário, se ele quiser receber a bola em segurança, precisa recuar (então fica sem perigo de gol).

■Toda a dinâmica de passes do ataque é sensivelmente perturbada.

Esta forma mais simples de formação antecipativa pode, fundamentalmente, ser utilizada em todas as posições da defesa 1:5. No entanto, se os defensores utilizarem constantemente este meio ativo de defesa, o seu efeito ativo acaba se perdendo. A equipe adversária pode se adequar a isto e, no decorrer do jogo, compor respostas contra esse tipo de posicionamento (por ex. corrida livre do ponta-esquerda sem bola).

Nós aconselhamos, portanto, a utilização da seguinte forma de ação no treinamento de base:

■A forma de jogo antecipativa deve, no início, ser utilizada somente de tempos em tempos. Um bom momento é quando o ataque utiliza uma dinâmica de passes e pressiona a defesa.

■Especialmente promissoras são as defesas antecipativas quando o jogador quica a bola logo após recebê-la, antes de dois ou três passos (ver Seqüência 4). Após a recepção ele só tem três passadas à disposição e seu raio de ação é limitado.
Esta forma de ação é especialmente adequada para o jogo defensivo no treinamento de base porque, por causa da limitada possibilidade técnica, o atacante pode ser induzido freqüentemente a cometer erros:

– Jogador que tem a posse da bola comete um sobrepasso (andar) ou retém a bola muito tempo.
– Jogador com a posse da bola se decide por uma solução de emergência (na Seqüência 4, o lateral-direita faz um passe longo para o ponta, que então é apanhado pelo jogador que está no meio, na frente da formação defensiva).
Ainda por causa de outros motivos, essa atitude defensiva promete sucesso. Os jogadores que têm a posse de bola dificilmente podem aproveitar uma infiltração devido a uma defesa aberta (veja a Foto 4)!

Algumas observações sobre a técnica específica do movimento:

■De acordo com a situação, sair com passadas laterais ou em velocidade para a frente.
■Sincronização: no momento do passe, o defensor precisa ter alcançado a posição básica de defesa.
■ Sempre se colocar diagonalmente.
Através de um posicionamento diagonal, o defensor cobre uma área muito maior do que uma marcação individual (posicionamento frontal). Na Seqüência 4, vemos que na situação demonstrada o ponta-direita cobre ao mesmo tempo um passe direto do lateral-esquerdo para o armador-central. O lateral-esquerdo
é também obrigado a fazer uma jogada mais lenta, que pode ser apanhada pela defesa.
Além disso, o defensor pode tanto agir indo para a frente para marcar o atacante quanto para trás para, por exemplo, auxiliar no caso da infiltração de um atacante que tenha a posse da bola.
De acordo com a intenção tática, o defensor coloca-se em uma posição diagonal, mas há também outras possibilidades de ação:
■Freqüentemente uma passada rápida com finta e uma corrida ofensiva apenas inusitada são suficientes (veja Seqüência 14 – Fotos de 1 a 4) para cancelar um passe quando da movimentação do atacante para a frente.
■No posicionamento diagonal, o defensor deveria sempre sinalizar, através do trabalho de braços

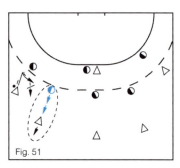
Fig. 51

("movimento de limpador de pára-brisa", veja Fotos de 1 a 4), que está preparado para agir em todas as direções. Com isso os atacantes são intimidados.

Impedir o passe
Para concluir de forma total um passe do seu adversário, o defensor tem duas possibilidades:
■Se ele estiver em posicionamento diagonal, poderá seguir o adversário com rápidas passadas para a frente, quando ele se orientar para trás, a fim de manter a bola em segurança (Fig. 51).
■O defensor pode – como na Seqüência 5 (pp. 90-91), demonstrada através do armador em um passe – correr ofensivamente em direção ao seu adversário direto e marcar sobre pressão de forma breve. Os objetivos táticos são claros. O passador é, em regra, obrigado a passar uma bola mais longa, o que dá para a defesa boas condições para interceptar o passe ou recuperar posições.

Interceptar passes
Uma primeira possibilidade para o defensor interceptar passes resulta

da observação objetiva do jogo ofensivo e do ataque, a "seqüência de passe padrão", que sempre ocorre no engajamento. Mas cuidado: devido à possibilidade de interceptar passes, a tarefa defensiva básica não deve ser colocada em segundo plano! Boas condições se oferecem quando o atacante é forçado a fazer passes de "emergência". Exemplos:
– Por causa de uma breve marcação sobre pressão, o jogador com a posse da bola precisa fazer um passe longo;
– Após uma ação malsucedida, o jogador com a posse da bola precisa passá-la para não cometer um erro técnico (sobrepasso);
– Um ponta corre para a zona de lançamento e somente dois outros atacantes estão longe da zona de lançamento.

Formas de Treinamento
Jogos preparatórios e formas de exercícios

Jogo com desvantagem numérica:
Em uma área limitada, de acordo com o tamanho do grupo, jogam duas equipes.
A equipe que se defende permanece nesse papel até que:
– Uma bola seja apanhada ou colocada para fora;
– Um adversário que tenha a posse da bola seja tocado.
Para elevar o trabalho de corrida dos defensores e, consequentemente, provocar uma nova forma de conduta, como, por exemplo, fintas ativas (encenar o ataque contra um adversário e atacar o próximo), a defesa age geralmente em inferioridade numérica. Exemplos: 1-3, 2-4, 3-5, 3-6, 4-6 etc.
Para aliviar a defesa no início, pode-se também determinar que os defensores só precisam tocar a bola para que exista o rodízio entre a defesa e o ataque. Eles precisam também bloquear possíveis percursos de passe e antecipar-se às direções dos passes, procurando enganar o passador.

Tarefas da competição:
– Qual grupo permanece um maior tempo na defesa?
– Tarefa de estresse: cada grupo defensivo precisa ser bem-sucedido três vezes antes de poder ir para o ataque.

Para os atacantes pode-se determinar limitações semelhantes (não quicar a bola, não atrasar a bola), como foram mencionadas na forma de jogo anterior. De qualquer forma, para o ataque é proibido passes de "vaselina", em arco e passes lentos.

Formas de exercícios para o treinamento das técnicas de corrida e movimentação
Exercício 1:
Esgrima com as pernas
São formados dois grupos sem bola: os jogadores procuram, com a palma das mãos, tocar a coxa do adversário. Eles precisam, para tanto, realizar movimento com os joelhos flexionados (centro de gravidade rebaixado) e realizar passadas curtas com semi-afundo para frente e para trás.

Exercício 2:
Quicar 1:1
São formados dois grupos com uma bola: A quica a bola e B procura, através de passadas rápidas em semi-afundo e fintas, tocar a bola. Se a bola for tocada, as equipes trocam de posição.

Exercício 3 (Fig. 52):
São formados dois grupos de jogo que se colocam em duas fileiras na linha do gol. Sempre dois jogadores correm em velocidade e, ao mesmo tempo, na direção da área. Após um giro, colocam-se em posicionamento diagonal.

Variações:
Realizar passadas para frente com afundo lateral até o treinador. Finalmente, correr de volta à área e lá realizar repetições em velocidade com saídas para a linha pontilhada.

Exercício 4 (Fig. 53):
São colocados três cones, um mais distante do outro, a partir da área:
– A = corrida em velocidade e tomada de posicionamento diagonal na linha de lançamento livre;
– B = como A, mas realizar passadas em "afundo" (baixar os quadris) até o cone;

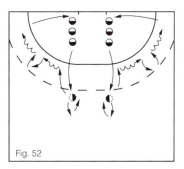

Fig. 52

121

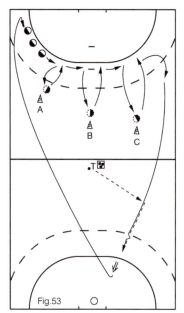

Fig.53

– C = como A, porém com posicionamento diagonal, realizar várias passadas em afundo até o cone.
Finalmente, os jogadores correm em velocidade para a outra metade e recebem do treinador uma bola para lançar ao gol.

Treinamento do posicionamento específico
Em forma de exemplos, nós elucidaremos aqui o procedimento metodológico para o treinamento da forma de jogo antecipativa nas posições de defesa 1:5.

Exercício 1 (Fig. 54):
Neste exercício básico, são ocupadas todas as três posições defensivas para a frente da área, dois defensores agem nas posições de ponta-esquerda e ponta-direita e um é o armador. Em todas as posições se encontra um jogador.

Os atacantes passam a bola em uma ordem predeterminada (exercício técnico complexo): lateral-direito/ponta-direita/armador-central/ponta-esquerda/lateral-esquerdo/armador-central/ponta-direita/ponta-esquerda etc. As tarefas dos defensores são sistematicamente ampliadas e variadas do ponto de vista metodológico:

1. Os defensores agem de acordo com as regras da defesa 1:5. De tempos em tempos comportam-se de forma ofensiva e antecipativa quando a posse de bola é dos laterais direita/esquerda (tática surpresa), impedindo a recepção da bola por parte dos pontas esquerda/direita em progressão para a frente. Então retornam e recebem o passe do lateral-esquerdo/direito e todo o exercício é repetido. Cada defensor age de forma correspondente: muda da posição diagonal para a frontal – posição ofensiva básica – e, após o passe do ponta-direita/esquerda, retorna.

2. Como no exercício 1, os AE/AD no ataque podem agora, em caso de ação ofensiva de antecipação dos defensores, procurar passar a bola para o armador-central. O defensor adiantado (DCA) pode atacar esse passe.

3. Os defensores podem cortar os passes dos AD/AE com passadas em afundo de forma total (marcação sobre pressão).

4. Passes livres do adversário e, após 40-60 segundos (de acordo com o desempenho), revezar os pontas da defesa com os pontas atacantes.

Treinamento tático em grupo
Bloqueio interno da defesa 3:2:1 (Fig. 55):
Novamente, em uma área delimitada, jogam AE, AD, AC, PV em situação 4:4. Agora, ou o defensor lateral ou o defensor adiantado joga de forma ofensiva e antecipativa.
O armador, especialmente, assegura-se contra as investidas antecipativas dos pontas adversários do ataque.

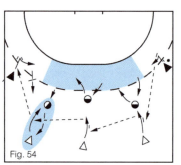

Fig. 54

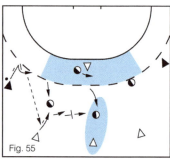

Fig. 55

Indicação:
Como base podemos realizar uma breve introdução à defesa antecipativa. Aqueles que desejarem mais informações (formas de jogo, técnicas de deslocamento, possibilidades táticas) podem recorrer ao seguinte livro: SPÄTE, D/ WILKE, G: Antizipatives Abwehrspiel: Reihe Handball spezial Bd. 1 (Hrsg: KLEIN/SPÄTE). Philippka Verlag Munster, 1989.

Treinamento Ofensivo

Como deve ser realizado o Jogo Ofensivo no Treinamento de Base?

Sobre a situação atual

Coloquemos um jogo de equipes infanto-juvenis sob nossa lupa. Em regra geral, sobre a "tática ofensiva" das equipes, os olhos treinados de um técnico de handebol verão o seguinte:

■ Ritmo de jogo, os lançamentos de tiros livres e 7 metros dominados por um jogador (com crescimento acelerado, portanto, já bem desenvolvido fisicamente).

■ 50% a 60% de todas as ações de lançamento conduzidas pelo mesmo jogador.

■ No total de um grande número de ataques, quantos foram decididos precoce ou rapidamente – com isso se pode observar um alto número de erros técnicos (erros de passe, de recepção, sobrepasso ou andar etc.).

Resumo:
No jogo ofensivo das categorias de base existem grandes obrigações táticas. O objetivo urgente é, na maioria das vezes, colocar os jogadores especialmente habilidosos no fundamento lançamento em posição ótima de definição, o que – assim é o caráter dessa tática – leva obriga-toriamente a uma limitação na liberdade de ação do restante dos jogadores.

A conseqüência:
No treinamento, a formação técnica individual dos jogadores é muito curta por causa dessa tática, que leva muito tempo para ser assimilada. Mesmo assim, muitos técnicos contam com a habilidade dos jogadores que têm o lança-mento mais potente e deixam de lado uma formação geral de todos os outros aspectos da variabilidade técnica.

A origem para isso é óbvia. Muitos técnicos de equipes infanto-juvenis se orientam somente no sucesso rápido. Com planejamentos em curto prazo são oferecidos objetivos esportivos que visam desde o campeonato escolar até o campeonato nacional na categoria menor.

! Com tal planejamento em curto prazo e com uma "visão" pobre do direcionamento do treinamento infanto-juvenil para títulos esportivos, o treinador dessas categorias não faz jus à sua tarefa especial, ou seja, incentivar individualmente os seus jogadores e motivá-los para o jogo de handebol a longo prazo. No centro de todas as considerações do departamento infanto-juvenil de um clube deveria estar o investimento sistemático e a longo prazo da categoria infanto-juvenil. Cada jogador precisa ser incentivado individualmente.
No total, este procedimento exige um conceito estrutural em longo prazo.
Naturalmente, os objetivos não devem ser totalmente deixados de lado. Aqui, podemos aconselhar o seguinte para o treinador das categorias infanto-juvenis:
Os sucessos esportivos serão alcançados, como que por si próprios, em médio prazo – quando o treinamento básico ocorrer de forma sistemática. Como deve ser então o conceito para o desenvolvimento da tática ofensiva a longo prazo no treinamento infanto-juvenil?

Desenvolvimento da tática ofensiva nas categorias infanto-juvenis

Na Fig. 1 estão nossas recomendações metodológicas para a estruturação da tática e técnica ofensivas. Ao mesmo tempo fornecemos uma visão geral sobre os pontos específicos do treinamento ofensivo, como o fizemos com o treinamento defensivo.
Após os jogadores terem aprendido, no mini-handebol, as técnicas básicas com bola e as regras táticas individuais elementares do jogo ofensivo de forma lúdica, no treinamento de base eles têm o período de aprendizagem da técnica e da tática individuais.
Se o treinador da categoria infanto-juvenil raciocinar a respeito da técnica defensiva e deixar seus jogadores marcarem de forma extremamente ofensiva (veja o capítulo "Treinamento Defensivo") ocorrerá, no treinamento de ataque, uma tendência clara: o jogo 1:1. Também quando as variações de lançamentos e infiltrações não forem revertidas no jogo, os jogadores deverão adquirir a maior experiência motora possível. A isso pertencem:

– Variações de lançamento com salto, em queda e em apoio;
– Variações de passes, passes com fintas;
– Fintas de corpo com e sem bola.

Já que no treinamento de base uma formação defensiva (ofensiva) 1:5 é ensinada, temos o treinamento desta faixa etária no setor ofensivo sob a óptica da introdução ao jogo posicional das trocas de posicionamento na formação ofensiva 3:3.

A introdução ao jogo no treinamento de base não deveria ter como conseqüência uma especialização precoce do jogador em uma determinada posição de jogo. Na verdade, o jogador deveria adquirir a maior experiência possível e ser capaz de realizar infiltrações e lançamentos das mais variadas posições de jogo.

Resumo: táticas de jogo e outras táticas ofensivas, que têm mais prioridade em equipe adultas, não têm lugar no treinamento de base. Como forma de ação em grupo, ambiciona-se a utilização do posicionamento ofensivo 3:3, bem como uma idéia da mudança simples de posicionamento. Em relação a esta troca de posicionamento de jogo, deveria haver o domínio, sobretudo, do jogo livre. Portanto, os jogadores deveriam:

– Na disputa 1:1, terminar a ação arremessando para o gol;
– Aprender a jogar com o pivô ou com o companheiro de equipe mais próximo.

Adicionalmente, introduzem-se formas básicas do cruzamento, bem como diferentes transições (mudança de formações ofensivas no jogo). Através disso, podemos nos assegurar de que o jogador não agirá somente em uma posição.

Uma breve visão do desenvolvimento posterior da tática ofensiva ligada ao treinamento de base:

Após a clara colocação dos pontos principais da técnica e da tática individuais no treinamento de base, nós voltaremos para a formação objetiva da tática em grupo. Diferentes formas e variações de bloquear (ou cortinas) e receber a tabela, o cruzamento e, assim por diante, estão ligadas a uma formação objetiva do posicionamento específico (treinamento das variantes de lançamento, infiltração dos pivôs e pontas) e são, portanto, o ponto central. O objetivo é um posicionamento de jogo variável, no qual 2, 3 ou até 4 jogadores possam utilizar a tática ofensiva em grupo, de forma efetiva.

Paralelamente, a troca de posições no jogo é ampliada de forma crescente. Assim, uma formação sistemática de ações táticas simples, ou seja, na sua concepção básica, deve ocorrer, por exemplo, das seguintes formas:

– Cruzamento a partir da metade da quadra adversária, iniciando com o jogador que está na posição de armador;
– Cruzamento do AE com o AD ou, então, do AD com AE;
– Infiltração das pontas.

Finalmente, o treinamento de situações especiais (superioridade e inferioridade numérica, ataque contra marcação individual) ganha um significado crescente.

Formação básica

■Aprendizado:
– habilidades técnicas básicas com bola (lançar, apanhar, quicar);
– regras básicas de tática individual do jogo ofensivo.
■Ponto principal: jogo livre (contra formas de marcação individual).
Volume 1

Treinamento de base

■Ponto principal: *tática individual (1-1)*.
■*Não utilizar posicionamento específico*.
■Introdução ao jogo posicional.
■Troca de posições na largura e profundidade.
Volume 2

Treinamento de construção

■Ponto principal: tática coletiva.
■Treinamento em posicionamento específico de forma multilateral.
■Introdução ao jogo posicional e ao engajamento (jogos com solução tática de troca da formação e com ações táticas de grupo na iniciação.
Volume 3

Fases do jogo no treinamento de base

Como nós já havíamos comentado no volume 1, as fases de jogo do handebol de alto nível (adulto) não podem ser simplesmente utilizadas no treinamento infanto-juvenil. Pelo contrário: o jogo precisa conter elementos que se adaptem às condições e capacidades da respectiva faixa etária.

Em comparação aos jogos específicos para iniciantes

Fig. 1: Estrutura metodológica da tática de ataque nas categorias infanto-juvenis.

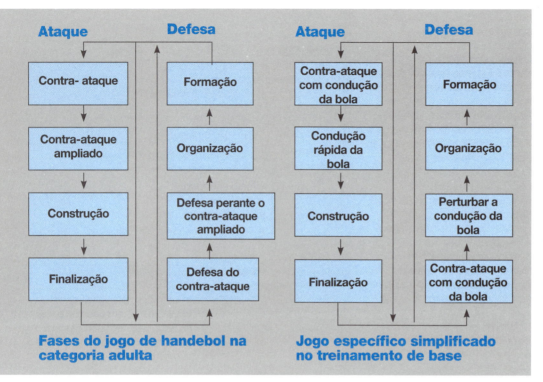

Fig. 2:
Ambos modelos devem ser entendidos como circuitos de regras, e devem ser lidos de cima para baixo e da esquerda para a direita. Aqui temos a representação da constante mudança do ataque e defesa em uma equipe.

fortemente simplificados (veja p. 59, Vol.1), o jogo no treinamento de base ganha em complexidade. No entanto, é preciso adequar constantemente as condições técnicas aos jogadores dessa categoria.

■ O contra-ataque não deveria ser treinado como a primeira fase do ataque (sinal típico; passe longo do goleiro), por causa da falta de condição técnica das crianças (por ex. técnica de passe). Se considerarmos que na formação defensiva-ofensiva 1:5 acontecerá freqüentemente do defensor interceptar ou roubar uma bola, podemos pensar em realizar o ataque com passes curtos. Por outro lado, o contra-ataque em que o defensor avança quicando a bola deve ser levado em consideração como possibilidade de contra-ataque de uma onda (significando uma opção de jogadores que iniciam o contra-ataque).

■ Uma divisão tática em jogadores que devem iniciar a primeira onda (contra-ataque) ou a segunda onda (contra-ataque ampliado) não deve ocorrer no treinamento de base. Ao invés disso, deve-se promover o treinamento de jogos e formas de exercícios apropriados para a transição da defesa para o ataque, bem como uma condução rápida da bola com passes curtos entre dois ou mais jogadores.

■ Para que a formação ofensiva 3:3 seja efetiva e se torne possível, após ultrapassar a marcação que divide a quadra, o jogador deve ocupar as respectivas posições e, então, preparar a ação de ataque através de passes (tabelas) que pressionem o adversário na defesa. O aprendizado da fase de armação da jogada ganha então em significado.

■ Na fase de finalização, a ação ofensiva livre – naturalmente em relação ao posicionamento de jogo e às trocas de posições – deve predominar.
Antes de esclarecermos a função, forma de jogo e objetivos táticos dos posicionamentos, gostaríamos de fornecer uma breve visão geral sobre os conteúdos centrais do treinamento ofensivo no treinamento de base.

Conteúdos do Treinamento Ofensivo

Como foi acentuado no início, deve-se ter como objetivo uma relação de 50:50 entre os jogos na fase básica e exercícios técnico/táticos e de condicionamento. Na Figura 3 são apresentados os conteúdos de treinamento para o jogo ofensivo.
A introdução e o treinamento das formas básicas de posicionamento de jogo são o

centro do treinamento ofensivo. Acrescente-se a isso as formas básicas de trocas de posicionamento e contra-ataque, setores que devem ser treinados o mais próximo das situações de jogo possível.
Paralelamente a isso o treinador precisa – de acordo com as condições de seus jogadores – exercitar, sobretudo, as capacidades técnicas e táticas. O recebimento da bola em deslocamento para frente é uma condição básica para um posicionamento efetivo e dinâmico. Portanto, esse setor precisa – isso é demonstrado pela experiência – ser levado em consideração.
Aqui nós oferecemos os pontos iniciais de um treinamento. Para que também as capacidades técnicas dos jogadores possam ser ampliadas de forma planejada (aqui, aprendizado dos lançamentos com salto e com queda), o treinador deveria, em todas as unidades de treinamento, integrar variações técnicas dos três lançamentos básicos. Também aqui nós oferecemos algumas seqüências de exercícios que podem ser realizadas paralelamente ao treinamento planejado do posicionamento de jogo.
Importante e parcialmente ligada a uma grande utilização do tempo disponível para o treinamento está a formação sistemática das diferentes ações para realizar as fintas (fintas de corpo, lançamentos com fintas e passes com fintas). Cada uma das combinações de passadas deve ser aprendida e automatizada em seqüências pedagógicas isoladas.
Se os jogadores dominam algumas variações básicas de lançamentos, infiltrações e passes, então formas básicas do treinamento de decisão podem contribuir para que os jogadores aprendam a se decidir de acordo com a situação:
– Lançamentos para o gol, infiltração ou passe;
– Passe para o pivô ou para um outro companheiro de equipe;
– Infiltração do lado do braço de lançamento ou do lado contrário do braço de lançamento.

Isso deveria implicar um treinamento objetivo da capacidade de observação e de percepção, pois, por causa da deficiência técnica, por exemplo, o olhar do jogador durante os atos de receber e lançar está quase exclusivamente direcionado para a bola, de forma que uma observação objetiva do goleiro e respectivamente do adversário torna-se impossível.
O técnico precisa decidir, de acordo com as condições individuais de seus jogadores, qual dos conteúdos do jogo ofensivo citados na Figura 3 deverá ser tratado como ponto principal e em qual seqüência deve ser treinada. Ao mesmo tempo, ele deveria deixar-se dirigir sempre pelo seguinte princípio:

■Promover os jogadores individualmente no treinamento de base.

Fig. 3: Conteúdo do treinamento de ataque no treinamento de base.

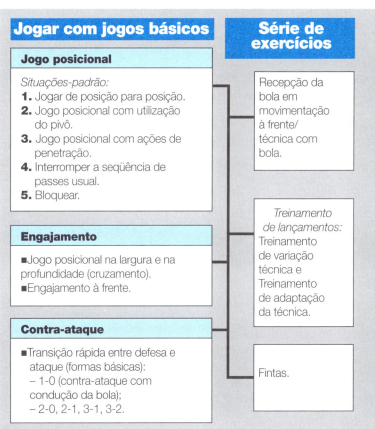

127

Introdução ao Jogo Posicional

Conceito

O posicionamento de jogo é caracterizado pela ação de cada jogador em um determinado setor ofensivo, que não é abandonado através de formas específicas de movimentação (corrida de um lateral na direção do meio da quadra, movimentação de cruza-mento no setor intermediário). A divisão dos setores no ataque se orienta de acordo com pontos de vista táticos. Basicamente nas categorias infanto-juvenil, podem ser imaginadas duas formações ofensivas diferentes, a formação ofensiva 3:3 (Fig. 4) e a formação 2:4 (Fig. 5).

Para o treinamento de base, só se pode levar em consideração um posicionamento de jogo em uma formação ofensiva 3:3. O fundamento é óbvio: os passes longos que precisam ser realizados em uma formação ofensiva 2:4 entre o AD e o AE iriam sobrecarregar ainda mais os jogadores.
Com o posicionamento de jogo, perseguem-se objetivos importantes tanto na fase de armação quanto na de finalização (veja Fig. 2):

Fase de organização

① Após ultrapassar a linha divisória da quadra, cada jogador precisa ocupar o seu setor na formação ofensiva 3:3.
② Para evitar lançamentos precipitados ou ações de infiltração, deve-se objetivar o seguinte ritmo de jogo:
■Passar a bola uma ou duas vezes em cada posição sem uma grande movimentação para a frente até que todos os jogadores tenham ocupado a sua posição de

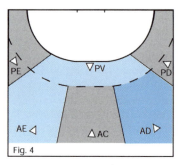
Fig. 4

ataque e que, eventualmente, uma substituição seja realizada pelo técnico.
■Na seqüência, deveria ser realizada uma série de passes pressionando-se o adversário (característica: recepção da bola em movimentação para a frente, com corrida em direção ao gol) como preparação para as ações de finalização.

No treinamento de base, a bola deveria ser passada de uma posição para a outra, já que passar a bola direto, omitindo uma posição (por ex. a posição do armador-central), é tecnicamente muito arriscado.
③ Todo atacante deveria, na fase de armação do comportamento defensivo, observar e analisar seu adversário para, por exemplo, poder reconhecer:
– Boas possibilidades de infiltração;
– Possibilidades de passar a bola para o pivô.

A observação dirigida do compor-tamento do adversário – mesmo durante os passes de um atacante para o outro – é extremamente difícil para o jogador no treinamento de base por causa da insuficiência técnica

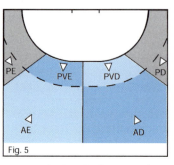
Fig. 5

no manejo da bola. Portanto, é preciso utilizar exercícios específicos para o treinamento das capacidades de observação e percepção.

Fase de finalização

Com o posicionamento de jogo, persegue-se o objetivo de conseguir mais possibilidades de lançamentos. No treinamento de base, pode-se utilizar:

■*Tática individual*
Jogo 1:1 em todas as posições.

■*Tática em grupo*
Formas simples de jogos em duplas:

– Passe para o pivô de todas as posições ofensivas e laterais;
– Ação livre de um companheiro de equipe que cruza com o jogador que lhe passa a bola após este realizar uma ação de infiltração (cruzamento paralelo entre AE-PE-AC-AD-PD etc.).
Resumo:

■No treinamento de base, primeiramente, deveria ser introduzido o posicionamento de jogo em uma formação ofensiva 3:3.

No treinamento de base são treinadas, principalmente na fase de finalização, ações ofensivas individuais e táticas coletivas de grupo simples (passes entre dois jogadores).

Em geral o treinamento do posicionamento de jogo não deve levar à especialização do jogador em uma posição. No treinamento de base, os jogadores devem colecionar experiências em várias posições.

Como um segundo ponto principal, os jogadores aprendem uma troca dinâmica de posicionamento (em profundidade, através da transição e, na largura, através da mudança de posicionamento e movimentos de cruzamento).

Importante: não devem ser indicados rigidamente os percursos dos jogadores e da bola na introdução à mudança de posicionamento. Procura-se o jogo criativo.

Procedimento metodológico

O posicionamento de jogo (ofensivo 3:3) no treinamento de base é introduzido e treinado através de quatro situações-padrão estruturadas uma sobre a outra de forma simples.

A forma com que o procedimento metodológico é dirigido orienta-se, neste caso, primariamente no nível de habilidade técnica com a bola, bem como nas capacidades de observação e percepção dos jogadores.

1. Em primeiro lugar se deve aprender uma situação-padrão de passes de um jogador para o outro. A partir daí temos três setores para o treinamento:

Sob o aspecto tático, é preciso aprender a evolução temporal/espacial (*Timing*)dos passes de AD-PD-AD (veja Fig. 7) e de AE-PE-AE.

Sob o aspecto técnico, é preciso trabalhar a recepção da bola em movimentação para a frente como condição elementar para um efetivo posicionamento de jogo.

Como meio ofensivo principal de tática em grupo – ao lado da possibilidade de finalização individual – introduz-se o

engajamento paralelo ou jogo posicional.

Nesse nível de aprendizado é preciso levar em consideração alguns facilitadores metodológicos do aprendizado:

! Basicamente, não se pode esperar que os jogadores estejam imediatamente em posição de desenvolver um jogo ofensivo efetivo contra uma defesa ativa 1:5, extremamente ofensiva. Pelo contrário: eles precisam, primeiramente, aprender a utilizar as capacidades técnicas e táticas

Fig. 6: Níveis metodológicos para o aprendizado do jogo posicional no treinamento de base.

Jogo posicional			
	Situações-padrão	**Técnica e tática individual**	**Tática coletiva**
Treinamento de base	① Jogar de posição para posição (3:3 ataque).	■Recepção da bola em movimentação à frente (diferentes direções de lançamento). ■Lançamento para o gol (lançamento com apoio e com salto).	■Passe para o jogador livre de marcação. ■Formas básicas de engajamento.
	② Jogo posicional com utilização do pivô.	■Variações de passes: – lançamento com apoio (alto e a altura do quadril); – lançamento em suspensão.	■Jogo conjunto: – PE/PD-PV – AE/AD-PV – AC-PV ■Bloquear entre o pivô e os outros atacantes.
	③ Jogo posicional com ação de penetração.	■Finta de corpo com penetração do lado do braço de lançamento ou do lado contrário do braço de lançamento (com um quique). ■Fintas com lançamento e com passe. Corrida livre (com finta) sem bola.	■Jogo conjunto em duplas: – PE-AE/PD-AD – AE-AC/AD-AC – AC-AE/AC-AD
	④ Mudar a seqüência de passes usuais (troca de direção).	■Cortar percurso de passe. ■Fintas com passe para ambos os lados.	■Passe para trás: – AE/AD-PE/PD – AE/AD-AC – AC-AE/AD

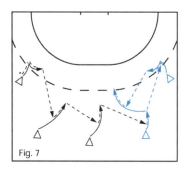

Fig. 7

adquiridas contra uma maior ou menor resistência ativa do adversário. Portanto, no treinamento da situação-padrão "passar de posição para posição", o comportamento defensivo é fortemente limitado (Fig. 8).

■Basicamente, em relação ao número de defensores, ataca-se sem defensores ou com uma inferioridade numérica de defensores ativos.

■O comportamento do defensor é fortemente limitado com o objetivo de facilitar o aprendizado do atacante: eles agem defensivamente na frente da área do gol (9 metros).

■Para as quatro situações-padrão vale o mesmo, ou seja, os atacantes devem dispor de espaços –que podem ser diminuídos pouco a pouco – especialmente amplos para as suas ações e infiltrações.
Na situação-padrão seguinte, colocamos dois objetivos centrais de treinamento em primeiro plano:
Sob o aspecto técnico, os jogadores aprendem diferentes variantes de passes para o pivô.

■Sob o aspecto tático, são introduzidas formas simples de jogo conjunto com o pivô. Princípio básico:

Todo atacante na intermediária e nas posições laterais precisa saber jogar em conjunto com o pivô (meio: passe, bloquear/desbloquear percurso). Os auxílios para aprendizagem podem ser reduzidos agora:

■A defesa pode agir tanto em inferioridade quanto em igualdade numérica.
■Em geral, é necessário um comportamento defensivo/ofensivo para que possam ocorrer variações de passes para o pivô. Na terceira situação-padrão, há novamente dois pontos centrais de aprendizagem:
■Primeiramente, ocorre um treinamento intensivo das diferentes variantes individuais de infiltração sobre a base do percurso de passe introduzido na formação ofensiva 3:3.
■A seguir, treina-se novamente a tática de grupo em duplas na forma de passes paralelos (engajamento). Se o atacante conseguir ultrapassar o adversário com o auxílio de uma finta, precisará passar a bola para o companheiro de equipe mais próximo (passe paralelo), quando este for atacado pelo adversário que o marca (= auxílio ao defensor). Na seqüência desse nível de aprendizagem, o comportamento defensivo pode ser continuamente adaptado à progressão de aprendizagem do atacante: os atacantes agem primeiramente contra uma defesa ofensiva e, mais tarde, contra uma defesa que seja ativa e que bloqueie parcialmente o percurso dos passes.
Na quarta situação-padrão, finalmente introduzimos, sob o aspecto tático, uma alternativa para os passes de posição em posição: com o meio tático

Fig. 8:
Auxílio metodológico no treinamento do ataque.

Quantidade de jogadores na defesa	Comportamento da defesa	Espaço para jogar
① Sem adversário	① Sem adversário	① Grandes ações e espaços para penetração.
② Inferioridade numérica	② Defensivo	② Ações curtas e espaços para penetração.
③ Equilíbrio numérico	③ Ofensivo	
	④ Extremamente ofensivo (antecipativa)	
	⑤ Comportamento defensivo livre	

ofensivo em grupo denominado passe por trás, o posicionamento de jogo pode ser extremamente variado.

Na fase final do treinamento de base essas situações-padrão são ampliadas sistematicamente através de novos meios táticos ofensivos em grupo. Ao mesmo tempo em que são aprendidas novas formas de passes, por exemplo, o passe direto, omitindo algumas posições (por ex. passe entre AE e AD), há a introdução do posicionamento de jogo 2:4.

Regras de comportamento tático

Na Figura 9 está esquematizada a evolução técnico/tática dos passes de posição para posição em uma formação ofensiva 3:3. Já aqui, em um primeiro momento, simples percursos de passes exigem do jogador a observação de diferentes regras táticas básicas individuais:

1. Situação-Padrão
Jogar de posição em posição

■Princípio básico para todo atacante: a bola deve sempre ser recebida e passada com movimentação para a frente (perigo de lançamento para o gol).

■Especialmente para jogadores que se encontram na intermediária passar a bola a partir de um posicionamento para o lançamento que ofereça risco de gol.

❗ O passe com o punho ou passe pronado ou em pronação não deve ser exercitado no treinamento de base!

■Especialmente para os laterais: Só passar a bola para os jogadores da intermediária (armadores, setor de armação do jogo) após uma clara movimentação para a frente de lançamento com finta (iniciantes) ou uma finta de corpo (avançados). Objetivo: Fazer com que o adversário na defesa fique preso ao atacante.

■Os jogadores da intermediária (armadores, setor de armação do jogo) precisam escolher as direções das corridas de acordo com o percurso do passe e em dependência da observação dos seus adversários na defesa.

Como princípio tático básico vale:
– AE/AD: se a bola é passada pelo lateral, realiza-se uma movimentação para a frente em forma de arco que evolui no sentido interno da quadra. Se a bola for passada pelo armador, realiza-se uma movimentação em linha reta dirigida para o setor externo (veja Fig. 9);
– A: se a bola é passada pelo AE, ocorre uma movimentação discreta para a frente em forma de arco na direção do braço de lançamento (para os canhotos

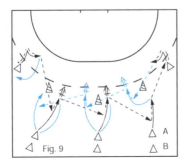

Fig. 9

ocupando a posição AC, o inverso é verdadeiro).

Observação:
Deve-se compreender a movimentação tática anteriormente descrita como conceito básico. Sob o ponto de vista da tática individual, outras direções de corrida – para surpreender o adversário – podem ser escolhidas. Isto será estudado mais deta-lhadamente no tópico sobre o treinamento das variações táticas. Com respeito à evolução técnico/tática (*timing*) do passe entre AE-PE-AE ou AD-PD-AD:
1. AE/AD recebe a bola do AC com uma movimentação curta para a frente. Direção da corrida: à frente, diagonalmente em direção à lateral da quadra (em muitas quadras na Alemanha esta direção corresponde à marcação para duplas no tênis);
2. Após receber um passe, o PD/PE precisa conduzir a bola em uma movimentação para a frente e realizar impreterivelmente um lançamento perigoso para o gol ou (melhor ainda) uma finta de corpo. Objetivo tático:
– Em primeiro lugar, o ponta prende o adversário com esta movimentação e pode – devido à posição errônea adotada pelo adversário – realizar uma penetração ou lançamento;
– O ponta nunca deverá passar a bola muito rápido para o jogador da posição intermediária na armação do jogo, já que este pode não estar preparado para atacar, quer dizer, não conseguirá receber a bola estando em deslocamento para a frente.

3. Após o passe, os jogadores armadores AE/AD deverão realizar duas passadas para trás e então progredir no sentido interno da quadra. Auxílio orientacional: AD corre na direção da trave/poste esquerda e o AE corre na direção da trave/poste direita do gol adversário para poder receber a bola do ponta.

Exercícios complexos

As posições de ataque 3:3 – menos a posição de pivô – serão todas ocupadas várias vezes. Os jogadores passam a bola em uma ordem já determinada de posição para posição (Fig. 9); alguns cones servem como auxílio orientacional para a determinação da direção da corrida de acordo com a seqüência de passes (veja regras básicas da tática individual).

Indicações para correção de erros:
■ O jogador que realiza os passes o faz sempre a partir de um posicionamento para lançamento com perigo para o gol adversário.
■ O jogador que recebe o passe só inicia a corrida quando o passador tomar o posicionamento para o lançamento.
■ *Manter contato visual com o passador!*
■ Após o passe, retornar para a posição inicial. Estar sempre pronto para atacar!

Variações:
① Os jogadores passam a bola até que tenham realizado cinco séries sem nenhum erro. Alternativa: em cada meia quadra, uma equipe diferente realiza os passes. Qual equipe mantém-se por mais tempo passando a bola de forma correta?
② Formação da observação: o treinador se coloca no gol e, de tempos em tempos, eleva um braço. O jogador que tem a posse de bola precisa passá-la imediatamente para o treinador.
③ Como em 2, ao sinal, ocorre um lançamento ou um passe para o pivô.

O treinamento tático do lançamento

Sobre a base de um percurso pré-orientado de passes pode-se agora realizar um treinamento de lançamentos. Por meio deste serão
realizadas diferentes seqüências de passes e de movimentação para a frente (no engajamento), ligadas a ações de conclusão da ação de ataque (primeiro como as formas mais simples de lançamentos diretos a partir de uma movimentação de engajamento para a frente).

Realização:
Com alternância entre as posições de PE e PD, uma bola será passada de posição para posição. No retorno da bola, com o respectivo ponta, a seguinte série de lançamentos poderá ser realizada (Figs. 10 e 11):
– Lançamento para o gol AD/AE (1);
– Lançamento para o gol armador central (AC) (2);
– Lançamento para o gol AD/AE (3);
– Lançamento para o gol PD/PE (4).

Indicações para correção de erros:

■ Realizar lançamentos para o gol a partir de movimentação para a frente.
■ Escolher sempre a movimentação para a frente (no engajamento) taticamente correta. Por exemplo: o lançamento para o gol AE/AD, após passe do armador (3), será realizado após a evolução de uma movimentação para a frente (no engajamento), dirigida para a lateral da quadra (a corrida é feita ao longo da linha de duplas no tênis). Para os destros na posição AE e os canhotos na posição AD, o lançamento ou lançamento com salto para o gol será realizado a partir do lado contrário do braço de lançamento (para saber mais sobre a técnica veja "Treinamento de Lançamento – Variações Técnicas e

Fig. 10

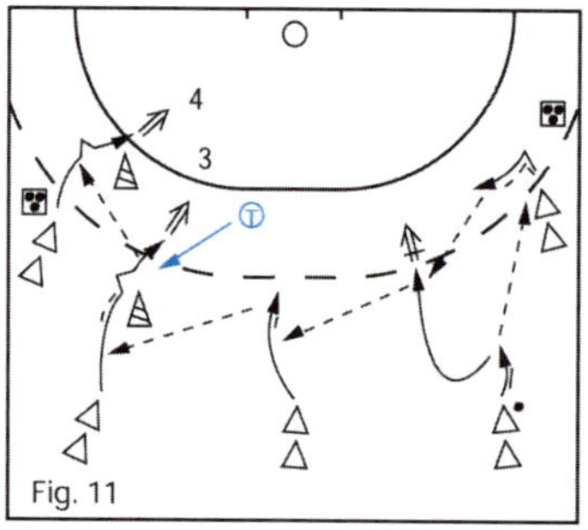

Fig. 11

Treinamento de Adaptação da Técnica").

Variações:

① A partir da posição intermediária (armadores, setor de armação do jogo) serão realizados, alternadamente, lançamentos e lançamentos com saltos (em suspensão).

② As bolas serão colocadas em jogo sucessivamente a partir da posição dos pontas. Os jogadores agora lançam uma bola após a outra. Por exemplo, lançamento para o gol (AD, AC, AE, PE etc.), os atacantes precisam lançar até que consigam marcar 15 (25 gols)! Alternativa: cada jogador precisa marcar 5 gols a partir de sua posição momentânea.

③ Realização como no exercício 2: após cada lançamento para o gol, os jogadores trocam de posição no sentido horário!

④ Um jogador ou um treinador age defensivamente no gol. Tarefa de observação: lançamento para o gol de acordo com posicionamento do defensor realizado com o lado do braço de lançamento ou do lado contrário.

Jogos básicos
Jogo 1 (Fig. 12): 3-2
Três jogadores da intermediária (armadores, setor de armação do jogo) jogam em um espaço delimitado contra dois defensores que agem defensivamente sobre a linha da área. Os pontas agem como passadores devido à posição do jogo. Os atacantes têm a tarefa de, após uma devolução ou troca de direção ou quebra de ritmo do passe realizado por um ponta, prender ambos os defensores por meio de passes paralelos realizados de forma veloz e sucessiva, de forma que o terceiro jogador da intermediária – armadores, setor de armação do jogo – tenha uma possibilidade de lançamento livre (veja na Fig. 12

Sobre o conceito de exercícios complexos

O objetivo dos exercícios complexos, na maioria das vezes, é treinar vários conteúdos ao mesmo tempo. Com os exercícios complexos o seguinte conteúdo pode ser treinado:

■Habilidade técnica com bola (exemplo: recepção da bola em movimentação à frente).

■Habilidade tática (exemplo: regras básicas de tática individual nos passes de posição para posição).

■Capacidades físicas condicionantes (exemplo: objetivo específico de melhoria do trabalho de pernas em exercícios longos de resistência).

Uma característica típica é a realização fluida de exercícios sem interrupção (exemplo: seqüência de passes fixa e contínua).

Ao mesmo tempo de acordo com a duração do exercício e da tarefa a ser realizada (exemplo: realizar 5 séries sem nenhum erro) são colocadas altas exigências às capacidades psíquica e de concentração.

Estes exercícios complexos específicos devem ser levados em consideração em todas as faixas etárias e níveis de desempenho.

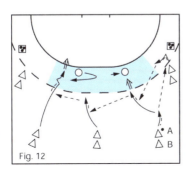
Fig. 12

AE). Os defensores podem se comportar de maneira variada, então os jogadores da intermediária precisam reconhecer qual será a melhor situação de lançamento.

Indicações para correção de erros:

■Passar a bola de posição para posição, quanto tempo seja necessário até que uma clara situação de lançamento surja! Pode ser que após essa movimentação não ocorra nenhuma situação para lançamento, então o AE ou AD precisa passar a bola novamente para um dos pontas. Finalmente, há uma nova fase de construção da jogada.

Seqüência 1

1

2

5

6

9

10

3

4

7

8

Seqüência 1

Devolução AE-PE-AE

Características importantes da seqüência espaço-temporal (sincronização):

- AE: movimentação à frente em forma de arco (também conhecido como engajamento em forma de "U") no sentido lateral da quadra quando da recepção do armador (Fotos de 1 a 4). Auxílio orientacional na seqüência: linhas laterais da quadra de basquetebol.

- PE: finta de corpo dinâmica após recepção da bola em movimentação à frente (Fotos de 5 a 8).

- Importante: dar tempo! Não fazer a devolução muito rápido para o jogador da intermediária, já que este jogador não poderá receber a bola em movimentação à frente.

- AE: após o passe para PE, ele precisa realizar a seguinte seqüência de movimento sem bola:
  – Correr duas passadas na diagonal para trás (Fotos de 6 a 8);
  – Movimentação à frente no sentido interno da quadra em forma de arco (Fotos de 8 a 12).

- PE: no treinamento de base, o ponta deveria sempre realizar um passe com apoio para o jogador da intermediária (Fotos de 9 a 11 e seqüência na próxima página).

- AE: a recepção da bola do ponta esquerda ocorre novamente em movimentação à frente. Após a tomada de um posicionamento que denote um lançamento levando perigo para o gol (Fotos 12 e 13) ocorre a devolução para o armador-central (Foto 14).

Continuação da Seqüência 1

11

12

Os atacantes passam com movimentos curtos para a frente (no engajamento), uma ou duas vezes, da esquerda para a direita ou ao contrário, antes de realizar mais uma vez um engajamento dinâmico, que deve sempre iniciar com um passe para trás, realizado pelo ponta.

O objetivo deste jogo básico é que os jogadores aprendam um determinado ritmo de jogo de cada uma das posições (fase de construção da jogada – fase de finalização da jogada – fase de construção da jogada etc.) e, acima de tudo, finalizem a ação de forma disciplinada, quer dizer, só em situações claras para lançamento ao gol.

■Não passar a bola muito rápido para o jogador que participa do engajamento! Deixar o defensor fazer com que este acompanhe a ação devido ao movimento com perigosa intenção de lançamento e a tomada de posicionamento para o lançamento ("armar o braço").

Variações:

① Competição A-B (Fig. 12): qual grupo de 3 jogadores consegue fazer mais gols em 8 (10) repetições deste exercício?

② Um grupo de três jogadores precisa realizar esta movimentação até que sejam convertidos três gols.

Jogo básico 2: 5-3 (4)

Três jogadores da intermediária (armadores, setor de armação do jogo) e dois pontas jogam contra defensores que agem de forma totalmente "defensiva". Variações como no jogo básico 1.

Variações táticas

Variação de percurso da corrida
Já neste primeiro nível elementar pode-se trabalhar algumas variantes táticas efetivas, especialmente para os jogadores que se encontram em cada uma das posições intermediárias (armadores, setor de armação do jogo). Dessa forma, os jogadores devem aprender que de tempos em tempos – quase como um efeito surpresa – a direção de sua movimentação para a frente (no engajamento) deve ser modificada e, dessa forma, uma possibilidade de lançamento ao gol deve ser realizada.

! O objetivo é que os jogadores que participam do treinamento de base já aprendam a realizar lançamentos para o gol a partir de diferentes movimentações de engajamento. Se esta atividade extra não for realizada, os jogadores que ocupam a posição AE/AD infelizmente lançam, na maior parte das vezes, só após um passe do ponta e com a utilização da corrida que tem seu percurso marcado pelo deslocamento para a porção interna da quadra, desta

Fig. 13

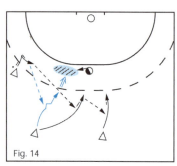

Fig. 14

136

13

14

forma eles são facilmente marcados.

1. Exemplo:
AE/AD (Fig.13)
Enquanto passa a bola, de posição para posição, o armador (AE) realiza, constantemente, uma movimentação para a frente no engajamento na direção do jogador de defesa. Finalizando, ele escolhe de surpresa, com uma devolução ou troca de direção ou quebra de ritmo para o PE, um percurso de corrida para o interior da quadra.

2. Exemplo:
AE/AD (Fig.14)
AE passa – como previsto nos conceitos táticos básicos, após uma devolução ou troca de direção ou quebra de ritmo de PE, frente no engajamento no sentido anterior da quadra – para o armador. Após várias repetições, quando a posse de bola for de PE, ele modifica, de surpresa, seu percurso de corrida e lança a bola para o gol após uma movimentação para a frente no sentido lateral da quadra (orientação: marcação da linha de duplas do tênis).

3. Exemplo:
AE/AD (Fig.15)
Agora a movimentação para a frente no engajamento sofre uma variação após o passe do armador: após o AE ter recebido várias vezes a bola do armador com uma movimentação para a frente no sentido da lateral da quadra, ele inicia uma movimentação repentina para o interior da quadra quando o armador está com a posse de bola.

4. Exemplo:
AC (Fig. 16)
As mesmas variações de movimentação no engajamento podem também ser utilizadas pelo armador. Elas se iniciam quando a bola é possuída pelo AD ou o AE (Fig. 16). É preciso memorizar:

■No treinamento de base, após dominar o recebimento da bola em movimentação para a frente no engajamento, os jogadores devem aprender diferentes percursos de corrida e serem capazes de utilizá-los de forma taticamente objetiva (Fig. 17):

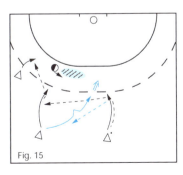

Fig. 15

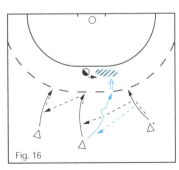

Fig. 16

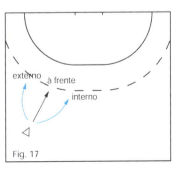

Fig. 17

137

- Movimentação para a frente no sentido da lateral da quadra;
- Movimentação para a frente em linha reta;
- Movimentação para a frente no sentido interior da quadra.

■ Os jogadores devem, primeiramente, utilizar repetidas vezes uma direção de corrida para que em uma dada situação possam escolher uma movimentação de engajamento para a frente diferente daquela até então utilizada.

Dica:
As formas de exercícios correspondentes podem ser consultadas no Capítulo 4 sobre "Treinamento de Lançamento – Variações Técnicas e Treinamento de Adaptação da Técnica".

2. Situação-Padrão
Posicionamento de jogo com utilização do pivô

Comportamento tático
Contra uma defesa ofensiva 1:5 existem várias possibilidades de jogo através do pivô.
Sob o ponto de vista tático, o pivô agora será utilizado no posicionamento de jogo; sob o ponto de vista técnico, o ponto principal do treinamento abrange um trabalho específico das variações de recebimento de bola. Também este fundamento é freqüentemente esquecido quando do treinamento com jogadores em formação. As regras táticas básicas são:

Fundamentos táticos para utilização efetiva do pivô:

■ Basicamente o pivô deve jogar

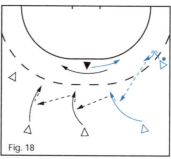

Fig. 18

com todos os laterais e pontas!

■ Junto ao jogo livre, cinco formas básicas de ataque em grupo devem ser trabalhadas pelo pivô:

1. Deslocar a bola em direção contrária (quebra de direção). Com a devolução ou troca de direção ou quebra de ritmo do PD/PE para AD/AE, o pivô corre a partir do meio da quadra contra a direção do passe no sentido externo da quadra. Já que os defensores, na maioria das vezes, concentram-se no percurso da bola, o pivô tem boas chances de ficar livre e oferecer-se para o passe vindo do AD/AE (veja em azul na Fig. 18);
2. Deslocar acompanhando na seqüência da primeira possibilidade tática. O pivô pode, após uma mudança de direção de sua corrida, acompanhar o percurso do passe e oferecer-se para um passe vindo do armador ou PE (veja Figura 18 em preto);
3. Possibilitar o passe proveniente dos pontas. Quando da posse de bola por um ponta, o pivô sai do meio da quadra e se oferece para receber a bola nas posições de pivô-esquerda (PIE ou PVE) ou pivô-direita (PID ou PVD) (veja Fig. 19);
4. Livrar-se rapidamente do defensor adversário para os dois lados. Caso um jogador da intermediária (armadores, setor de armação do jogo) receba a bola (Fig. 20, armador), o pivô pode, por meio de uma penetração rápida no lado do braço de lançamento ou do lado contrário do jogador que faz a cobertura, oferecer-se para receber o passe;
5. Bloqueio entre o pivô e os jogadores da inter-me-diária (armadores, setor de armação do jogo) e pontas.

O treinamento do passe para o pivô
Exercício complexo (Fig. 21)
Todas as posições no ataque posicional 3:3 serão ocupadas. As posições da intermediária podem

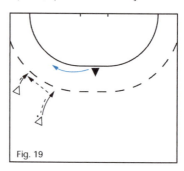

Fig. 19

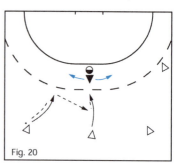

Fig. 20

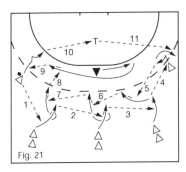
Fig. 21

ser ocupadas várias vezes (por mais jogadores para dar seqüência ao trabalho).
Após uma seqüência de passes PE/AE/AC/AD/PD, o pivô corre a partir do meio da quadra no sentido externo desta (contra a direção do passe). Finalmente é realizada a seguinte seqüência de passes: AD/AC/AE – passe para o pivô em posição central (PV), que imediatamente passa para o PE que vem do engajamento. O PE passa a bola com um salto para o treinador, que coloca a bola em jogo novamente através do PD para que o mesmo exercício tenha o seu início do outro lado da quadra.

Indicações para correção de erros:

 ■Os jogadores da intermediária (armadores, setor de armação do jogo) e os pontas passam a bola em movimentação de engajamento para a frente, de posição para posição.

■Para dar ao pivô a sensação do momento correto para o contra-ataque, o treinador pode segurar o pivô no meio da quadra até que seja o momento da infiltração, mais ou menos quando do recebimento do passe por parte do AE/AD.

Indicação:
Variações e tarefas adicionais para os exercícios complexos já foram introduzidas em uma situação-padrão de posicionamento de jogo.

O treinamento tático do lançamento

Exercício 1 (Fig. 22)

A evolução do exercício tem início de forma alternada nas posições PE e PD. Após a bola ser passada uma vez, o pivô penetra com uma devolução ou troca de direção ou quebra de ritmo do ponta no sentido externo e recebe a bola do AE (AD). Podem ser treinadas diferentes variações de passes.

Variações de passes dos armadores (AE/AD):

■Passe com salto para o pivô.
■Passe para o lado do braço de lançamento contornando o defensor (Fig. 23) na altura do quadril.
■Passe quicado ou passe indireto (com toque no chão).
■Se o defensor age posicionado sobre o braço de lançamento do atacante, este pode, com um passe rápido para o lado contrário do braço de lançamento, passar a bola para o pivô (PV) (Fig. 24). No contexto deste treinamento tático de lançamentos, os defensores de AE e AD agem de forma ofensiva (a altura da zona de lançamentos livres é de 9 metros).

Variações:
① Cada jogador precisa atuar como pivô até que ele consiga converter cinco gols.

② Jogador na posição de pivô no meio não lança para o gol, mas sim passa a bola para o ponta que participa do engajamento quando um defensor impede a sua penetração em direção ao gol.

Exercício 2 (Fig. 25):
Mesma evolução do exercício 1:

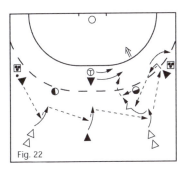
Fig. 22

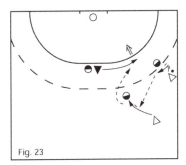
Fig. 23

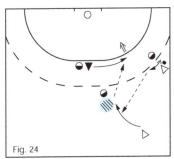
Fig. 24

Seqüência 2

1

2

3

Passe com lançamento em suspensão

Seqüência 2: Nesta seqüência a forma mais simples de tática coletiva entre o AE e o pivô será demonstrada. Para que a sincronização exata pudesse ser observada, não enquadramos os defensores pivô na defesa (contra pivô no ataque) e armador na defesa (contra armador no ataque).

Nas Fotos 1 e 2 podemos ver em primeiro lugar uma movimentação dinâmica à frente, bem como uma movimentação de passe com lançamento em suspensão. Isto é obrigatoriamente necessário para que a atenção do defensor esteja ligada ao atacante. Só assim o pivô pode, na seqüência, se livrar do defensor com uma aceleração surpresa e oferecer-se para receber um passe.

O passe com lançamento em suspensão é realizado pelo AE no ponto mais alto da curva de vôo (veja Foto 3) – levemente atrasado – para o pivô.

Como já foi mencionado neste capítulo, o pivô inicia relativamente atrasado – um momento antes da ligação do passe com lançamento em suspensão (Foto 3) – no sentido externo (direção contrária).

O passe com lançamento em suspensão, como visto nas Fotos 4 e 5, é colocado na corrida do pivô, ou seja, no sentido contrário do AE na diagonal interna em relação ao movimento que é executado.
Em tais situações-padrão ocorre um lançamento para o gol do pivô a partir da posição de pivô na esquerda.

AD (AE) passa direto para o AE/AD, sem que o armador-central toque a bola, para que este a passe para o pivô, que corre em sua direção.
Variação de passes de AE/AD:
 Passe rápido, direto a partir da movimentação da corrida no engajamento após receber a bola e armar o braço.
 Passe indireto quicado.
 Passe com salto (aqui, modifica-se o tempo – *timing* – já que este passe é mais lento).
 Se o defensor age do lado do braço de lançamento, pode-se

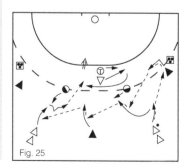
Fig. 25

4 5

realizar um passe após finta de lançamento em volta do corpo do defensor.

Variações:
① Dessa vez ou outra (alternando), o armador também pode passar a bola para o pivô (contra um terceiro defensor). Assim, valem as variações de passes descritos.

② Como alternativa, o pivô deveria, quando estiver em um posicionamento desfavorável para o lançamento, passar para o ponta que participa do engajamento.

③ Treinamento de observação e decisão para AE/AD:
Os jogadores da intermediária (armadores, setor de armação do jogo) agora recebem a função extra de observar o comportamento de um defensor (o treinador), que tenta, de tempos em tempos, contar o passe para o pivô.

Em tais situações é preciso que AE/AD passe a bola para o ponta, que finaliza a jogada com um lançamento.

Exercício 3 (Fig. 26):
Realização do exercício como no exercício 1. Agora, os pontas procuram passar a bola para o pivô nas posições do lado direito ou esquerdo (PID ou PVD/PVE). Caso contrário, empregam-se as variações utilizadas no exercício anterior.

Variações de passe de PE (PD):
■Passe rápido a partir da movimentação para a frente, imediatamente após receber a bola.

■Passe à altura do quadril, contornando o defensor (eventualmente como passe picado).

■Passe com salto após uma finta e uma penetração no sentido interno da quadra (aqui também se deve observar a modificação do timing)

Exercício 4 (Fig. 27):
Com troca do início do exercício entre as posições PE e PD, a bola é passada para o armador.
O pivô se coloca do lado do braço de lançamento ou do lado contrário e recebe o passe.

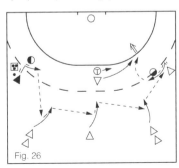
Fig. 26

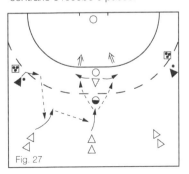
Fig. 27

Seqüência 3

1 2 3

Seqüência 3:
Passe com quique para o pivô que atua no contra-ataque

Uma outra variação de passe simples, aplicável também no treinamento de base, é composta na mesma situação-padrão observada na Seqüência 2, só que com um passe indireto para o pivô que atua no contra-ataque. As características mais importantes na sincronização são:

▪AE passa a partir de uma movimentação à frente do lado do seu braço de lançamento para o pivô com um passe em lançamento com apoio (Fotos de 1 a 3).

❗ O passe deveria ser realizado na altura da pelve do defensor.

O passe indireto não é realizado para o pivô, mas sim colocado na posição de pivô na esquerda (veja Fotos 3 e 4).

❗ O pivô corre, portanto, na direção da bola que se eleva a partir do solo (Fotos 4 e 5).

Indicação:
Devido aos grandes espaços abertos em uma defesa 1:5, tem-se o recurso de utilização de passes indiretos para o pivô. Embora a realização técnica da sincronização no treinamento de base não seja sempre correta, é preciso que os jogadores desta categoria reúnam experiências com essas variações específicas de passe.

São realizadas as mesmas variações de passes descritos no exercício anterior.

Jogos básicos simples

Jogo 1 (Fig. 28): 4-3
Em um espaço delimitado joga-se 4-3, no qual dois defensores agem de forma ofensiva sobre a linha de 7 metros. Os pontas funcionam como passadores.
De acordo com as regras do jogo posicional (do engajamento), os atacantes passam de posições até que haja um momento propício para o lançamento ao gol ou uma possibilidade de passe.

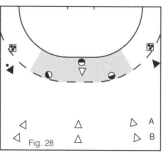

Fig. 28

4 5 6 7

Variações:

① Competição A contra B: qual grupo consegue registrar em 8 (10) ataques o maior número de gols?

② Como 1: só que passes concretizados para o pivô que lança e faz um gol valem o dobro.

Jogo básico 2 (Fig. 29): 6-4
Joga-se 6-4 e os defensores devem agir de forma ofensiva.

Exercício ampliado (Fig. 30): Jogo 6-5 e os defensores que ocupam as posições de ponta e lateral agem ofensivamente.

Indicação para correção de erros:

■ Os atacantes precisam passar a bola de forma dinâmica, quanto tempo seja necessário para que se crie uma situação clara de finalização.

Observar a disciplina tática de jogo!

■ Após uma finalização malsucedida, preparar novamente uma fase de formação com ataque dinâmico, pressionando o adversário por meio de movimentações para a frente!

Introdução ao bloqueio e corte (ou cortina e deslocamento)

Na formação a longo prazo do jogador deve-se observar, já nos primeiros anos, as formas básicas do jogo em conjunto com o auxílio de um parceiro. O início do treinamento de forma simplificada do bloqueio ou cortina, de acordo com as condições dadas, pode ser utilizado na categoria D (nosso infantil) – de acordo com a concepção de treinamento da CAHb. As formas combinadas de defesa individual e por zona, que predominam nesta categoria, fazem da introdução ao bloqueio ou cortina não somente um assunto coerente, mas também necessário. Além disso, as ações de bloqueio (cortina) em conjunto com um segundo jogador são necessárias nas seguintes situações de ataque:

– Bloqueio ou cortina para liberar o companheiro de equipe que está sendo marcado individualmente;

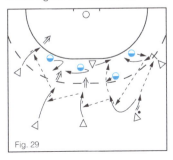 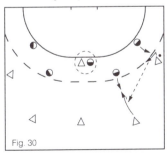

Fig. 29 Fig. 30

143

Seqüência 4

1

2

3

Seqüência 4:
Passe com lançamento em apoio para o lado contrário do braço de lançamento

Se o lateral age contra o AE extremamente do lado do braço de lançamento, é impossível realizar um passe indireto ou um passe com lançamento em apoio, como é demonstrado na Seqüência 3. Com jogadores infanto-juvenis avançados, pode-se treinar variações de passes para o pivô que atua no contraataque em tais situações de jogo.
Como é possível observar nas fotos de 1 a 4, o AE flexiona o tronco para a esquerda após um afastamento ântero-posterior das pernas para a esquerda (Foto 2) com a porção superior do corpo para a esquerda do lado contrário do braço do arremesso (Foto 3), para passar pelo defensor fazendo com que o pivô receba (na seqüência e na visão geral do exercício novamente renunciamos a utilização do defensor).
Em princípio pode-se pensar na mesma seqüência de movimentos para o lançamento com apoio para o lado contrário do braço de lançamento.
Aqui também se deve observar a sincronia correta: o pivô inicia sua movimentação quando da tomada de posição de lançamento por parte do AE (Foto 3) no sentido lateral da quadra, recebe a bola em movimento na posição de pivô na esquerda (Fotos 4 e 5).

– Bloqueio ou cortina para permitir o lançamento do companheiro de equipe;
– Cruzamento.

Nesta categoria, as seguintes formas básicas de bloqueio deveriam ser desenvolvidas e treinadas (Fig. 31):

– Bloqueio direto, no caso de marcação individual;
– Bloqueio indireto, no caso de marcação individual;
– Bloqueio no cruzamento;
– Bloqueio com intervalo/sem bola.

Nos exercícios e no processo de treinamento é preciso observar que o bloqueio com intervalo sem bola se trata, de uma forma simplificada e básica, de bloqueio. Uma formação diferenciada que prepare e acompanhe as ações de finta não é obrigatoriamente necessária.
A observação deveria estar focada muito mais nos seguintes aspectos:
Aspectos Técnicos:

1. O jogador que bloqueia cortina, ao tomar a posição, deve ficar parado para evitar ser contornado.
2. O jogador que bloqueia cortina não pode utilizar os braços, assegurar ou abrir demais as pernas para evitar que o defensor saia do bloqueio.

O bloqueio ou cortina

Aspectos técnicos em relação à regra 1 e 2 – O bloqueio e corte ou cortina e deslocamento.
O conhecimento básico adquirido na categoria 1 serve como alicerce para possibilitar um treinamento específico da categoria 2.

Um dos pontos-chave no treinamento do ataque nesta categoria são as formas básicas (cruzamento, bloqueio e engajamento), nas quais é preciso levar em consideração também um forte desenvolvimento técnico/tático das condições para uma posterior performance individual e sua utilização na tática da equipe durante o jogo em conjunto.

4 5

Fig. 31: Formas básicas de bloqueio.

Formas básicas de bloqueio

Bloqueio ou cortina direto durante marcação individual

Bloqueio indireto ou cortina ao jogador sem bola.

Bloqueio no cruzamento (sem finta)

O lançamento ou pantalha (bloqueio para a contra-marcação por zona)

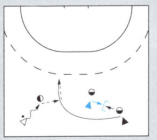

Penetração com bola bloqueio ou corta luz

Penetração sem bola bloqueio ou cortina ao terceiro

145

Informações básicas
Bloqueio ou Cortina
De acordo com as informações das regras oficiais do jogo, é permitido a um adversário bloquear com o corpo, mesmo se ele não detém a posse da bola (regra 8:3).
No entanto, é proibido impedir ou bloquear o adversário com os braços ou as mãos (regra 8:4).
Assim o bloqueio é um meio permitido na tática do ataque, o qual é definido por regra como estático: a realização do bloqueio por meio de uma corrida de encontro ao adversário é tão pouco permitida como a utilização dos braços.

Variações táticas
■Cortinas:
Posições de cobertura apóiam as ações de lançamento a partir da intermediária nas quais o percurso de corrida é momentaneamente bloqueado pelo defensor.
■Bloqueio:
Posições de bloqueio provocam erros no comportamento tático coletivo da defesa. Caso o percurso de corrida de um defensor seja bloqueado, os jogadores ao lado precisam reagir para evitar a possibilidade de lançamento em tempo hábil. As ações de defesa, como auxiliar ou entregar/assumir, podem ser utilizadas pelo ataque para determinadas seqüências de ações. Uma variação tática básica é o bloqueio.
■Falso bloqueio:
Fintando uma posição de bloqueio (falso bloqueio) é possível desviar a atenção do adversário em relação à verdadeira intenção da ação para provocar um movimento típico de cobertura (entregar/assumir).

Técnicas de bloqueio

Bloqueio frontal	Bloqueio de costas	Bloqueio lateral
O atacante bloqueia com o tronco e tem o seu olhar voltado para o defensor.	O atacante bloqueia com as costas voltadas para o defenso	O atacante bloqueia lateralmente ombro com ombro em relação ao defensor.

Seqüência 5

1 2

Quais pontos principais precisam ser observados durante o bloqueio?
■A posição inicial:
A posição inicial do pivô que corre para fazer o bloqueio não deve estar muito longe do jogador de defesa que será bloqueado, senão a coordenação temporal (Timing) em relação ao jogador da intermediária (armadores, setor de armação do jogo) livre do bloqueio é dificultada (Foto 1, Seqüência 5).
■Distância do pivô:
A distância entre o pivô e o defensor não deve ser muito grande senão é possível que o defensor que sofre o bloqueio contorne-o. Se a distância for muito pequena, há o perigo da realização de uma falta de ataque por parte do atacante (Fig. 2).
■Distância e timing do jogador da intermediária (armadores, setor de armação do jogo).
A distância do jogador da intermediária (armadores, setor de armação do jogo) para o seu respectivo defensor (par ou correspondente) precisa ser eleita de forma que ele realize o movimento de finta, fugindo do bloqueio com um passo lateral e troca de peso do corpo, para que a seqüência da ação (enfrentar o bloqueio, o lançamento para o gol ou passe para o pivô que "corta" ou desloca, e ainda seqüência de ações com engajamento) possa ser realizada sem nenhum impedimento (Figs. de 3 a 5).
Após uma curta permanência na finta, as seqüências das ações precisam ser realizadas com uma alta velocidade de dinâmica.

■Passes variáveis para o pivô que "corta" e se desloca (sai do bloqueio).
De acordo com o comportamento do defensor, os passes para o pivô que se infiltra podem ser organizados de acordo com a situação:
– Passe direto;
– Passe com salto;
– Passe com finta de lançamento;
– Passe com finta de lançamento a partir da altura do quadril;
– Passe indireto;
– Passe picado.

3

4

5

L

■Através de uma organização temporal do movimento de finta (sempre aguardar um momento na realização da finta!), o jogador da intermediária (armadores, setor de armação do jogo) possibilita ao pivô uma realização ótima do bloqueio.

■O passe do jogador da intermediária ou armação ocorre basicamente para a frente, na zona livre para o pivô que se infiltra.

■O movimento de infiltração do pivô é realizado paralelamente ao percurso de corrida e na direção de movimento do jogador da intermediária.

Treinamento do bloqueio e da infiltração

Exercícios básicos de preparação
Exercício 1 (Fig. 32):
Em um setor delimitado, agem um jogador – que geralmente ocupa uma posição na intermediária (armadores, setor de armação do jogo) – e um pivô. O defensor movimenta-se antes da linha de tiro livre somente lateralmente. Com passes para os dois jogadores, os atacantes procuram passar a bola para o pivô de forma variável. O pivô devolve a bola aos atacantes após recebê-la.
Quantos passes um jogador da intermediária consegue realizar em 30 segundos?
Importante:
Os defensores só podem se deslocar lateralmente!
Variação:
Jogo 2-2 no qual os defensores só podem se deslocar lateralmente!
Indicações para a organização:
Até 5 estações de exercícios é passível de organização em uma meia quadra.

Correções:
■Utilização de variantes criativas do passe!

■Passar sempre a partir de movimentação para a frente no engajamento!

■Utilização de fintas!

Exercício 2 (Fig. 33):
Exercício básico A:
2-1 próximos a uma cesta de basquetebol (nas laterais do campo).
Um atacante tenta, por meio de diferentes posicionamentos de bloqueio, deixar a passagem da cesta livre para o seu companheiro de equipe, que progride quicando a bola.

Exercício básico B:
Como A, só que em um espaço delimitado, jogar 2-1 com lançamento para o gol (um ou dois passadores).
Objetivo:

Seqüência 5:
O Bloqueio
■Movimentação correta à frente do AD: recepção com finta para o lado contrário do braço de lançamento de AD (Foto 1).
■Percurso de corrida taticamente correta do pivô no meio: primeiramente para frente (Foto 1), então lateralmente na direção da posição do lateral esquerdo (Foto 2).
■Correta sincronização da finta do AD e tomada de posição de bloqueio do pivô no meio (Foto 2) ocorre ao mesmo tempo.
■Importante: o pivô no meio permanece por um momento na posição de bloqueio.
■Paralelamente à direção da corrida do AD ocorre o movimento de colocação do pivô no meio (Foto 4).
■Passe com lançamento em suspensão do AD em direção ao espaço livre à frente do pivô no meio (Foto 5).

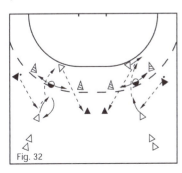

Fig. 32

147

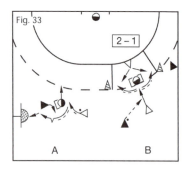
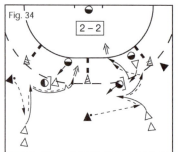
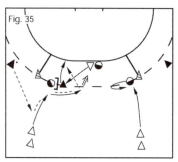

– Treinar em situações próximas daquelas existentes no jogo, no caso de bloqueio em situações de superioridade numérica (2-1).
– Quantas cestas/gols um grupo de dois jogadores consegue realizar em 10 ações?

Importante:
■Os atacantes trocam de posicionamento após, por exemplo, duas ações de ataque!

Correções:
■Treinar tanto situações de bloqueio pela frente (no engajamento) como situações de bloqueio de costas!
■Bloqueio será colocado com uma pequena distância entre o bloqueador e o adversário!
■Jogador que tem a posse da bola precisa realizar, primeiramente, uma finta para que o defensor seja levado a realizar uma movimentação lateral!

Exercício 3 (Fig. 34):
No jogo 2-2 os atacantes tentam, respectivamente, a partir do posicionamento de bloqueio, proporcionar situações de conclusão da jogada para o gol. Um defensor pode agir ofensivamente, o segundo não avança mais do que 8 metros.
Objetivo:

– Os atacantes agem em situações 2-2 variáveis (posicionamento de bloqueio, por exemplo, somente fazendo a finta que vai bloquear);
– Quantos gols podem ser realizados em 10 ações?

Importante:
Os atacantes precisam revezar constantemente as suas posições. Todos agem como pivô.

Variação:
2-2 em diferentes posições
– Na posição de ponta;
– Na posição de lateral;
– Na posição de armador.

Correções:
■Nem toda a ação precisa leva invariavelmente a uma finalização da jogada. Passar a bola para o companheiro de equipe e iniciar uma nova ação!

■Após um bloqueio, o defensor que age ofensivamente tenta impedir o passe para o pivô, que tenta o corte ou a infiltração!

Jogos básicos 3-3 (Fig. 35):
Joga-se em um espaço determinado com uma situação de ataque 2-1. Durante o jogo, o pivô tenta tomar posicionamentos de bloqueio.

Importante:
Os defensores devem agir em até 9 metros.

Variação:
Troca contínua de posicionamento no ataque e na defesa.

Correção:
Não obrigar o passe para o pivô. É possível continuar passando e então tentar passar para o pivô novamente.

3. Situação-Padrão
O jogo posicional com ações de penetração (finta/infiltração)

Um posicionamento de jogo efetivo com ações de penetração em todas as posições tem como precondição um treinamento técnico objetivo e isolado de diferentes ações de finta (fintas de corpo, de lançamento de troca de direção). Em relação a isto serão apresentadas, como a visão geral mostrada na Fig. 3 explicita, seqüências pedagógicas próprias. A seguir, gostaríamos de explicar formas de exercícios e jogos nos quais o acento está na tática de grupo. Ao mesmo tempo, os jogadores devem aprender que, em uma situação 1-1, de acordo com o desenvolvimento da situação, eles sempre podem passar para o companheiro de equipe que participa do engajamento.

Treinamento tático do lançamento e da penetração

Exercício 1:
Penetração AE/AD
Iniciando pelo PE, a bola é passada até PD. Após a devolução ou troca de direção ou quebra de ritmo para AD, este joga em um espaço demarcado (por ex. entre cones) 1-1 (Fig. 36). De acordo com a direção da penetração, ele passa a bola, após uma ação defensiva bemsucedida do seu adversário, para:

– PD;
– Armador, que passa a bola para PE passando por AE. O PE completa a jogada então com lançamento para o gol.

Então ocorre a mesma devolução ou troca de direção ou quebra de ritmo de exercício com início pelo outro lado, a partir de PD.

Indicações para correção de erros:
■Ponta ou o jogador da intermediária (armadores, setor de armação do jogo) que participa do engajamento não pode, de forma alguma, iniciar a penetração precocemente! Só iniciar a corrida quando o jogador que tem a posse de bola iniciar o movimento do passe de "armar o braço".
■Só iniciar uma ação de penetração a partir de movimentação para a frente e em velocidade. No caso de erros de recepção ou de passes que foram

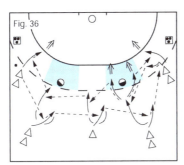

mal dados, continuar passando a bola, então, em uma segunda tentativa jogar 1-1!

Variações:
① Após cada ação 1-1, trocar o jogador da intermediária (armadores, setor de armação do jogo) que participou da ação em sentido horário.

② Competição: jogadores na intermediária (armadores, setor de armação do jogo) contra defensores. Quem consegue o maior número de gols após 8 (10) ações?

Exercício 2:
Penetração PD/PE
Mesma evolução como no exercício 1; os pontas lançam agora, após uma ação 1-1, para o gol ou passam para o AD/AE que participa do engajamento, que por sua vez conclui a jogada com um lançamento para o gol (Fig. 37).

Exercício 3:
Penetração do armador
A bola é jogada de PE/PD passando por AD/AE para o armador-central (AC), que em um espaço determinado disputa um 1-1 contra o defensor que age de forma ofensiva.

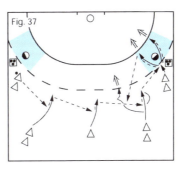

Aqui também o armador-central (AC) pode, como alternativa, passar a bola para AE/AD (Fig. 38).

Indicação para correção de erros:
■Os jogadores AE/AD que participam do engajamento precisam novamente realizar movimentação para a frente no sentido externo da quadra! Outros exercícios podem ser consultados no capítulo sobre fintas.

Jogos básicos

O posicionamento de jogo em ações de penetração é realizado contra uma formação defensiva/ofensiva que age em equilíbrio numérico.

Jogo básico 1 (Fig. 39): 3-3
Em um setor delimitado procura-se, de acordo com a regra do jogo de posição para posição,

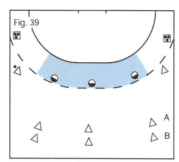
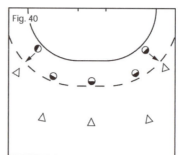
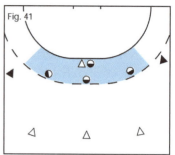

com o auxílio de ações 1-1, encontrar possibilidade de lançamento para o gol.

Variações:
① Competição entre os grupos A e B: qual grupo consegue realizar o maior número de gols em 8 (10) ataques?

② Rodízio dos grupos após cada ação de ataque.

Jogo básico 2 (Fig. 40): 5-5
Evolução como no jogo 1. No entanto, agora se joga 5-5 quando se pode contar adicionalmente com ações de penetração dos pontas.

Jogo básico 3 (Fig. 41): 4-4
Evolução como no jogo 1, só que com um pivô e um defensor que age ofensivamente participando deste 4-4.
Junto a ações 1-1, ocorrem, para os jogadores da intermediária (armadores, setor de armação do jogo), possibilidades de passe para o pivô.

Indicação:
Se os jogadores dominam, devido à crescente experiência de jogo, também a corrida livre sem bola (utilização de finta de corrida), os defensores podem, nesse jogo básico, oportunamente de forma alternada, agir de forma extremamente ofensiva ou antecipativa.

4. Situação-Padrão
Interrupção de seqüências de passes "conhecidas" (engajamento-padrão)

Possibilidades de ações táticas
Neste último nível metodológico para a introdução e treinamento do jogo posicional no treinamento de base, trabalharemos variações de direção e de posição para posição. As formas mais simples, em contrapartida das seqüências de passes conhecida, são as devoluções ou troca de direção ou também denominadas quebras de ritmo entre dois atacantes:

1. Devolução ou troca de direção ou quebra de ritmo PE-AE-PE ou PD-AD-PD (Fig. 42);
2. Devolução ou troca de direção ou quebra de ritmo AE-AC-AE ou AD-AC-AD (Fig. 43);
3. Devolução ou troca de direção ou quebra de ritmo AC-AE-AC ou AC-AD-AC (Fig. 44).

Objetivo tático desta devolução ou troca de direção ou quebra de ritmo é surpreender o adversário com a modificação de direção do passe. Já que a devolução ou troca de direção ou quebra de ritmo na maior parte das vezes é jogada na direção contrária do movimento do defensor, pode-se, imediatamente, trabalhar em uma situação de lançamento. Naturalmente a devolução ou troca de direção ou quebra de ritmo no treinamento de base não pode ser utilizada taticamente como no treinamento de equipes avançadas devido à falta de solidez da habilidade técnica com a bola. Portanto, o treinador deveria, em primeiro lugar, trabalhar as condições individuais de seus jogadores adaptando-as à forma básica.

Temos ainda regras táticas individuais:

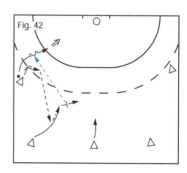

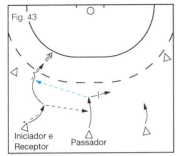
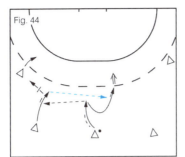

- Para que a devolução ou troca de direção ou quebra de ritmo seja o mais surpreendente possível para a defesa, ela precisa ser realizada a partir do posicionamento de jogo normal com movimentações de corrida e passes de posição para posição. Isto significa:

- O jogador que recebe a bola deveria passá-la a partir de uma correspondente movimentação para a frente (na Fig. 43, por exemplo, a partir de uma movimentação para a frente no sentido interno da quadra). Sobre o ponto de vista metodológico, isto significa que para o treinamento de base é preciso, primeiramente, receber a bola a partir de um posicionamento estático e então progredir a partir de curtos movimentos para a frente na direção do passador.

- O passador precisa devolver a bola de toda a maneira, o mais surpreendentemente possível. O mais efetivo é uma finta do passe. Ela indica uma continuação do jogo na direção de um determinado jogador, antes que ele devolva a bola para o jogador que ele a passou primeiramente (veja por exemplo Fig. 43). Para o jogador que se encontra no treinamento de base, a utilização de uma finta de passe é no início extremamente difícil. Aqui também existe uma pré-forma: tomada do posicionamento para arremesso curto, giro da porção superior do corpo em direção ao próximo companheiro de equipe. Então este passe é cortado ainda no seu início e é realizado um passe de devolução ou troca de direção ou quebra de ritmo ou troca de direção ou quebra de ritmo.

- Após receber a devolução ou troca de direção ou quebra de ritmo do passe, o receptor deve estar prontamente preparado para o ataque: assim ele corre cerca de dois passos diagonais para trás para que ele possa recepcionar a devolução ou troca de direção ou quebra de ritmo com uma movimentação para a frente no sentido externo da quadra (veja o exemplo da Fig. 44).

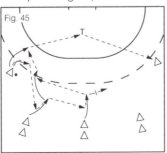

! Princípio básico: sempre liberar espaço movimentando-se na direção contrária do passador para tomar para si a atenção do adversário, fazendo com que ele o siga!

Finalmente mais um conselho: contra uma defesa 1:5, que age com marcação individual, não ocorrerá sempre uma situação direta de lançamento para o gol devido a uma devolução ou troca de direção ou quebra de ritmo de passe. Freqüentemente, no entanto, haverá boas condições para ações objetivas 1-1, que de qualquer forma devem ser executadas no treinamento. A seguir, gostaríamos de demonstrar a metodologia de trabalho da devolução ou troca de direção ou quebra de ritmo na posição de armador. O mesmo procedimento aconselha-se no trabalho das outras formas de devolução ou troca de direção ou quebra de ritmo.

Exercício complexo

A seguinte seqüência de passes é realizada: PE-AE-AC-AE-PE. O PE passa a bola para o treinador, que por sua vez a passa para o PD. De lá, inicia-se a mesma evolução, só que pelo outro lado: PD-AD-AC-AD-PD e assim por diante (Fig. 45).

Indicações para correção de erros:
- Armador-central não deve devolver a bola para AE (AD) muito rápido, senão este não conseguirá recebê-la em uma movimentação para a frente. Portanto, por meio de uma rotação da porção superior do corpo em um posicionamento de

151

Seqüência 6

1

2

3

6

7

Seqüência 6:

Devolução AE-AC-AE

Características importantes do desenvolvimento espaço-temporal (sincronização):

■*AE:* curto movimento diagonal à frente no sentido interno da quadra e passe em lançamento com apoio para o armador (Fotos de 1 a 4).

■*AC:* tomada de um posicionamento de lançamento (Fotos 5 e 6) e clara demonstração de um passe para o AD através de uma curta rotação do tronco na direção do passe que será fintada (Foto 6).

Importante: não retornar a bola muito rápido se não o AE não poderá recepcionar a bola em movimentação à frente.

■*AE:* quando da posse de bola do armador é preciso que LE realize a seguinte seqüência de movimento sem bola:

– duas passadas diagonais para trás (Fotos 4 a 7);
– de uma a duas passadas laterais no sentido lateral da quadra à frente da bola, e fora do campo de visão do defensor (Fotos 7 e 8);
– recepção da devolução com uma movimentação à frente no sentido lateral da quadra (Fotos 9 e 10).

arremesso, indicar claramente o passe para o companheiro de equipe que está próximo.

■Fazer a devolução ou troca de direção ou quebra de ritmo para a frente. A recepção por parte de AE/AD ocorre pouco atrás da linha de lançamento livre.
Variações básicas dos exercícios complexos podem ser consultadas na porção anterior deste capítulo.

O treinamento tático do lançamento

A bola é colocada em jogo, alternadamente, a partir de PE e da posição de PD. Após uma devolução ou troca de direção ou quebra de ritmo do armador, AE/AD lançam para o gol. Como orientação para os lançadores utilizam-se cones (Fig. 46).

Variações:
① Um jogador (ou o treinador) defende um dos setores laterais dos cones. Apesar disto, os jogadores da intermediária (armadores, setor de armação do jogo) precisam tentar arremessar alto no ângulo do gol (para arremesso com a utilização da parte superior do corpo, flexionar o tronco do lado contrário ao braço de lançamento!).
② Em um nível superior, o defensor pode agir ofensivamente (Fig. 47) de forma que o atacante, após uma devolução, uma troca de direção ou quebra de ritmo, seja obrigado a jogar 1-1.
③ Constante troca de posições: o armador-central e o AE (AD) revezam, após cada devolução ou troca de direção ou quebra de ritmo, suas posições.

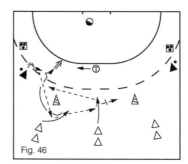
Fig. 46

Fig. 47

Jogos básicos

Jogo básico 1 (Fig. 48): 5-4
Joga-se 5-4 e o defensor age defensivamente sobre a área (simplificação para o atacante). Após a devolução ou troca de direção ou quebra de ritmo, os jogadores na intermediária (armadores, setor de armação do jogo) AE/AD procuram executar um lançamento para o gol, passando (infiltrando) entre os jogadores nas posições de armador e ponta da defesa (veja superfície em azul na Fig. 48).

Indicação para correção de erros:
■Com objetivo de facilitar o trabalho, o armador deve conversar com o jogador que está ao seu lado que na próxima ação/situação uma devolução ou troca de direção ou quebra de ritmo

deve ser realizada.

■Tarefa de observação: se o defensor na posição de ponta procura fechar o espaço de penetração para o AE/AD, é preciso que o PE/PD que participa do engajamento receba um passe.

■Não devolver a bola sucessivamente, utilize outros meios de ataque com passes livres. Sobre a técnica do lançamento com salto sob o lado contrário do braço de lançamento.

Jogo básico 2 (Fig. 49): 5-5
Joga-se 5:5 com uma defesa ofensiva.

Indicação:
Aqui também as formas de competição devem ser utilizadas (veja as observações ao lado). ■

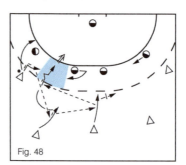
Fig. 48

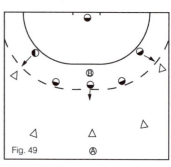
Fig. 49

Formas de competição:
① Competição A contra B: quem consegue converter o maior número de gols em 8 (10) ações de ataque?
② Os cinco defensores agem principalmente antes da linha de lançamento livre. Só valem as ações de penetração bem-sucedidas na direção do gol.
③ Joga-se 6-5: os atacantes podem adicionar um pivô para os passes.

Para introduzir as quatro situações básicas descritas na Figura 6 e para poder treinar sistematicamente, é preciso que os requisitos técnicos sejam preenchidos. Antes que a introdução ao jogo posicional seja feita, os jovens devem obrigatoriamente ter aprendido a lançar e a receber a bola no movimento de engajamento.
No treinamento básico é raro os jogadores possuírem as mesmas condições técnicas no manejo da bola. O treinador da categoria infanto confrontar-se-á com grandes diferenças técnicas na sua equipe, o que pode influenciar sobremaneira a evolução do treinamento. Um problema ainda maior surge quando jogadores provenientes de outras modalidades sem um grande conhecimento prévio das técnicas do handebol participam do treinamento.

Uma unidade de treinamento coletivo – sobretudo no setor do treinamento técnico – é sempre adequada apenas para alguns jogadores; jogadores com desempenho técnico fraco serão superexigidos e jogadores com um alto desempenho técnico subexigidos. Para poder fazer frente a estas exigências tão diferentes, utilizando um tempo de treinamento que, geralmente nessas categorias, já é restrito, algumas vezes o treinador precisa diferenciar e organizar o seu treinamento de acordo com o nível de desempenho dos jogadores. Neste capítulo forneceremos algumas indicações sobre esse treinamento diferenciado.
Os níveis metodológicos para o aprendizado da recepção da bola em movimentação para a frente serão esclarecidos.
Todos os exercícios estão organizados de forma que mesmo

grandes grupos de jogadores poderão treinar em apenas metade de uma quadra. Indicações para a diferenciação de cada nível de exercício. Indicações para correção de erros e variações de cada um dos exercícios estão nas caixas de texto nesta página e na página seguinte; elas servem para todos os exercícios.

Cada um dos níveis metodológicos se orienta no grau de dificuldade: o mais fácil é a recepção da bola pela frente (no engajamento) e o fundamento mais difícil, em contrapartida, é a recepção da bola do lado contrário do braço de lançamento. Outras dificuldades se originam quando o jogador tem de observar as marcações da quadra ou quando precisa acompanhar visualmente o adversário (o olhar não pode estar na bola!).

Recepção da Bola em Movimentação para a Frente (Engajamento)

Passador

■Sempre tomar um posicionamento de lançamento com apoio para fazer o passe (movimentação de braços e passada de preparação).

■Não utilizar passe de pronação. Eles não têm lugar num treinamento de base.

■Antes do passe levar perigo ao gol:

– "armar o braço";
– olhar para a frente (observar o goleiro e os adversários);

– não girar o corpo cedo demais na direção do jogador que deverá receber o passe;
– clara preparação do braço para o lançamento.
■Contato visual com atleta que faz a recepção do passe.

■Passar a bola na altura dos ombros.

■Após a entrega da bola, voltar de costas para a posição inicial.

Receptor
Só sair quando o passador tomar posicionamento de lançamento (evitar sair muito cedo).

■Receber a bola em velocidade possível, não parar para realizar a recepção da bola.
■Não olhar para a bola, e sim para o comportamento do adversário.
■Geral: entrar em contato visual com o passador. Porém não perder totalmente o contato visual com o adversário (observação periférica).

Correções de erros na recepção em movimentação para a frente (engajamento)

Seqüência 7

1

2

3

4

5

Seqüência 7:

Recepção da bola em movimentação para a frente (engajamento)

A série de fotos mostra a mais importante característica técnica da recepção da bola em movimentação à frente demonstrada (engajamento) por um jogador da categoria menores no plano frontal:

■ A movimentação para a frente ocorre de acordo com as regras táticas básicas do jogo posicional (aqui: passe de PE para LE) diagonal no sentido interno da quadra.

■ A recepção da bola deve ocorrer com uma movimentação de corrida normal (veja Foto 2). Um erro freqüente dos iniciantes: saltar quando recebem a bola.

■ A recepção da bola com movimentação para a frente sempre deve ser um perigo para o gol, além disso a bola que é recepcionada do lado contrário de lançamento (Foto 2) é levada à frente do corpo para o lado do braço de lançamento (Foto 3) e um posicionamento de lançamento com apoio é tomado (Fotos 3 e 4).

■ É importante que o jogador, apesar da recepção, consiga olhar novamente e o mais cedo possível à frente para observar o comportamento do adversário (Fotos 3 e 4). Isto é um problema no treinamento de base, já que muitos jogadores durante o passe e a recepção da bola só conseguem olhar para a bola ou para o companheiro de equipe a quem a bola deve ser passada.

■ É preciso sempre garantir que o jogador após a recepção da bola e em movimentação à frente possa lançar para o gol.

Como se pode observar na Foto 4, isso só é possível através da tomada de um posicionamento de lançamento com uma parada em uma clara preparação do braço para o lançamento (veja a Foto 4; em que a perna esquerda é fixada ao solo brevemente). Só então a porção superior do corpo gira na direção do receptor (Foto 5), e um passe com lançamento em apoio (Fotos 5 e 6) é realizado.

Importante: No treinamento de base só realizar passes com finta de lançamento com apoio (braço armado para lançar).

o passe para o jogador do lado contrário, o jogador que executou o passe retorna para a posição inicial em uma movimentação de costas.

Exercício 2 (Fig. 51):
O grupo A passa a bola numa seqüência predeterminada em forma de quadrado. Os passes serão realizados alternadamente para a frente (no engajamento) e diagonalmente.

Possibilidade de diferenciação:

Jogadores com um fraco desempenho podem continuar utilizando a mesma forma de organização, ou seja, receber e passar a bola pela frente (no engajamento/grupo B).

1. Nível: Recepção da bola pela frente

Exercício 1 (Fig. 50):
São formados três grupos de jogadores com o mesmo tamanho; em uma metade da quadra estarão colocados sempre pelo menos dois jogadores por grupo um de frente para o outro. Eles passam a bola um para o outro utilizando uma movimentação para a frente. Após

2. Nível: Recepção da bola do lado do braço de lançamento

Exercício 3 (Fig. 52a):
Os grupos de jogadores se colocam em uma metade da quadra formando um círculo. A bola é passada no sentido horário de posição para posição. As movimentações para a frente (no engajamento) são orientadas

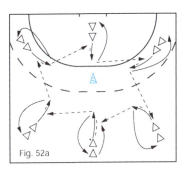

para a posição do pivô (cones) e facilitadas através da recepção e entrega da bola.
Variação:
Cada jogador, após o passe da bola, corre na direção do cone o mais rápido possível, toca-o e corre de costas para a posição inicial.

Exercício 4 (Fig. 52b):
Com este exercício, a recepção da bola do lado do braço de lançamento será dificultada, uma vez que os jogadores não realizarão nenhuma movimentação diagonal para a frente (no sentido do jogador que passa a bola/veja o exercício 3 na Fig. 52a).

Como demonstrado na Figura 53b, os jogadores passam a bola entre

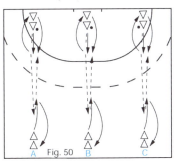

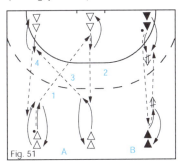

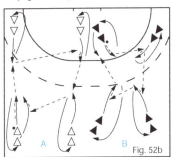

si dentro de um quadrado no sentido horário, em que a bola deve ser recepcionada e passada em uma movimentação para a frente. Isso significa um elevado aumento do grau de dificuldade do exercício para os jogadores 1 e 3.

Possibilidades de diferenciação:
– Os jogadores 3 e 4 têm, nesse tipo de exercício, a tarefa mais fácil, já que estes podem receber a bola pela frente;
– Jogadores com fraco desempenho podem, de qualquer forma, participar desse exercício, porém ainda com movimentação para a frente na diagonal no sentido do passador (veja parte b na Fig. 52b).

Exercício 5 (Fig. 53):
Exercício básico:
Esse jogo básico muito semelhante ao jogo real pode ser utilizado de forma muito variável. Em meia quadra dois laterais se colocam um de frente para o outro; a bola é passada no sentido horário de posição para posição.
Possibilidade de diferenciação:
Na posição de armador-central, em cada grupo de 3 jogadores aquele que tiver o melhor desempenho deveria iniciar no meio, já que nesse exercício as exigências técnicas são altíssimas (recepção da bola do lado do braço de lançamento, entrega da bola do lado contrário do braço de lançamento em movimentação para a frente).

3. Nível:
Recepção da bola do lado contrário do braço de lançamento

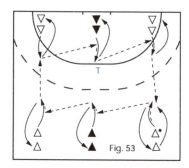

Nos exercícios de 3 a 5 a bola será passada no sentido antihorário.
No exercício 5 pode sofrer as seguintes variações:
■Treinamento concomitante da percepção. Se o treinador, que está no meio do espaço dedicado ao exercício, elevar o braço, o jogador com a posse da bola deverá passá-la ao treinador.

■Para equipes avançadas. Joga-se com duas bolas, e cada bola deverá estar colocada no ângulo contrário do retângulo.

■Ao sinal do treinador (elevação do braço) a direção dos passes é alterada. A bola é devolvida diversas vezes.

Exercício 6:
Forma competitiva (Fig. 54):
São formados grupos de 3 jogadores: cada grupo tem a tarefa de levar cinco bolas da caixa que está colocada à esquerda para a caixa que está colocada à direita.
Ao mesmo tempo são realizados movimentos dinâmicos para a frente como no engajamento. Em cada posição de ponta encontra-se um passador. Os

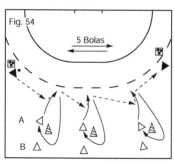

cones em cada uma da posições marcam, adicionalmente, o ponto de partida, para cada movimentação para a frente. Após a quinta bola ser passada para o jogador que ocupa a posição de ponta-direita, todos os jogadores precisam colocar as bolas da mesma forma, de volta na caixa do lado esquerdo. Ganha aquele grupo que conseguir "transportar" as bolas no menor tempo.

Exercício 7 (Fig. 55):
Como o último exercício, treina-se a recepção da bola em movimentação para a frente com atenção às marcações da quadra. Para tanto, são formadas em cada metade da quadra dois grupos de jogadores:

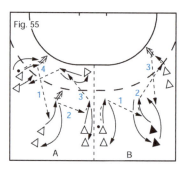

Grupo A: seqüência de passes predeterminada PE-AE-AC-PV-PD etc.;

Grupo B: seqüência de passes predeterminada AC-AE-PD-AE etc.
Após cada passe, as posições que serão ocupadas por vários jogadores na fileira devem sofrer revezamento.

Possibilidade de diferenciação:
O exercício B na Figura 55 com certeza é mais difícil do que o exercício A. Adicionalmente, o exercício 5 pode ser ainda mais dificultado, uma vez que, em um grupo de três jogadores, a seqüência de passes precisa ser completada antes que as posições sejam trocadas (sobre a realização da devolução ou troca de direção ou quebra de ritmo entre AC-AD- PD, veja a indicação correspondente nos esclarecimentos na situação-padrão 1).

Jogos básicos

Jogo básico 5: 3/5:4 (Fig. 56)

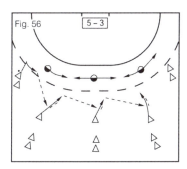
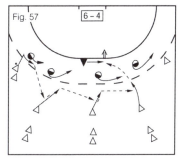

Jogo posicional 5:3 com as seguintes indicações:
– Só posicionamento de ataque, sem nenhuma devolução troca de direção ou quebra de ritmo;
– Os defensores agem de forma semi-ofensiva;
– Jogar até que uma clara situação para o lançamento seja obtida.

Variações:
1. Com devoluções a partir do jogo posicional.
2. Jogo posicional 5:4 com o seguinte comando: só posicionamento de ataque com passes variáveis (devolução, troca de direção ou quebra de ritmo).

Importante:
Modificação nas posições após o processo de rotação seguida de cada ação bem-sucedida.

Variação:
Sem quicar e sem conduzir a bola.

Jogo básico 6: 4/7:5 (Fig. 57)
Jogo posicional 6:4 com os seguintes comandos:
– Os atacantes agem exclusivamente em posições de ataque (seqüências de passes velozes e variadas);
– Os defensores agem de forma ofensiva até os 9 metros.

Variações:
Jogo posicional 7:5 com os seguintes comandos:
– Os atacantes agem exclusivamente em posições de ataque (ponto principal: passar a bola para o pivô livre).
– O pivô age nas posições de pivô na esquerda e pivô na direita.

Objetivo:
Posição de ataque contra a defesa:
para cada passe interceptado a defesa ganha dois pontos.

■Fixar a distância dos passes de acordo com nível de desempenho.
■Organizar a mudança de posicionamento, por exemplo, após um determinado número de passes mudar em sentido horário.
■Para formas de competições mais avançadas, utilizar os seguintes comandos:
– quantos passes podem ser realizados em 1 minuto?
– qual grupo consegue realizar 30 (50) passes primeiro?
– qual grupo consegue passar o maior tempo possível sem errar?

■Para jogadores avançados, variar freqüentemente o percurso de corrida à frente na recepção do passe (corrida para a frente, corrida para o lado do braço de lançamento, corrida para o lado contrário do braço de lançamento).

Possibilidades de variação nos exercícios técnicos com bola

Treinamento de Lançamento – Variações Técnicas e Treinamento de Adaptação da Técnica

Procedimento metodológico

Os jovens devem aprender em um treinamento de base o mais amplo espectro possível de habilidades técnicas (variações de lançamentos, passes e infiltrações). A ênfase no trabalho está na aquisição da maior experiência motora possível como base para um treinamento objetivo da forma fina de diferentes técnicas específicas do handebol nas fases seguintes do treinamento de formação. O treinador deve proceder da seguinte maneira ao ensinar as formas de lançamentos:

1. Em primeiro lugar aprende-se as formas básicas de lançamento: lançamento com apoio, lançamento em suspensão, lançamento em suspensão com giro e queda (treinamento de aquisição da técnica);
2. Tão logo uma forma básica de lançamento seja dominada, pode-se iniciar o treinamento de variações técnicas;
3. Então ocorre a adaptação da variação técnica aprendida em situações próximas à situação de jogo sobre diferentes formas de comportamento dos defensores.

L

■Paralela à introdução tática dos meios de ataque ocorre a descrição da formação das habilidades técnicas com bola. Por exemplo: no primeiro nível da introdução ao jogo posicional (passes de posição para posição) é preciso que os jogadores aprendam o lançamento do lado contrário do braço de lançamento (direção da corrida no sentido lateral da quadra), de forma que um jogo posicional efetivo, sob o ponto de vista tático, possa ser alcançado.

■Os lançamentos básicos e suas variações não são treinados sob o ponto de vista de posições específicas no treinamento de base. Isso significa que todos os jogadores devem ser treinados da mesma forma, em todas as posições.

Há um incontável número de variações dos lançamentos básicos. A seguir, mostraremos algumas variações técnicas que são utilizadas no âmbito do treinamento de base. Todo treinador precisa proceder de forma diferenciada e levar em consideração a experiência anterior, diferenças específicas em relação ao sexo dos jogadores, além da idade de início da prática do handebol.

Variações técnicas do lançamento com salto

As variações técnicas no lançamento com salto estão resumidas na Figura 58. Como já foi mencionado na introdução ao jogo posicional no âmbito da primeira situação-padrão, os jogadores poderiam utilizar taticamente três percursos de corrida diferentes, quando estes se encontrassem nas posições intermediárias (armadores, setor de armação do jogo) – sentido interno, externo e em linha reta em relação à baliza. Isto tem como condição que eles dominem o lançamento com salto após uma corrida no sentido externo da quadra do lado contrário do braço de lançamento, quer dizer, além do lançamento de um jogador destro da posição AE.

Como variação técnica no treinamento de base, o lançamento com salto do lado contrário do braço de lançamento deve ser aprendido.

Variações técnicas do lançamento em suspensão

Corrida	Direção do lançamento	Movimento de lançamento	Posição no jogo
■ Direção da corrida: – sentido interno – à frente – sentido externo ■ Número de passadas: – 1, 2, 3 passadas.	■ Lado do braço de lançamento. ■ Lado contrário do braço de lançamento.	■ Rápido. ■ Atrasado.	■ AE/AD. ■ armador-central (AC). ■ PE/PD. ■ Após contra-ataque

Fig. 58:
Variações técnicas do lançamento em suspensão no treinamento de base.

1   2   3   4   5

Lançamento com salto do lado contrário do braço de lançamento

As Seqüências 8 e 9 mostram o lançamento com salto de um jogador da categoria menores (avançado) da posição de AE frontalmente. São demonstrados dois percursos de corrida:
– No sentido interno da quadra (lançamento com salto do lado do braço de lançamento);
– No sentido externo da quadra (lançamento do lado contrário do braço de lançamento).

No capítulo sobre variações técnicas nós já descrevemos as características mais importantes do lançamento com salto no sentido interno da quadra do lado do braço de lançamento. É notável na Seqüência 8 que o jogador recebe a bola com uma passada à direita (Fotos 1 e 2) e com uma só passada, quer dizer, com a passada seguinte feita com a perna esquerda (Foto 3) com um lançamento com salto para o gol.

Nesse contexto sublinharíamos uma vez mais que a organização das passadas no aprendizado do lançamento com salto, no treinamento de base, pode ser realizada de forma variável (uma, duas ou três passadas). Diferente da forma básica do lançamento com salto, as seguintes características do lançamento com salto do lado contrário do braço de lançamento são (veja nas Seqüências 9: visão frontal e 10: visão lateral):

■A recepção da bola ocorre com uma corrida em forma de arco no sentido da lateral da quadra. Como orientação, vale, na posição do AE ou do AD, a linha de marcação de duplas do tênis ou voleibol, conforme for a quadra (veja Fotos de 1 a 5 na Seqüência 9 e Fotos de 1 a 6 na Seqüência 10).
■Importante é a direção das duas últimas passadas após a recepção da bola: tanto a passada à direita (Foto 3 na Seqüência 9 ou Foto 5 na Seqüência 10) bem como a passada com a perna esquerda precisam ser dadas para a frente (no engajamento) ao longo da linha de duplas da marcação da quadra de tênis.
■A característica técnica mais importante é o posicionamento do tronco: o ombro esquerdo do lançador está voltado, durante a corrida de aproximação e o salto, para o gol (veja a Seqüência 9, nas Fotos de 3 a 6).
■Posicionamento para o salto também é típico, ao contrário do salto para o lançamento com salto do lado do braço de lançamento, que apresenta algumas particularidades (veja Foto 6 na Sequência 9 ou Foto 7 na Seqüência 10):
– O braço de lançamento é direcionado para trás, o ombro esquerdo aponta a direção do lançamento;
– Importante: a perna de balanço (direita) é levada lateralmente para trás e é flexionada.

Seqüência 8:
Lançamento em suspensão a partir da posição de AE no sentido interno da quadra para o lado do braço de lançamento.

Seqüência 9:
Lançamento em suspensão na posição de AE, no sentido externo da quadra e do lado contrário do braço de lançamento (visão frontal).

1

2

3

4

Seqüência 10:
Lançamento em suspensão na posição de AE, no sentido externo da quadra e do lado contrário do braço de lançamento
(visão lateral).

■ Lançamento para o gol ocorre de qualquer forma a partir desse posicionamento corporal. Jogadores experientes "flexionam" o corpo, embora ligeiramente, para o lado contrário do lançamento (veja Foto 7 na Seqüência 9).

Observação:
As características especiais do lançamento com salto para o lado contrário do braço de lançamento são resultados de exigências táticas da sua aplicação durante o jogo. Como demonstrado na Figura 59, é preciso sempre contar que o jogador que utiliza o braço contrário ao braço de lançamento irá atacar o seu respectivo defensor do lado de seu braço de lançamento. Se ele utilizar a mesma técnica, poderiam ocorrer os seguintes problemas:

– O defensor poderia defender o lançamento muito bem, utilizando um bloqueio ofensivo;

– O atacante correria o perigo de cometer uma falta de ataque, uma vez que ele saltaria na direção do defensor com uma perna semiflexionada.

1

2

3

4

5

6 7 8

! O objetivo é o de agir fora do raio de ação do adversário e lançar a bola para o gol sem correr muito no sentido externo da quadra, já que assim o ângulo para o lançamento seria pior. Lançar mais rápido ou mais devagar é uma outra variação que deve ser introduzida e utilizada adequadamente durante o jogo. Sobretudo no lançamento com salto no lado contrário do braço de lançamento, é necessário atrasar o lançamento durante o salto para que os defensores já estejam em deslocamento aéreo descendente quando a bola for lançada!

Lançamento com salto a partir das pontas

No treinamento deve-se prestar atenção para que o jogador treine o lançamento com salto como maior número de posições possível. Um jogador destro, que lança da posição de AD após uma corrida para o lançamento no sentido interno da quadra, terá que utilizar uma técnica que eqüivalha ao lançamento com salto do lado contrário do braço de arremesso. Bem diferente é quando ele realiza um lançamento com salto a partir da posição de ponta.

6 7 8 9

1 2 3 4 5

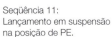

Seqüência 11:
Lançamento em suspensão na posição de PE.

Os jogadores devem demonstrar no treinamento de base pelo menos a forma grossa das seguintes características técnicas (Fig.11):

■ A recepção da bola ocorre em uma movimentação para a frente. A forma ideal (para um jogador destro): recepção da bola com uma passada à direita (Fotos 1 e 2) e impulsão na direção do gol com uma passada para a esquerda (Foto 3).

■ O lançamento com salto deve primeiramente ser ensinado somente após uma corrida de aproximação que se inicia aproximadamente entre a linha lateral e a linha de tiro livre (percurso, por exemplo, no passe de AE/AD para o PE/PD que participa do engajamento).

■ A última passada para a esquerda (para um jogador destro a partir da posição de PE) não deve ser dada em direção ao gol, e sim em direção à linha de 7 metros (Fig. 3).

Não saltar na direção do gol, e sim em direção à linha de 7 metros, já que assim o ângulo para o lançamento aumenta de forma decisiva.

■ O mais importante é a sincronização temporal no movimento de lançamento: primeiro salte na direção do gol e então lance! Quanto mais o salto demorar, ou pendurar ("ficar ou pendurar no ar"), na direção da linha de 7 metros, maior o ângulo para o lançamento (veja as Fotos de 4 a 6)!

■ A movimentação de armação do braço para o lançamento deve ser iniciada levando o braço para trás (Fotos 3 e 4).

Apenas jogadores experientes, que agarram a bola com firmeza, quer dizer, que podem estabilizá-la com os dedos, estão em posição de levar a bola para fora do alcance do defensor colocando-a acima da cabeça (Foto 4).

Portanto, enfatizamos mais uma vez que o mais importante é a sincronização temporal do lançamento como um todo. Os jogadores só devem lançar a bola após passarem saltando pelos defensores!

Programa de Exercícios: Treinamento de Variações e Técnicas do Lançamento em Suspensão.

Exercício 1 (Fig. 60):
Variação da movimentação para o braço de lançamento e do número de passadas.

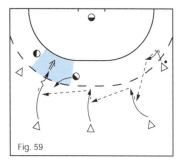

Fig. 59

6

Após uma devolução ou troca de direção ou quebra de ritmo feita pelo treinador, os jogadores têm a tarefa de, a partir da linha de livre lançamento, finalizar para o gol com um lançamento e suspensão. Ao mesmo tempo, o treinador informa se eles devem arremessar rápido (fase de impulsão e vôo curtos) ou atrasado.

O treinador passa a bola de forma diferenciada, de maneira que os jogadores não possam ultrapassar a linha de lançamento livre; o número de passadas e os comprimentos destas variam correspondentemente.

Exercício 2 (Fig. 61):
Aprendizagem do lançamento com salto do lado contrário do braço de lançamento.

Evolução como no exercício 1: os jogadores têm agora a tarefa de contornar um cone (orientação), correndo, e realizar um lançamento com salto do lado contrário do braço de lançamento em direção ao gol.

Metodologicamente, o treinador deverá seguir estes passos:
1. Para que, no início, o jogador se concentre totalmente na realização do lançamento, a bola é passada ao jogador de uma distância curta, ou mesmo entregue na mão do jogador;
2. Os jogadores recebem a orientação de lançar atrasado (objetivo: a tomada do posicionamento ótimo para o lançamento é melhorada e facilita a observação do comportamento do goleiro);
3. No lugar de cones o treinador se coloca do lado do braço de lançamento (veja Figura 62);
4. O treinador cobre com as mãos o lado do braço de lançamento do atacante. Os jogadores são obrigados então a passar saltando pelo "defensor" e com isto levam o braço de lançamento e a perna de balanço lateralmente e para trás (senão há o perigo de uma falta de ataque);
5. O treinamento de adaptação técnica: após um passe de PE/PD, o jogador da intermediária precisa, de acordo com o comportamento do defensor, escolher uma técnica de salto:
– O defensor age do lado do braço de lançamento, então deve ser realizado um lançamento com salto do lado contrário do braço de lançamento;
– O defensor age em uma posição básica frontal, isso significa que o atacante deve realizar um lançamento com salto do lado do braço de lançamento.
6. Um outro treinamento de adaptação técnica próximo à competição real pode ser realizado com as formas de jogo (por ex. 3:2) da primeira situação-padrão de jogo posicional.

! *Indicações para a correção de erros:*

■ Para os jogadores destros, colocar o ombro na direção do gol.

■ Saltar mantendo-se no ar o maior tempo possível para atrasar o lançamento.

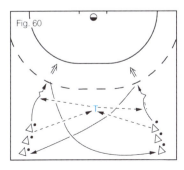

Fig. 60

Fig. 61

Fig. 62

165

- Observar o goleiro: lançar o mais próximo possível do ângulo desguarnecido do goleiro, se ele cobrir o outro ângulo.

- Levar a perna de balanço lateralmente para trás.

- Caso tenha que enfrentar um defensor, saltar próximo do defensor para ultrapassá-lo no salto, já que o ângulo para o lançamento é prejudicado.

Exercício 3 (Fig. 63):
Variação da direção da corrida
Cada jogador lança duas vezes sucessivas onde o percurso de corrida é variado:
1= Passe de PE/PD e lançamento
com salto do lado do braço de lançamento (percurso de corrida no sentido interno da quadra).
2= Passe do armador e lançamento com salto do lado contrário do braço de lançamento (percurso de corrida no sentido lateral da quadra).
O exercício pode ser realizado na forma de competição. Por exemplo: competição do PE contra o PD, qual jogador converte o maior número de gols em 6 tentativas (3 vezes 2 lançamentos)?

Exercício 4 (Fig. 64):
Lançamento com salto da posição de AE e AD para o gol
Após o passe da posição de PE/PD, cada jogador lança alternadamente das posições de AE e AD no gol. Cada lançamento
deve ser realizado com uma movimentação para a frente no sentido interno da quadra, utilizando a técnica de

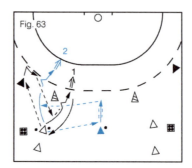

lançamento com salto. Isso significa o seguinte
para um jogador destro:
– A partir da posição do AE: lançamento com salto do lado do braço de lançamento;
– A partir da posição do AD: lançamento com salto do lado contrário do braço de lançamento.

Variação:
Após um passe da posição de armador, realizar uma movimentação para a frente no sentido lateral da quadra e lançar para o gol. Isso significa o seguinte para um jogador destro:
– A partir da posição do AE: lançamento com salto do lado contrário do braço de lançamento;
– A partir da posição do AD: lançamento com salto do lado do braço de lançamento.

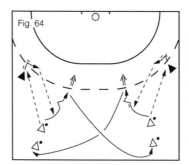

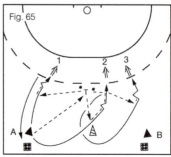

Complemento:
Treinamento de adaptação técnica: de acordo com o comportamento do defensor (veja indicação do exercício 2), o atacante necessita decidir-se por um lançamento com salto do lado do braço de lançamento ou do lado contrário do braço de lançamento.

Exercício 5 (Fig. 65):
Série de lançamentos com saltos a partir de diversas posições
Um jogador lança sucessivamente a bola para o gol a partir das posições AE/AC/AD. O treinador pode indicar cada posição da direção de corrida (sentido interno, para a frente, sentido externo).

Forma competitiva:
De quantas tentativas os jogadores necessitam para converter um gol de todas as posições? Por série de

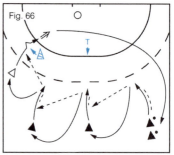

166

lançamentos não se deve realizar mais que 3 a 6 lançamentos, isso de acordo com o nível de desempenho dos jogadores.

Exercício 6 (Fig. 66):
Lançamento com salto a partir das pontas
Após a seqüência de passes ADAC-
AE-PE, os jogadores lançam da posição de PE, utilizando um lançamento com salto. Após o passe, cada um dos jogadores vai para a próxima posição. Metodologicamente, o treinador deve agir da seguinte forma:

1. Como apoio ao aprendizado, um cone marca o local de impulsão. Este local é colocado o mais internamente possível (maior ângulo de lançamento).
2. Adicionalmente, o treinador coloca-se como auxílio orientacional na área.
Indicação: saltar primeiro na direção do treinador e então lançar para o gol.
3. Ao invés de cones, coloca-se um defensor passivo pelo qual o atacante terá de ultrapassar saltando.

! *Indicações para correção de erros:*

■Primeiro salte na direção da área e só então lance a bola.

■Atrase o lançamento o suficiente.

■Não salte na direção do gol, mas sim na linha de 7 metros.

■Durante a impulsão, elevar o braço de lançamento e a perna de balanço para trás (aqui são válidas as características técnicas, como no lançamento com salto do lado contrário do braço de lançamento, a partir de uma posição intermediária).

Variações técnicas do lançamento com apoio

O lançamento com apoio – quando
é possível a sua realização – já deve ser aprendido no mini-handebol (veja o Volume 1 dessa série). As crianças e adolescentes que iniciaram tardiamente no handebol devem aprender este tipo de lançamento obrigatoriamente em primeiro lugar! Então algumas variações, como a da Figura 67, podem ser introduzidas no treinamento de base. As variações técnicas a seguir estão ordenadas por grau de dificuldade. Aqui também é preciso

que o técnico proceda na prática, de forma diferenciada. Alguns jogadores precisam melhorar a técnica do lançamento com apoio enquanto aperfeiçoam variações técnicas deste lançamento.

Lançamento com apoio de diferentes posições

Já que no treinamento de base não se deve instalar os jogadores em posições definidas e especia-lizá-los, o treinamento de lançamentos deve ser organizado de forma que os jogadores tenham a opor-tunidade de utilizar as três posi-ções de armação (direita, central e esquerda). Em relação ao número de passadas, seria preciso, desde o início, promover uma realização variável do lançamento. Exemplos:

– Lançamento com apoio com uma passada após a recepção da bola;
– Lançamento com um percurso de corrida maior (duas ou três passadas após a recepção).

Lançamento com apoio do lado contrário do braço de lançamento

Se a seqüência básica do lançamento com apoio for

Variações técnicas do lançamento com apoio

Corrida	Direção do lançamento	Movimento de lançamento	Posição no jogo
■ Direção da corrida: – sentido interno – à frente – sentido externo ■ Número de passadas: – 1, 2, 3 passadas.	■ Lado do braço de lançamento. ■ Lado contrário do braço de lançamento.	■ Lançamento alto: – altura da cabeça – altura do quadril	■ AE/AD. ■ Armador-central (AC).

Fig. 67:
Variações técnicas do lançamento com apoio no treinamento de base.

Seqüência 12:
Lançamento com apoio do lado contrário do braço de lançamento.

1　　2　　3　　4

dominada, deve-se procurar, como ocorre com o lançamento com salto, que o jogador realize este fundamento a partir das três direções de corrida (nos sentidos interno, externo e para a frente – no engajamento – em relação à quadra).
Ao mesmo tempo – e só com jogadores avançados – é possível desenvolver a forma básica do lançamento com apoio do lado contrário do braço de lançamento, sobretudo a partir de uma movimentação para a frente, partindo do sentido externo da quadra. Essas variações técnicas são necessárias sobretudo se o defensor cobre de forma extrema o lado do braço de lançamento do atacante. Na Seqüência 12, as mais importantes características técnicas são:
■Para contornar o defensor que cobre o lado do braço de lançamento é preciso que o jogador, durante a movimentação de preparação do braço para o lançamento, flexione o tronco na direção do braço contrário do lançamento (Fotos 2 e 3).
A Seqüência 12 demonstra um jogador da categoria que já realiza o movimento da sua forma ideal. Para iniciantes, basta uma leve flexão do tronco.
■Para o apoio da movimentação lateral do tronco, a última passada (passada de preparação) deve ser

Seqüência 13:
Lançamento com apoio a partir do quadril.

1　　2　　3　　4

168

realizada para o lado ao invés de diagonalmente (Foto 3).
Em primeiro lugar, sob o ponto de vista metodológico, é preciso observar que essas variações de lançamento com apoio devem ser aprendidas com uma característica de lançamento de força que o jogador não realiza, necessariamente, do menor ângulo da quadra, porque, de acordo com a divisão de tarefas entre o goleiro e os defensores, o goleiro cobre este espaço. Importante: forneça alvos de lançamento variáveis!

Lançamento com apoio a partir da linha do quadril (lançamento com apoio por baixo)

Esta variação técnica, em que a altura do lançamento pode ser modificada, pode ser realizada por jogadores avançados.
Na Seqüência 13 são apresentadas as características principais:

■No momento da recepção da bola, o número de passadas e o posicionamento para o lançamento são idênticos à realização do lançamento com apoio normal. No movimento de preparação do braço ele é levado para baixo (Foto 2).

■O primeiro objetivo deve ser encontrar o ponto de lançamento entre a altura do ombro e do quadril (veja Foto 3). Isto depende em grande parte da força do jogador!

■Especialmente importante para uma transmissão ótima da força, nessa variação do lançamento com apoio. Para destros: apoiar a perna esquerda na frente; lançar sobre a perna de apoio (Foto 3). O treinador deve cuidar para que os jogadores não flexionem as pernas de forma acentuada, quando realizam um lançamento com apoio a partir da linha do quadril, veja a Foto 3 (aqui a perna dianteira já está demasiadamente flexionada). Importante: flexionar o corpo levemente para a direção do braço de lançamento para que o ponto de lançamento seja ainda mais baixo.

Programa de exercícios

A organização dos exercícios e as recomendações metodológicas que se originam no treinamento técnico e de adaptação ao lançamento com salto, também são válidas para o treinamento das variações do lançamento com apoio. Como orientação para a corrida e a direção do lançamento, podem ser utilizados cones e

colchões de ginástica (por ex. para a utilização no lançamento com o braço contrário ao braço de lançamento) ou cordas (por ex. como orientação para a altura do lançamento com apoio a partir da linha do quadril).
Os exercícios realizados no subcapítulo sobre "Variações Técnicas" podem ser ampliados, já que há uma variação constante do tipo de lançamento (com apoio ou com salto).

Variações técnicas do lançamento com giro e queda

As variações técnicas do lançamento com giro e queda que devem ser aprendidas no treinamento de base são apresentadas na Figura 68. Sobre as características técnicas, pormenorizadamente, descritas no subcapítulo "Treinamento Técnico" e os exercícios com jogos correspondentes, os seguintes aspectos devem ser levados em consideração:

O posicionamento para o lançamento

O lançamento com giro e queda para o lado do braço de lançamento deveria ser ensinado

Fig. 68:
Variações técnicas do lançamento com queda no treinamento de base.

Variações do lançamento com queda				
Corrida	**Realização do lançamento**	**Direção do lançamento**	**Movimento de lançamento**	**Posição no jogo**
■ Recepção da bola em posicionamento: – frontal – lateral – de costas em relação ao gol	■ Em pé ■ Com giro ■ Com salto Lançamento em suspensão com giro e queda.	■ Do lado do braço de lançamento ■ Do lado do contrário do braço de lançamento	■ Rápido ■ Atrasado	■ Armador ■ Armador na esquerda/armador na direita ■ PD/PE

no treinamento de base em todas as posições de jogo relevantes. Seguindo o critério do grau de dificuldade da execução, são estas as posições (Fig. 69): P, pivô na esquerda (PVE ou PIE)/pivô na direita (PVD ou PIE), ponta-esquerda/ponta-direita (PE ou PD).

Do ponto de vista tático, o lançamento com giro e queda pode ser realizado em todas as áreas demarcadas tanto do lado do braço de lançamento quanto do lado contrário ao braço de lançamento. Aqui o pivô deve perceber qual trecho não foi coberto pelo adversário, possibilitando uma penetração.

A realização do lançamento

Além do lançamento com queda a partir de um posicionamento estático, a maioria dos lançamentos é realizado com um giro após a recepção da bola (giro e queda). Jogadores experientes podem enfatizar o salto em direção à área do gol (lançamento com giro e queda).

O movimento do lançamento

Também é possível atrasar ou adiantar o lançamento com giro e queda. Quanto mais o jogador atrasar o lançamento na zona de lançamento, mais ele pode observar o goleiro.

A aproximação

Em relação à recepção da bola na zona de lançamento, de acordo com a situação de jogo, é possível utilizar diferentes percursos de corrida, a partir dos quais o jogador pode utilizar um lançamento com giro e queda (veja Fig. 69):

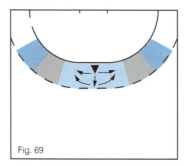

Fig. 69

1. Lançamento com queda a partir de uma posição frontal em relação ao gol. Por exemplo, na retomada da bola após o quique desta ou na realização de um lançamento a partir da linha de 7 metros;
2. Lançamento com giro e queda a partir de um posicionamento lateral em relação ao gol. Por exemplo, após o passe do AE/AD e contra-ataque simultâneo ou acompanhamento da jogada pelo pivô (veja introdução ao jogo posicional);
3. Lançamento com giro e queda de costas para o gol. Por exemplo, após uma rápida fuga da marcação do defensor e surgimento próximo à linha de lançamento livre.

Se a técnica básica do lançamento com giro e queda for dominada, o treinamento pode progredir para a utilização de diferentes posicionamentos, posições iniciais e percursos de corrida, aumentando assim o seu significado.

Programa de exercícios: Variações técnicas do lançamento com giro e queda

Exercício 1 (Fig. 70):
Lançamento com giro e queda de

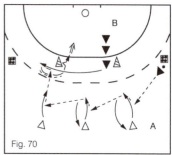

Fig. 70

diferentes posições
Em cada meia quadra formam-se dois grupos. Os jogadores do grupo A atuam como passadores, os jogadores do grupo B realizam um treinamento de lançamento a partir da zona de lançamentos. Após um determinado número de séries, as posições são trocadas. As bolas são colocadas em jogo uma após a outra por um passador (por ex. goleiro) na posição de PD ou PE. Os jogadores têm a tarefa de apanhar a bola em movimentação para a frente e continuar progredindo (treina-se paralelamente a habilidade com a bola). A posição de lançamento do pivô é marcada com cones. Com o auxílio dessa forma de organização, os seguintes níveis metodológicos podem ser utilizados (respectivamente para um jogador destro):
1. Lançamento com giro e queda das posições de pivô na esquerda (PVE), pivô no meio (PV), pivô na direita (PVD) e PD.
Observação:
As bolas são colocadas em jogo a partir da posição de PE e passadas até a posição AD, que por sua vez passa para o jogador na posição de pivô. O grau de dificuldade para o pivô se eleva das posições laterais na esquerda ou direita, já que o giro

do corpo após a posse da bola se torna cada vez maior;

2. Lançamento com giro e queda do lado do braço de lançamento após as paradas nas posições de pivô no meio, pivô na esquerda e PE

Observação:
O respectivo pivô apanha a bola passada de AE na altura do quadril, pára, gira no sentido interno para o lado do braço de lançamento e finaliza para o gol (veja a seqüência na Fig. 70);

3. Lançamento com giro e queda do lado contrário do braço de lançamento a partir das posições de pivô, pivô na esquerda e PE.

Observação:
O pivô pode agir em um percurso determinado de corrida, por outro lado. Como destro necessita realizar o lançamento com giro e queda do lado contrário do braço de lançamento;

4. Lançamento com giro e queda do lado contrário do braço de lançamento depois de paradas nas posições de pivô, pivô na direita e PD.

Observação:
O pivô recebe agora a bola passada pelo jogador na posição de AD na altura do quadril, pára, gira novamente no sentido interno e lança em direção ao gol.

Indicação:
Os exercícios podem também ser realizados em forma de competição entre os grupos A e B. Quem converte o maior número de gols?

5. Treinamento de adaptação técnica.

Adicionalmente, um defensor age (no início, geralmente o treinador) na zona de lançamentos. De acordo com o comportamento deste defensor, o pivô precisa reagir e utilizar a técnica de lançamento correta para a situação:
– Defensor age do lado do braço de lançamento = giro e lançamento do lado contrário do braço de lançamento;
– Defensor age por trás do pivô: de acordo com o posicionamento, ângulo de lançamento etc., gira para o lado favorável e lança!

Exercício 2 (Fig. 71):
Lançamento com giro e queda após veloz modificação do percurso de corrida
Realização do exercício idêntica ao exercício 1. Os jogadores da intermediária passam a bola na seguinte seqüência: PD-AD-ACAE-AC (devolução ou troca de direção ou quebra de ritmo após finta) -AD.
O respectivo pivô do grupo B corre até o cone A, B ou C, pára e após um giro recebe o passe do AD e lança a bola para o gol com um lançamento de giro e queda do lado do braço de lançamento. O treinador aponta na direção de qual cone o jogador deve correr.

Variações:

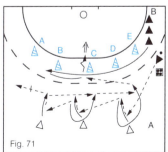
Fig. 71

1. Evolução idêntica ao exercício anterior do lado contrário, de forma que o pivô faça um lançamento com giro e queda para o lado contrário do braço de lançamento.
2. Treinamento de adaptação técnica como descrito no exercício 1.

Exercício 3 (Fig. 72):
Lançamento com giro e queda a partir de um posicionamento e de costas para o gol
São formadas duplas. Um jogador age de costas para o gol na linha da área, e o passador, com duas bolas antes da linha de lançamento livre.

Evolução:
O pivô corre na direção da linha de lançamento livre e recebe o passe lançando para o gol com um lançamento com giro e queda do lado do braço de lançamento ou do lado contrário do braço de lançamento.

Indicações para a organização do exercício:

– Após 6 a 8 lançamentos a dupla é substituída;
– A dupla reveza o posicionamento de forma que cada jogador lance de todas as posições de pivô.

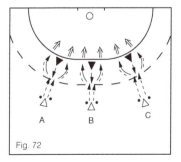
Fig. 72

Fintas

Definição

Para solucionar a situação de jogo 1:1 pode-se utilizar, além do lançamento direto, a tática individual
de ataque denominada finta.
Qual o efeito da finta no jogo?
Com uma finta, o atacante tem como objetivo esconder a sua real intenção de movimentação. Esse conhecimento antecipado traz ao atacante uma vantagem decisiva: ele tem um planejamento de ação enquanto o defensor depende da sua experiência e capacidade de observação para reconhecer a verdadeira intenção do atacante.
Se o atacante é bem-sucedido em levar o seu adversário através de uma reação adiantada (falsa), dificilmente o defensor terá condição de reagir porque o atacante já conta com a reação equivocada do defensor em seu plano de movimentação e pode, na seqüência, facilmente ultrapassá-lo (penetração, lançamento para o gol ou passe).
Um exemplo:
Após a recepção dinâmica da bola em movimentação para a frente, o jogador da intermediária (armadores, setor de armação do jogo) se coloca em posição de lançamento e procura fazer com que o defensor pense que ele realmente vai lançar a bola para o gol.
Constantemente, o defensor precisa antecipar-se a esta situação e a seus desdobramentos para poder empreender uma ação defensiva eficaz. Ele precisa, em décimos de segundo, decidir-se sobre qual ação deverá tomar.
Se a sua análise situacional (observação e experiência) o levar à suposição de que o atacante realizará de fato o lançamento, o defensor realizará movimentação de defesa correspondente: movimentação para a frente e lateral, seguida de posicionamento de bloqueio para cobrir o braço de lançamento do atacante.
Caso o atacante possa provocar a ação antecipada da defesa, ele tem a vantagem decisiva de penetrar, por exemplo, do lado contrário do braço de lançamento e pode, na seqüência, ultrapassar o seu adversário.
Portanto:

As fintas provocam uma falsa avaliação do desenvolvimento de uma situação de jogo. Se o defensor reage precocemente à finta, o atacante ganhará uma vantagem na seqüência de ações. Em resumo: uma finta é composta de uma combinação de movimentos (= finta – seqüência de ações). Compare com a Figura 73. No total, podemos diferenciar entre os seguintes tipos de finta:

■Finta de troca de direção

Aqui, trata-se de uma continuação da corrida livre sem bola. O atacante finge um determinado percurso de corrida, pára e modifica rapidamente a direção dessa corrida.
Importante:

Fintas de corrida são realizadas sem bola. Quando o atacante alcança o seu objetivo, ou seja, livra-se do defensor, sai da marcação ou se desmarca, ele pode receber um passe de um companheiro de equipe.

■Finta de passe

O jogador com a posse da bola inicia o movimento de passe bloqueando-o antes da finalização; após isto ele pode:
– Passar a bola em uma outra direção;
– Decidir-se por uma penetração ou um lançamento para o gol.

■Finta de lançamento

O jogador com a posse da bola toma o posicionamento para a realização de um lançamento e finaliza, por exemplo:
– Com um passe para uma outra direção;
– Realiza um lançamento com apoio ou em suspensão após uma penetração em direção ao gol.

■Finta de corpo

A ação da finta de corpo, realizada sempre com a bola, compõe-se principalmente do ato de fingir uma penetração com bola em uma determinada direção (por ex. com uma passada para a frente, no engajamento, e um deslocamento lateral do corpo, em seguida). Se o defensor se equivoca ao reagir, ou seja, reage ao primeiro movimento tentando impedir a ação do atacante com uma passada lateral, este pode realizar uma rápida entrada do lado contrário ou, imediatamente, lançar a bola para o gol.

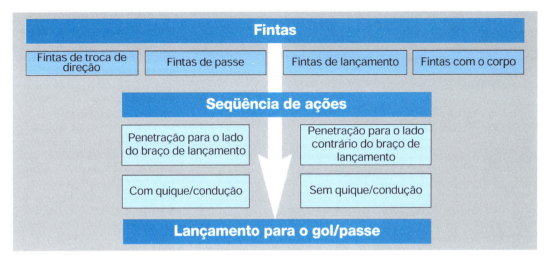

Fig. 73: Fintas.

Na Figura 73 estão as possibilidades básicas para a seqüência de ações que podem ocorrer a partir da aplicação de uma finta:

■Lançamento direto ou passe para um companheiro de equipe.

■Ultrapassagem do adversário com uma penetração do lado contrário do braço do adversário.

De acordo com a distância até o gol, esta penetração pode ser realizada sem que o jogador quique a bola.
Portanto:

■O objetivo de toda a movimentação de finta em situações 1:1 é, com certeza, conseguir a melhor situação possível para realizar o lançamento.

■As fintas são importantes meios de ataque também do ponto de vista da tática da equipe, uma vez que, por exemplo, quando um defensor entra em ação contra um atacante que ultrapassou seu primeiro marcador, há a possibilidade de passe para um companheiro de equipe que está livre, o que provoca uma outra boa possibilidade de movimentação.

Procedimento metodológico

A série de exercícios sobre o aprendizado das fintas é realizada no treinamento de base na introdução do jogo posicional com ações de penetração. Justo contra formações defensivas como a 1:5, elas têm um papel especial.
Em qual seqüência as diferentes fintas devem ser introduzidas no treinamento de base tem relação com o seu grau de dificuldade.
Como demonstrado na Figura 74, primeiro os jogadores aprendem as combinações mais simples: recepção da bola em movimentação para a frente mais o lançamento (com apoio, queda ou em suspensão) ou passe.
Como primeira finta, podemos ensinar então as fintas de troca de direção a partir de três observações:

■Como a Figura 74 mostra, as fintas de troca de direção são movimentos de finta tecnicamente mais fáceis, uma vez que são realizadas sem bola e a recepção da bola se dá a partir de uma rápida mudança de direção da corrida em conjunto com a já conhecida movimentação para a frente.

■Fintas de troca de direção são uma continuação da corrida livre sem bola! A experiência anterior com este meio tático individual de ataque deveria acrescentar experiência a todo jogador, desde o mini-handebol ou categorias 10-12 e 12-14 anos, devido à possibilidade de jogar contra equipes que façam marcação individual.

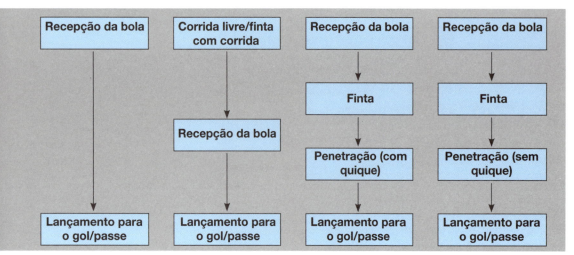

Fig. 74:
Combinações de movimentos em ações 1:1, ordenadas de acordo com o grau de dificuldade.

Sobretudo quando jogadores que tiveram um início tardio no esporte participam de partidas contra equipes das categorias D ou C, ou seja, 8-10-10-12 anos, o treinador deveria deixá-los jogar diferentes formas de defesa individual e jogos em áreas restritas da quadra, assim também estes jogadores poderiam ter o prazer de experimentar esta forma básica de jogo.

■Já que no treinamento de base se deve defender de forma extremamente ofensiva (defesa 1:5), as fintas de troca de direção são um meio de ataque simples e altamente efetivo para o jogo 1:1.

Observação:
Fintas de troca de direção não são, de forma alguma, como alguns treinadores acreditam, um privilégio do handebol de alto nível. Muito pelo contrário:

O jogo sem bola é uma forma de ataque elementar que já deve ser ensinada na formação dos iniciantes e subentendida como técnica que obviamente deve ser ensinada!
Um segundo passo pode ser então uma forma básica de finta com lançamento, passe ou utilização do corpo. Do ponto de vista metodológico é necessário observar dois aspectos:

■Em primeiro lugar a finta deve ser ensinada sempre em ligação com uma ação e penetração com quique da bola. Por um lado, esta é uma forma adequada de ultrapassar o grande espaço deixado pela defesa 1:5. Por outro lado, em relação à organização das passadas durante a combinação de movimentos de finta-penetraçãolançamento/ passe, este tipo de finta é mais fácil (veja Fig. 74).
■Somente após esta primeira etapa é que a seqüência das ações deve ser ensinada (por ex. lançamento direto, penetração sem quique da bola), pois a automatização de determinadas combinações de movimentos tem um significado ainda maior. No treinamento de base isto é assunto somente para alguns poucos jogadores talentosos.

■No início, as ações de penetração devem ser treinadas para ambos os lados – lado do braço de lançamento e lado contrário do braço de lançamento – para evitar a unilateralidade de ações desde o princípio do treinamento.

Fintas de corrida ou troca de direção

Formas básicas

No treinamento de base devem ser ensinadas e treinadas, em primeiro lugar, duas formas da finta com corrida:

① Finta de troca de direção do lado contrário do braço de lançamento (na Fig. 75 em azul) com penetração para o lado do braço de lançamento;

② Finta de troca de direção do lado do braço de lançamento (na Fig.76) com penetração do lado do braço contrário do braço de lançamento.

Importante:

■Quem se decidir por uma finta de troca de direção e penetração (engajamento) deveria sempre escolher o lado em que o passador age (veja Fig. 76), já que esta é a forma mais simples tanto para o passador quanto para aquele jogador que recebe o passe.

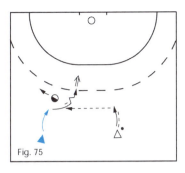
Fig. 75

Naturalmente, após uma finta, pode-se fugir do passador. Como demonstrado na Figura 77, esta forma de finta é útil sobretudo quando o defensor se orienta pelo braço de lançamento do adversário. Geralmente, é o passe do armador para o jogador que age mais externamente nas posições de PE (PD), muito mais difícil e imprudente (só para jogadores avançados).
■As fintas de troca de direção devem ocorrer, primeiramente, somente de três posições da intermediária.

Descrição do movimento

Na Seqüência 14, a forma básica é demonstrada (1):
Contra um defensor que se coloca na linha de lançamentos livres e age antecipadamente, o atacante (na posição AE) corre primeiro para a frente (no engajamento) no sentido lateral da quadra (Fotos 1 e 2). A última passada da finta de troca de direção deve ser com a perna esquerda e deve ocorrer na frente (no engajamento) do marcador para que uma falta de ataque seja algo fora de cogitação (cerca de 1 a 2 metros de distância, veja a Foto 2).

Após parar a movimentação para a frente, com uma passada à esquerda (Foto 2), o atacante muda a direção da corrida, colocando o peso do corpo da perna esquerda para a perna direita e, com uma passada iniciada pela perna direita, penetra de forma enérgica para o lado do braço de lançamento (Fotos 3 e 4). Ele recebe a bola do passador que está na posição de armador em movimentação para a frente (Foto 4). Já que ele recebe a bola com uma passada à direita (Foto 4), ele pode, com uma só passada (Foto 5), realizar um lançamento para o gol, aqui vemos um lançamento em suspensão (Fotos 5 e 6).
Sobre esta forma básica temos ainda alguns esclarecimentos:

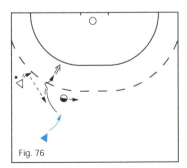
Fig. 76

Fig. 77

Níveis metodológicos para o aprendizado das fintas

Exercícios preparatórios e formas de jogo
(por ex.: jogos com corrida e jogos de pegar, e variações de jogos com bola).

1. Nível: treinamento de aquisição técnica

Aprendizado e automatização de uma finta com no mínimo duas formas básicas da seqüência de ação. Para o treinamento de base: penetração para o lado do braço de lançamento e penetração para o lado contrário do braço de lançamento.
Já que se treina sem o defensor, são utilizados como orientação cones e bandeiras. Adicionalmente, pode-se marcar com fita adesiva os espaços de penetração ou as seqüências de passadas.

2. Nível: treinamento de variação técnica
No aprendizado das fintas são treinadas em primeira linha essas seqüências de ações:
– em grandes espaços livres à frente: quicar ou conduzir a bola durante a penetração após uma finta;
– para jogadores avançados: lançamento direto sem quique/condução;
– diferentes formas de lançamento e passes após uma finta. Treinar as fintas em diferentes posições!

3. Nível: treinamento de adaptação técnica
Nos dois primeiros níveis a realização técnica das diferentes ações de finta e suas variações são exercitadas isoladamente. No treinamento de adaptação técnica o jogador precisa agir contra adversários ativos e decidir-se de acordo com a situação:
– qual é a melhor direção a tomar após uma finta;
– caso seja melhor finalizar com um lançamento para o gol ou com um passe para um companheiro de equipe melhor posicionado.
Adicionalmente os jogadores precisam aprender quando determinadas fintas são mais adequadas ou prometem maior sucesso na sua realização (regra básica da tática individual). A isto pertence também uma observação objetiva do comportamento do adversário.
Uma dica: para não sobrecarregar os jogadores, o próprio treinador deve servir como defensor e "deixar passar" tentativas óbvias de penetração.

1 2 3

Seqüência 14:
Finta com corrida/troca de direção para o lado contrário do braço de lançamento com penetração do lado do braço de lançamento.

■ De acordo com o comportamento do adversário, bem como dos jogadores de defesa mais próximos, a direção da penetração pode ser lateral ou frontal em direção ao gol.
■ Um lançamento para o gol pode ocorrer com uma, duas ou três passadas, dependendo de quando o passador realiza o passe e de qual distância está à disposição. A quantidade de passadas é claramente dependente da situação de jogo! Importante: o passador só deve passar a bola para o companheiro de equipe que corre quando este estiver livre, se ele de fato se livra da marcação do oponente.

! Da situação demonstrada na Seqüência 14 resultam as passadas esquematizadas na Figura 78.
A Figura 79 mostra uma seqüência de passadas para a forma básica da finta com corrida (2): finta de troca de direção no sentido interno da quadra para o lado do braço de lançamento, com penetração para o sentido externo da quadra para o lado contrário do braço de lançamento (veja a Fig. 76). Aqui ocorre uma parada com a perna direita e, na seqüência, inicia uma mudança de direção com a perna esquerda.
O importante é que as últimas passadas antes do lançamento sejam frontais na direção do gol, já que o lançamento para o lado contrário do braço de lançamento ocorre e os movimentos de armação do lançamento e inclinação do corpo são tecnicamente mais difíceis de realizar.
A ação da finta de troca de direção tem a ver sobretudo com uma ação conhecida que é mascarada no quadro geral do jogo posicional:

■ Exemplo 1 (veja Fig. 75):
Recepção da bola pelo armador com uma movimentação para a frente no sentido lateral da quadra (entrada surpresa no sentido interno da quadra!)

■ Exemplo 2 (veja Fig. 76):
Recepção da bola pelo jogador na posição de PE (PD) com uma movimentação para a frente no sentido interno da quadra (penetração surpresa no sentido lateral da quadra!)

Série de exercícios

Formas de jogos

Forma de jogo 1: Perseguir o adversário (Fig. 80)
O jogador A1 corre e persegue um jogador dos grupos B, C ou D. Os outros colegas precisam impedir que o caçador os pegue, assim procuram cruzar o percurso dos jogadores que estão sendo perseguidos.
Se isto ocorrer, o jogador A1 precisa parar a perseguição imediatamente e tentar tocar o

4   5   6

jogador que cruzou o percurso, e assim por diante.
Os jogadores no papel de pegadores-caçadores, A1 até A4, podem se revezar no campo de jogo. Um jogador que for apanhado precisa deixar o campo e o jogo. Cada grupo fará o papel de apanhador pelo menos uma vez. Qual equipe consegue no tempo dado (por ex. 3 minutos) o maior número de toques?

Forma de jogo 2: Caçada de 10 segundos
Formam-se dois grupos com o mesmo número de jogadores. O grupo A se coloca na quadra de handebol, o grupo B fora da quadra. B1 inicia como pegador. A cada 10 segundos entra um outro pegador da equipe B. Os jogadores do grupo A que forem pegos devem abandonar a quadra.
Quantos pegadores a equipe B necessita para apanhar toda a equipe A ou quantos jogadores da equipe A sobram quando o último jogador da equipe B terminar o seu tempo de 10 segundos?

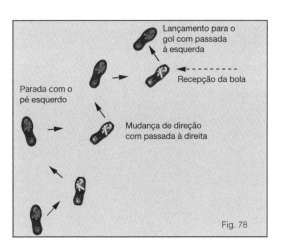

Fig. 78

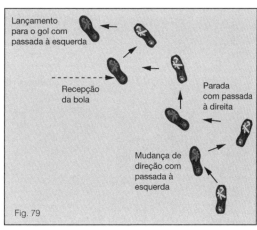

Fig. 79

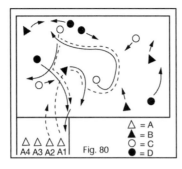

Fig. 80

△ = A
▲ = B
○ = C
● = D

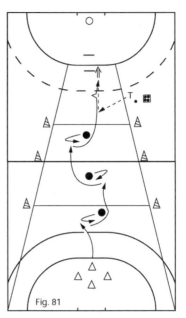

Fig. 81

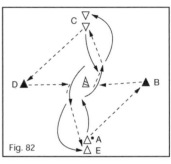

Fig. 82

Após isto, ocorre uma troca de papéis; quem foi pego primeiro passa a pegador, assim, na próxima vez, são os primeiros a entrar em ação ou, se uma equipe não utilizou todos os pegadores, eles serão os primeiros na próxima série.

Na seqüência, todas as formas de jogo (veja no capítulo 3 – Treinamento Defensivo Individual), que têm como ponto principal o treinamento da corrida livre sem bola podem ser utilizadas.

Treinamento de aquisição técnica

Exercício 1 (Fig. 81):
Formas preparatórias de exercícios
Os atacantes tentam utilizar espaços cada vez menores para penetração sem bola e contra um defensor. Como finalização, o jogador lança uma bola, passada pelo treinador, para o gol.

Exercício 2 (Fig. 82):
Exercício complexo
A passa a bola para B, que na marcação combinada (cone, bandeirola) realiza uma finta de troca de direção e se desloca para o lado contrário do braço de lançamento e, novamente, recebe a bola de B.

Após um passe de C, o jogador A realiza o mesmo exercício, só que do lado contrário.

Variação:
– A mesma evolução com penetração para o lado contrário do braço de lançamento;
– Os jogadores variam constantemente a direção da penetração.

Na seqüência, explicaremos o processo de aprendizado metodológico das formas de finta de troca de direção na posição de armador.

Exercício 3 (Fig. 83):
Finta de troca de direção e penetração para o lado do braço de lançamento
Após um passe para o treinador, os jogadores realizam na posição de armador-central no meio da quadra – em uma marcação (cone) – uma finta de troca de direção para o lado contrário do braço de lançamento e correm em seguida para o lado do braço de lançamento, lançando a bola após recebê-la para o gol. O campo e ação serão demarcados lateralmente.

Indicações para a correção de erros:
■ Realizar a finta de troca de direção de forma clara e a toda velocidade!
■ Primeiramente, correr para a esquerda, para o lado contrário do braço de lançamento. Assim, o espaço para a finalização do lado do braço de lançamento não ficará limitado!
■ Penetrar energicamente para o lado do braço de lançamento. Receber a bola a partir de corrida em máxima velocidade.

Exercício 4 (Fig. 84):
Realização como no exercício 1. Porém, agora o ponto principal é o treinamento da sincronização da finta de troca de direção e do passe. Para tanto, o jogador na posição de PD passa para o jogador na posição de AD. Como deve ser a sincronização? No handebol de alto nível – sob o

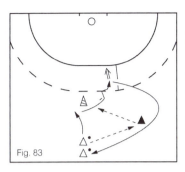
Fig. 83

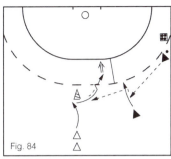
Fig. 84

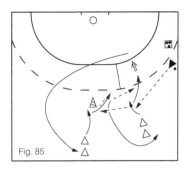
Fig. 85

aspecto tático coletivo – realiza-se ao mesmo tempo a finta de troca de direção e uma finta com passe, para que a ação e ataque sejam ainda mais eficazes. No treinamento de base, com certeza, os jogadores seriam sobrecarregados se este tipo de ação fosse exigida. Portanto, recomenda-se a seguinte préforma:

■ O atacante sem bola realiza uma finta de troca de direção se o passador toma um posicionamento de lançamento.

■ O passador olha rapidamente a posição de lançamento, na qual seu corpo deve estar ligeiramente "aberto" na direção do jogador que receberá o passe. Após uma mudança de direção bem-sucedida, ele passa a bola para o companheiro de equipe em movimento.

Treinamento e variação técnica

A evolução do exercício 4 pode sofrer as seguintes variações:

■ Variação no momento do passe: se o treinador passa a bola relativamente atrasado para o jogador, este precisa agir relativamente rápido e, após uma ou duas passadas, lançar para o gol. Se o inverso ocorre, é necessário que o jogador realize duas ou três passadas ou até quique a bola uma vez antes de chegar a uma posição favorável para o lançamento.

■ Variação da profundidade: as marcações nas quais a finta de troca de direção deve acontecer são prolongadas, de forma que o jogador possa decidir se lança direto para o gol ou quica a bola uma vez (ganhando terreno).

■ Toda a evolução do exercício é realizada contra um defensor que atrapalha o atacante que progride do lado do braço de lançamento no ato da recepção da bola, mas que permite que o atacante lance para o gol. Disto resultam diferentes momentos para o passe e organizações das passadas após a recepção da bola.

■ Variação do posicionamento de jogo: a finta de troca de direção pode ser utilizada também das posições de AE ou AD. Importante: atenção à correta movimentação e deslocamento para a frente!

■ Variação da ação de finalização (Fig. 85): ao invés de lançar para o gol, os jogadores devolvem a bola para o passador que finaliza para o gol. Este deve correr no sentido externo da quadra!

Indicação:
A mesma seqüência de exercícios pode ser realizada com o aprendizado da finta de troca de direção para o lado do braço de lançamento com escolha da finalização em corrida livre do lado contrário do braço de lançamento.

Treinamento de adaptação técnica

É grande o salto entre o treinamento de aquisição e variação da técnica para a adaptação do que foi aprendido nas mais diversas situações. Aqui o treinador precisa fornecer as regras de comportamento tático individual e coletivo, além das formas de observação de como e quais formas os meios de ataque aprendidos devem ser utilizados.

Regras de comportamento tático individual:

■ Regra básica: observe o

comportamento defensivo do seu adversário:
– Como ele se posiciona quando você tem a pose de bola?
– Ele cobre de forma correta e permanente o braço de lançamento?
– Ele toma sempre uma posição frontal?
– Como ele se comporta quando você passa a bola?
– Ele tenta e, às vezes, corta um passe endereçado a você com ações de defesa ofensiva antecipativa?

■Com base na observação do comportamento do adversário, escolha a melhor variante, contanto que as duas formas básicas do lançamento com corrida já estejam dominadas.

Exemplo A (Fig. 86):
O jogador na posição de armador observa que seu adversário cobre, de forma extrema, o lado do braço de lançamento na seqüência e passes AE-AC-AD (em preto no quadro), então é um momento propício para a utilização de uma finta de troca de direção para penetração do lado contrário do braço de lançamento (em azul).

Exemplo B (Fig. 87):
Se o jogador na posição de armador no meio, no setor defensivo, corre antecipadamente realizando uma defesa ofensiva na direção do jogador que ocupa a posição AD no ataque e está com a posse da bola, este pode aplicar uma rápida finta de troca de direção na direção do braço de lançamento.

■Prepare a ação da finta!
Aqui devemos observar duas regras táticas individuais básicas:

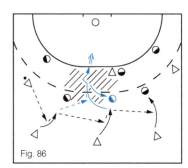
Fig. 86

① Em primeiro lugar, é preciso realizar uma boa movimentação para a frente no engajamento.

Regras básicas:
– Correr livre para o lado contrário do braço de lançamento: movimentação para a frente no sentido interno do lado do braço de lançamento (Fig. 86);
– Correr livre para o lado do braço de lançamento: movimentação para a frente no sentido externo do braço contrário de lançamento (Fig. 87).

② Os jogadores devem escolher, de acordo com o jogo posicional, a respectiva movimentação para a frente, porém antes devem passar a bola (fase de construção do jogo posicional). Para utilizar o meio de ataque correspondente e surpreender o defensor ao máximo.

Princípio: balançar a segurança e o ponto de equilíbrio do adversário e colocá-lo em uma situação que propicie condições ótimas para uma penetração.

Regras de comportamento tático em grupo:

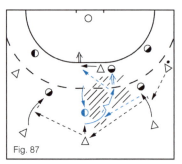
Fig. 87

Com a elevação do conhecimento técnico e quanto mais experientes os jogadores se tornam, tais ações de ataque podem ser realizadas a partir do jogo livre.

Para evitar desentendimentos no início, os jogadores devem discutir a ação (facilitação do aprendizado). Senão, pode acontecer rapidamente que o atacante corra sem bola mas não receba o passe do seu companheiro de equipe.

Com jogadores avançados podem ser trabalhadas outras formas de ações táticas em grupo que se originam de ações 1:1 (veja exemplo B na Fig. 87: passe para o pivô que penetra).

Exercício 1 (Fig. 88):

Utilização contra comportamento defensivo limitado

Como variação do treinamento técnico, a finta com corrida e a troca de direção são utilizadas contra um defensor onde, primeiramente, o comportamento é limitado:
– Jogador da defesa na posição de armador no meio precisa deixar que ocorra uma penetração do jogador na

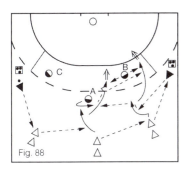
Fig. 88

posição de armador, mas pode atrapalhá-lo de outras formas (por ex. agir defensivamente quando o jogador recebe a bola);
– O respectivo jogador na posição de defensor tem a tarefa de agir defendendo individualmente (lançamento para o armador) ou auxiliar os outros defensores (passe a partir do engajamento de AD/AE).

Indicações para procedimento metodológico:

– Geralmente a finta de troca de direção deve ser realizada a partir de uma seqüência de passes do jogo posicional (na Fig. 88: PE-AE-AC-AD-PD-ADfinta de troca de direção do AC);
– A seqüência da ação deve ocorrer na medida do possível para ambos os lados;
– O comportamento dos defensores deve variar, em um primeiro momento, apenas defensivo e então ofensivo (veja a Fig. 88).

Exercício 2:
Realização como no exercício 1. Agora a finta de troca de direção é realizada a partir de passes livres em jogo 3:3.

Importante:
– De acordo com a situação, escolher outros meios de ataque!;
– Facilitação do aprendizado: em um primeiro momento, garantir o maior espaço possível para o ataque. Demarcar o espaço para a penetração dos atacantes!
– Comportamento da defesa como no exercício 1; limitado; deixá-los agir livremente;
– Orientar formas de competições:
qual trio consegue converter em 6 ou 8 ataques o maior número de gols?;
– Nas posições de pontas devem agir sempre os passadores que, como os jogadores da intermediária, estão envolvidos no engajamento.

Fintas de lançamento e passe

Formas básicas

Devido à similaridade dos movimentos e ao método de ensino, iremos nesta parte do capítulo demonstrar as fintas de lançamento e passe, porque a forma básica a ser aprendida da finta de lançamento pode, já que a seqüência de passadas é idêntica, ser transportada sem problemas para o aprendizado da finta com passe. No treinamento de construção é que ocorre uma diferenciação no tratamento destas duas formas de finta.
Mas quais formas de finta com passe ou com lançamento são relevantes para o treinamento de base?

Pré-formas: lançamentos/passes após a interrupção do movimento de armação do braço de lançamento
Na faixa etária de 10 a 14 anos, muitos garotos ainda não conseguem segurar a bola com uma mão. Eles não podem, como se observa no handebol em alto nível, realizar, em velocidade, um lançamento com apoio ou uma movimentação de passe com uma mão.
Mas estes garotos já podem aprender uma pré-forma efetiva destes fundamentos: o jogador aguarda um curto momento no posicionamento de passe ou lançamento (para ambas as formas vale o "armar" o braço de lançamento).
Quer dizer, ele realiza uma clara movimentação e preparação da puxada do braço, posicionando-se em afastamento ântero-posterior das pernas (jogadores destros têm, portanto, a perna esquerda na frente) e finalizam então a ação.

Quais seqüências de ações devem ser treinadas?

A Figura 89 fornece uma visão geral:

■A tomada de um posicionamento (armar) de lançamento com apoio e também um passe para um companheiro de equipe ou um passe para o pivô, a partir da posição de lançamento com apoio, é familiar para os jogadores (finta de passe, lançamento com apoio!).
■Se considerarmos no aprendizado do jogo posicional todas as situações-padrão, o

181

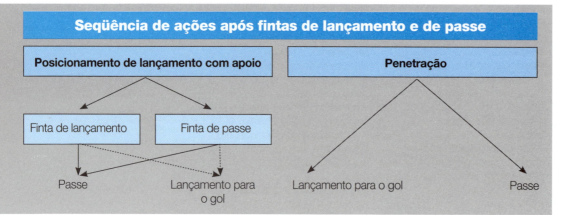

Fig. 89:
Visão geral sobre as possíveis seqüências de ação após fintas de lançamento e de passe.

passe de costas também é conhecido como uma finta de passe. Por outro lado, um lançamento direto a partir da posição de lançamento com apoio após uma finta de lançamento ou passe (veja linhas pontilhadas na Fig. 89) ainda sobrecarregará a maioria dos jogadores do treinamento de base. Freqüentemente encontramos deficiências de força de lançamento e coordenação do movimento.

■O mais adequado é primeiramente treinar a penetração do lado do braço de lançamento e do lado contrário do braço de lançamento, a partir de uma finta de passe ou lançamento, pelo menos é o que se tem contra um trabalho defensivo-ofensivo. Por motivos táticos (profundidade da defesa 1:5), bem como para facilitar o aprendizado, a penetração deve ser realizada de ambos os lados com um quique da bola. Por outro lado, no treinamento de adaptação técnica o aspecto tático coletivo não deve ser deixado de lado:

Um jogador que, no momento, se encontra em uma posição de lançamento com apoio (finta de lançamento) tem seu adversário constantemente sob seu contato visual. Porém, para fintar um passe ele precisa girar na direção do companheiro que vai receber este passe, onde ele, para reforçar o efeito da finta, toma contato visual com o companheiro de equipe. Assim, momentaneamente, ele perde o adversário de seu campo de visão.
As melhores chances de observar o adversário ainda é realizar uma penetração, ensinando em primeiro lugar a finta de lançamento.
② Primeiro, treine a penetração para o lado contrário do braço de lançamento.
Via de regra, os defensores agem do lado do braço de lançamento, de forma que, do lado contrário, há um enorme espaço disponível.
③ Em primeiro lugar, ensinar a penetração com o quique da bola!

Junto aos já nomeados fundamentos táticos (grande profundidade em uma defesa 1:5), devemos considerar outras observações metodológicas:

A tomada de um posicionamento para o lançamento com apoio, a partir da recepção da bola em movimentação para a frente (no engajamento), oferece, sobretudo no treinamento de base, um grande problema para vários jogadores porque, freqüentemente após a tomada de posição para o lançamento com apoio, duas ou três passadas já foram utilizadas, o que leva a uma penetração sem um quique da bola, ou seja, sobrepasso (andar). Portanto:

! Ações de penetração a partir de fintas de lançamento e fintas de passe só devem ser ensinadas em etapa posterior ao treinamento de base (para jogadores avançados).

Descrição do movimento

A Seqüência 15 mostra uma finta de passe com penetração para o lado do braço de lançamento na

! Se um atacante, após uma penetração bem-sucedida, é atacado por um defensor que se encontra próximo, precisa passar a bola para um companheiro de equipe (participante do engajamento) que está livre.

Como é o procedimento metodológico?

Recomenda-se o seguinte procedimento metodológico:

① Ensinar a finta de lançamento antes da finta de passe!

posição de AE. Com pequenas modificações que dizem respeito somente à posição de lançamento, esta seqüência é idêntica à combinação dos movimentos de finta de lançamento-penetração do lado do braço de lançamento. Com se vê na Foto 2, a recepção da bola ocorre com uma passada para a esquerda (passada para recepção, que tecnicamente é considerada como "passada zero"). Até a tomada da posição de lançamento com apoio (Fotos 3 e 4), o jogador necessita de somente duas passadas (direita e esquerda).

Sobre a finta com passe
(Fotos 3 e 4)

A Foto 3 mostra a movimentação de preparação do braço para o lançamento, bem como orientação da visão na direção do passe a ser fintado (passe para o jogador que está na posição de PE). Na Foto 4 pode-se reconhecer, claramente, a ligação do passe após a tomada de posição para o lançamento.
Ao mesmo tempo há uma leve inclinação do corpo para o lado (o peso do corpo é colocado sobre a perna esquerda que está na frente) que intenciona realizar a finta.
Já que se trata de um jogador infanto-juvenil avançado, na Seqüência 15 pode-se ver a forma ideal de finta de passe (a simulação de um movimento de passe). Jogadores que ainda não conseguem segurar a bola com firmeza precisam se atrasar por um momento na posição de lançamento.

A utilização de uma finta de lançamento ocorre de forma semelhante, embora aqui ocorra a tomada da posição de lançamento na direção do adversário.
A penetração para o lado do braço de lançamento se inicia com uma curta passada para a direita (Fotos 4 e 5). Ao mesmo tempo ensina-se o movimento de quique da bola, de forma que a recepção da bola se realiza com uma passada da perna esquerda, ganhando terreno, na quadra adversária (Foto 6). Com duas outras passadas o jogador pode realizar um lançamento em suspensão (Fotos de 7 a 9).
O importante é que as duas últimas passadas na diagonal devem ser direcionadas no sentido da profundidade da quadra para que o objetivo tático (ultrapassar o adversário) seja cumprido.

Combinação de passadas na penetração para o lado do braço de lançamento
(Fig. 90)

■ O número de passadas até a tomada de posição para o lançamento é variável de acordo com o conhecimento técnico e a necessidade da situação (por ex. a distância em relação ao adversário); pode ser de três, duas ou até mesmo uma passada.
■ O início da penetração para o lado do braço de lançamento deveria ocorrer com uma curta passada à direita no caso do treinamento de base.
Realizável seria também iniciar a penetração com uma passada à esquerda, que teria como vantagem, após a recepção da bola, o quique feito com uma passada à direita e, com a perna esquerda, o lançamento feito de forma relativamente rápida.
Além disso, a bola estaria protegida com esta passada à esquerda por meio do corpo do atacante do assédio do adversário. O que, então, depõe contra este procedimento?
– O jogador precisaria realizar duas passadas à esquerda, sucessivamente, o que é muito difícil (dificuldade de coordenação);

A seqüência de lançamento em suspensão não é a única alternativa para esta situação. De acordo com o comportamento da defesa podem ser utilizadas também ações de penetração para o lado do braço de lançamento ou para o lado contrário do braço de lançamento.

1

Seqüência 15: Finta de passe e penetração para o lado do braço de lançamento.

2

3

7

8

9

– Pelo menos, para jogadores que tecnicamente não são tão seguros, existe o perigo de cometer uma falta de ataque. Como a penetração se inicia com uma passada para a esquerda, o atacante chega muito próximo do ombro esquerdo do defensor;

– Pelo menos na finta de lançamento, o peso corporal é deslocado claramente sobre a perna esquerda que está na frente, de forma que a seqüência sobre a perna direita com a colocação do peso corporal sobre esta é uma conseqüência lógica.

Portanto, devemos lembrar:

❗ Em uma penetração para o lado do braço de lançamento, é necessário iniciar uma passada curta com a perna direita. Isto tem a função de comandar a mudança de direção e proporcionar uma demarcação rápida do adversário. Importante: Na tomada de posição para o lançamento já são utilizadas três passadas, é preciso quicar a bola antes que o pé direito seja colocado na quadra!

∎Então, com uma longa passada na seqüência – esta conta como passada de recepção já que a bola, após o quique, é retomada

184

4
5
6

(veja Fig. 90), sobretudo, uma parcela expressiva do terreno deve ser tomada. De acordo com a situação (o atacante conseguiu se livrar do defensor?), a passada deve ser realizada para a frente, na direção do gol.

■Com mais duas passadas, o atacante pode dar seqüência e, então, realizar um lançamento para o gol. A amplitude das passadas após a recepção da bola depende da situação, sempre de acordo com o espaço que deve ser superado.

Combinações de passadas na penetração para o lado contrário do braço de lançamento (Fig. 91)
A tomada de uma posição de lançamento é idêntica àquela utilizada para a penetração do lado do braço de lançamento. Nessa penetração a pergunta é com qual pé se deve iniciar a penetração. Aqui apresentamos os problemas: Se o início for com uma passada lateral para a esquerda, o lançamento pode ocorrer já na segunda passada (recepção da bola após o quique com conseqüentes passadas das

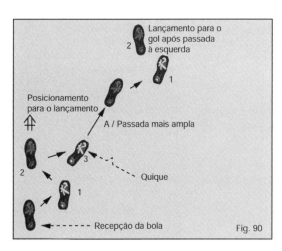

Fig. 90

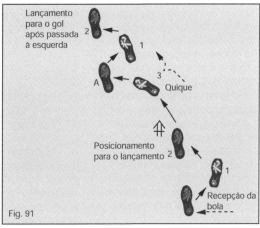

Fig. 91

185

pernas direita e esquerda – lançamento para o gol). Esta seqüência de movimentos é, de fato, muito difícil de coordenar para alguns jogadores no treinamento de base. Uma vez que há uma seqüência de passadas iniciadas com a perna esquerda, a rotação do corpo na tomada de um posicionamento ótimo para o lançamento precisa ocorrer muito rapidamente, devido ao escasso número de passadas disponíveis. Melhor, com certeza, seria iniciar a penetração com a perna direita (Fig. 91).

Os destros iniciam a penetração sempre com a perna direita! Ao mesmo tempo precisam observar algumas características técnicas:

■ A passada com a perna direita evolui no sentido diagonal, saindo da posição anterior frontal de corrida.

■ Como só com a passada à direita não é possível ultrapassar o adversário completamente, é preciso manter uma distância razoável em relação a ele. Não empurrar o adversário com o ombro direito (falta de ataque)! Ao mesmo tempo, na passada seguinte com a perna esquerda, após o quique, a bola é novamente dominada (passada de recepção), e com mais duas passadas é possível realizar um lançamento para o gol. Estas passadas devem ser realizadas de forma frontal e para a frente (no engajamento), na direção do gol para que um posicionamento de lançamento ótimo possa ser assumido.

Série de exercícios

Todos os exercícios a seguir podem ser utilizados como introdução ao lançamento ou como fintas de lançamento.
Caso as ações de penetração sejam treinadas, após as fintas com passe, é preciso indicar a direção em que a finta deve ocorrer (para o lado do braço de lançamento ou para o lado contrário do braço de lançamento).

Treinamento de aquisição técnica

Exercício 1 (Fig. 92):

Exercícios complexos de preparação

A está correndo e recebe um passe do treinador, toma uma posição de lançamento com apoio (utilizar cones para orientação dos jogadores), realiza uma penetração para o lado contrário do braço de lançamento (com quique da bola) e passa a bola para B.
B passa a bola para o treinador de forma que o próximo jogador possa realizar o mesmo exercício. A se torna o passador enquanto B corre para tomar parte do grupo de trabalho que está do outro lado.

Sob o ponto de vista metodológico deve-se facilitar o aprendizado da seguinte forma:

■ Lançar a bola primeiro do lado do braço de lançamento e depois do lado contrário do braço de lançamento (vantagem: o jogador pode, no caso de um passe do lado do braço de lançamento,

levar a bola imediatamente para trás em um posicionamento para o lançamento).
■ Primeiro colocar a bola na mão do jogador e depois passá-la. No ato de colocar a bola na mão do jogador, este tem que se concentrar em outros detalhes, como a movimentação para a frente no momento de recepção da bola.
■ Marcar a seqüência de passadas e direção da penetração na quadra.
■ Variação da velocidade de realização:
Primeiro exercitar-se no lugar, depois em deslocamento. A velocidade de corrida deve elevar-se continuamente. O objetivo: automatização da seqüência de passadas.

Indicação:
A seqüência metodológica específica deveria primeiramente ocorrer em uma posição de jogo (Aqui: AE)

Exercício 2:

A evolução descrita no exercício 1 pode ser finalizada também com um lançamento para o gol a partir da posição de AE, contanto que algumas facilidades para a

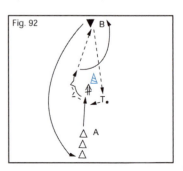

Fig. 92

realização do movimento sejam mantidas.

Exercício 3 (Fig. 93):
Ações de penetração após passe do PE
A mesma evolução de exercício, só que agora após o passe do PE. Dificuldade técnica: recepção da bola do lado contrário do braço de lançamento!

! É preciso observar que a direção da corrida tem um sentido interno e que, com isto, a finalização com penetração para o lado contrário do braço de lançamento ganha um ângulo ainda mais favorável!
Se a penetração é exercitada após uma finta com passe, isto ocorre na direção da posição do armador.

Treinamento de variação técnica

Exercício 1 (Fig. 94):
Utilização em diferentes posições
Como demonstrado na Figura 94, os jogadores devem agora exercitar a seqüência de ações prescrita nas posições de AE ou AD.

! Importante: sempre prestar atenção na direção da corrida! Jogadores destros na posição de AD escolhem, até a recepção da bola, uma direção de corrida no sentido externo da quadra.
Outras possibilidades para um treinamento de variação técnica efetivo:

- Variação da distância até o gol (a marcação de orientação é arrastada de forma que existam diferentes profundidades).
- Variação no momento do passe.
- Realização do exercício contra um defensor que facilita o lançamento de finalização.

Exercício 2 (Fig. 93):
Variação da finalização
O exercício 2 é uma modificação, na qual os jogadores na posição de AE passam a bola para o PE (que participa do engajamento) ao invés de lançar para o gol.

Complemento:
Treinamento de observação: os jogadores na posição de AE passam para a PE quando este realiza o engajamento!

Indicação:
Todos os exercícios podem ser utilizados com introdução da finta de passe e da finta de lançamento com penetração do lado do braço de lançamento.

Treinamento de adaptação técnica

Valem as mesmas regras de comportamento tático geral e individual, como foi introduzido no capítulo anterior. Aqui nós gostaríamos de nos ater a indicações especiais em relação às fintas de lançamento e passe.

- Se o adversário age de forma extrema, no lado do braço de lançamento surge a oportunidade de utilizar uma finta com passe ou lançamento e uma penetração do lado contrário do braço de lançamento. Os jogadores na posição de AE devem então observar o seguinte:
  – Escolher uma movimentação para a frente no sentido interno da quadra para a penetração do lado contrário do braço de lançamento (veja Fig. 95);
  – A finta com passe ocorre na direção da posição de armador (finta da seqüência de passes de PE-AE-AC).

- Se, ao contrário, um adversário marca individualmente, há a possibilidade de realização de uma penetração do lado do braço de lançamento, então os jogadores

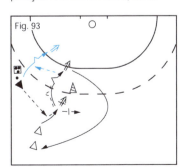
Fig. 93

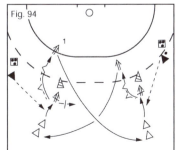
Fig. 94

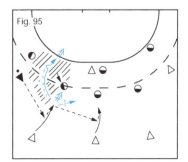
Fig. 95

na posição de AE precisam observar:
– Escolher uma movimentação para a frente no sentido externo da quadra (veja Fig. 96);
– A finta de passe ocorre na direção da posição do PE (finta da seqüência padrão de passes AC-AE-PE).

! O objetivo do treinamento de adaptação técnica na utilização de fintas de lançamento é:

Os atacantes devem se decidir pela ação de finta que melhor se adapte à situação, de acordo com a reação do adversário à finta e à direção de penetração que se oferece. Isto ocorrerá com o acúmulo da experiência de jogo e de conhecimento técnico. As regras básicas de tática individual são um auxílio inestimável para o jogador, que assim pode utilizar as fintas de forma efetiva.
Portanto:
Deixar claro para os jogadores que estes, através de determinadas situações de percurso de corridas e fintas, podem provocar o melhor conjunto de situações possíveis para uma penetração.

Exercício 1 (Fig. 97):
Utilização contra defesas com comportamento limitado pelo treinador
Após uma seqüência de passes do AC-AE-PE-AE, depois de uma finta de passe ou lançamento, realiza-se uma penetração com lançamento para o gol do lado contrário do braço de lançamento. O comportamento da defesa é limitado: eles podem reagir de diferentes formas (posicionamento

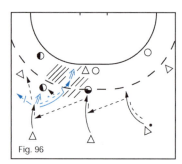
Fig. 96

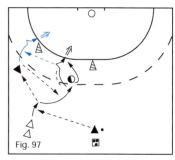
Fig. 97

de espera, defesa ofensiva etc.), mas têm que deixar o atacante finalizar para o gol.

Exercício 2 (Fig. 97):
Como o exercício 1, só que o raio de ação dos defensores é ampliado. Eles podem, então, de vez em quando, tentar bloquear o percurso de penetração a partir da posição de AE em direção ao gol. O jogador na posição de AE precisa então se decidir, de acordo com a situação, por um lançamento para o gol ou pela seqüência do engajamento.

Exercício 3:
Como o exercício 1 e 2, porém a penetração ocorre do lado do braço de lançamento.

Exercício 4:
Utilização contra defesas com comportamentos sem limitações
Para jogadores avançados: como no exercício 1, só que, após uma movimentação para a frente, o jogador na posição de AE precisa se decidir por uma finta de lançamento observando qual é a melhor direção para a penetração.
Dica:
No início, o treinador deve agir como defensor e mostrar um claro comportamento defensivo.

Exercício 5:
Utilização sob o aspecto da tática em grupo
Realização como no exercício 1; agora o defensor se coloca na posição de ponta. Para que ocorra a penetração do AE do lado contrário do braço de lançamento, é preciso que ele observe o comportamento do defensor que está colocado na ponta, quer dizer:
– Penetração para o gol se o defensor que está na ponta se orientar para o AE;
– Passe para o jogador que está na posição de PE participando do engajamento quando o defensor que está na ponta auxilia e fecha o espaço para o meio.

Jogo básico:
Jogo 3-3 e 4-4 em um espaço limitado. Pode-se também jogar 1-1.

Fintas de corpo

Formas básicas

Juntamente com o aprendizado para fintas de troca de direção, as fintas de corpo fazem parte do treinamento de base.
A penetração após uma finta de corpo pode novamente ser realizada do lado do braço de lançamento ou do lado contrário do

braço de lançamento (Fig. 73). O mesmo ponto de vista tático e metodológico (defesa 1:5) deve ser levado em consideração como no capítulo anterior, assim iniciamos o exercício de penetração novamente com o quique da bola.

! Mas com jogadores mais experientes, deveria ser ensinada, já no treinamento de base, a finta de corpo sem o quique da bola. No início isto é possível, sobretudo, para as posições dos pontas, já que a distância para o gol é menor (em uma defesa com características ofensivas).

Como é realizada uma finta de corpo?

Nas Seqüências 16 e 17 são demonstradas duas diferentes formas de finta de corpo:

■Salto em posição paralela (Seqüência 16, Fotos de 2 a 4).

■Com passada e queda para a frente, após a recepção da bola (Seqüência 17, Fotos 2 e 3). No treinamento de base, a finta de corpo deve ser realizada primeiramente com uma passada em queda.

Seqüência 16:
Finta de corpo (salto paralelo à posição básica) com finalização em penetração para o lado do braço de lançamento.

189

1 2 3 4

Seqüência 17:
Finta de corpo com penetração para o lado do braço de lançamento (com quique da bola).

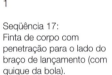 O salto a partir da posição básica origina grandes problemas de coordenação e deveria ser inserido somente na fase posterior de treinamento, mesmo quando alguns jogadores talentosos estão em posição de executar tal movimentação, como as seguintes seqüências de fotos demonstram.
Para ambas as possibilidades é preciso frisar que a finta de corpo fica ainda mais acentuada quando ela é acompanhada de uma transferência do peso corporal de uma perna para a outra.

Descrição do movimento

Finta de corpo com penetração para o lado do braço de lançamento

Na Seqüência15, a evolução do movimento é demonstrada por um jovem jogador:
A recepção da bola ocorre após uma passada com o pé esquerdo (Fotos 1 e 2); a partir desta posição ele salta na frente (no engajamento) do defensor em uma posição básica paralela (Fotos 2 e 4), na qual ele inclina o seu corpo para a lateral (Foto 4);

A partir desta posição básica, na qual o jogador aguarda um momento, ocorre uma rápida mudança de direção que se inicia com uma curta passada com o pé direito para o lado do braço de lançamento (Foto 4). Com esta passada na direção do ataque ocorre o quique da bola e uma clara desmarcação em relação ao defensor (Foto 5).

Após a recepção da bola o jogador pode, com duas passadas a mais, utilizar um lançamento em suspensão.

Indicações para a correção de erros:

■ A partir da passada de recepção com um salto para a frente (no engajamento), colocar-se na posição básica. Não salte muito alto, deslize!

■ Aterrissagem sobre todo o pé. Não agir somente com a porção anterior do pé!

■ Aguardar um momento na posição básica. Aguardar a ação de defesa do adversário ou um posicionamento defensivo passivo para utilizar uma penetração rápida.

A Seqüência 17 mostra a mesma evolução para uma menina. Como já foi mencionado, a finta de corpo é realizada após a recepção da bola com uma passada iniciada com o pé esquerdo (Foto 2) e com uma passada em queda para a esquerda (Foto 3). A transposição do peso corporal de uma perna para a outra, bem como a recepção da bola nesta direção, apóia o efeito desejado (passada lateral da jogadora de defesa na direção da finta).
Caso contrário, a evolução do movimento é quase idêntica

5

6

7

8

quando se olha a ação como um todo, do ponto de vista da especificidade e da dinâmica do gesto.
A Figura 98 mostra a seqüência de passadas correspondente com uma passada em queda como finta.
Na Seqüência 18, a finta de corpo é realizada com uma penetração para o lado do braço de lançamento sem o quique da bola na posição de PE demonstrado por uma jogadora. Após a recepção da bola com uma passada à esquerda (Fotos 1 e 2), ocorre a passada em queda para a esquerda (Foto 3) com uma clara transposição do peso do corpo de uma perna para a outra e inclinação da porção superior do corpo para o lado esquerdo (Foto 4).

Na seqüência, com passadas curtas para a direita, altera-se a direção da penetração para o lado do braço de lançamento. Após a passada mais ampla, que precisa ser realizada diagonalmente em relação ao gol, ocorre o lançamento para o gol (aqui a impulsão para um lançamento em suspensão).

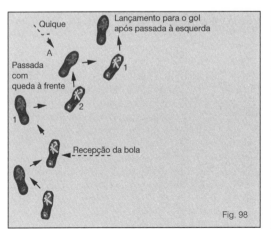
Fig. 98

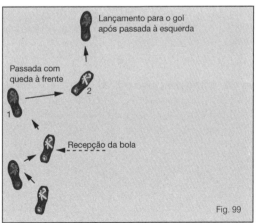
Fig. 99

1 2 3

Seqüência 18:
Finta com giro para o lado do braço de lançamento (sem quique da bola).

Seqüência 19:
Finta de corpo com penetração para o lado contrário do braço de lançamento (com quique).

L

Indicações para a correção de erros:

■ A passada em queda com inclinação lateral do corpo como auxílio.

■ Antes da mudança de direção, aguardar um momento para que o defensor de fato se movimente na direção onde a finta foi aplicada.

■ Manter uma distância de segurança (cerca de 1 metro).

■ Levar a bola sempre com as duas mãos na direção da finta e protegê-la do ataque do adversário.

■ Durante a penetração, não esbarrar no defensor com o ombro.

Finta de corpo com penetração do lado contrário do braço de lançamento

Na Seqüência 19, a ação é demonstrada por um jogador com o quique da bola.
Após a recepção da bola com uma passada com o pé esquerdo, ocorre uma passada em queda para a direita (Foto 2), em que uma transposição do peso corporal para a perna direita é realizada, bem como a colocação da bola do lado direito para potencializar o efeito da finta.

1 2 3

4

5

6

7

Com a seqüência da passada para a esquerda ocorre o quique da bola. A próxima passada à direita precisa ser para ganhar espaço e ultrapassar o defensor em direção ao gol. Ao mesmo tempo ocorre com essa passada a recepção da bola (Foto 4). Após a recepção da bola, o jogador pode, com uma outra passada dirigida para a esquerda e frontal, lançar para o gol (Foto 5).
Nesse caso a dificuldade técnica está no lançamento em suspensão. O jogador precisa sair do domínio do defensor com uma última passada a partir de uma direção de corrida frontal, levando o braço de lançamento para trás (Fotos 5 e 6). Ele ainda precisa levar o ombro direito para a frente, girar o tronco na direção contrária do quadril e levar o braço de lançamento o mais para trás possível (Foto 6).

! Com salto na direção do gol, na maioria das vezes, o atacante consegue livrar-se do defensor.

Na Figura 100 essa seqüência está

4

5

6

193

1

2

3

Seqüência 20:
Finta de corpo com penetração para o lado contrário do braço de lançamento.

esquematizada mais uma vez. O lançamento para o gol ocorre aqui após uma só passada! Poderíamos ainda utilizar, de acordo com o espaço disponível e o comportamento da defesa, também nas seguintes combinações de passadas:

■ Três passadas após a recepção da bola.

■ Direcionamento do quique, primeiro com a perna direita após uma bem-sucedida mudança de direção (tecnicamente correto seria a utilização da passada em queda como primeira passada).

Após a recepção da bola com uma passada esquerda (igual à passada de recepção) poderiam ser realizadas mais duas passadas até o lançamento para o gol.
A primeira possibilidade tem a vantagem de o jogador ter mais tempo disponível e se colocar novamente em um bom condicionamento para realizar o lançamento! No entanto, um pré-requisito é espaço suficiente para o ataque (defesa extremamente ofensiva).

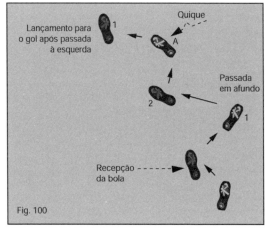
Fig. 100

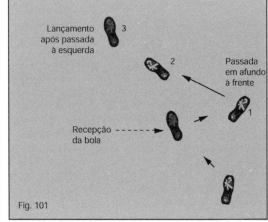
Fig. 101

4   5

A segunda possibilidade segue a regra técnica e indica uma boa recepção da bola e tomada de passada em queda, com uma passada, ou que freqüentemente é muito difícil para o jogador no treinamento de base. Ela deve, em primeiro lugar, ser vista como uma variante para jogadores avançados.

L

Portanto, primeiro é preciso ensinar a combinação de passadas esquematizadas na Figura 100 e automatizá-la, fazendo com que o jogador, de acordo com o espaço que tem à disposição, faça um lançamento após uma ou três passadas.
A Seqüência 20 mostra a mesma ação sem o quique da bola, a partir da posição PE demonstrada
por uma jogadora. Após a recepção da bola com uma passada à esquerda (Fotos 2 e 3) ocorre uma passada em queda com a perna direita (Foto 3). O defensor desliza na direção da finta e, dessa forma, o atacante, com uma longa passada diagonal dirigida para a frente (no engajamento), livra-se do adversário e realiza imediatamente
um lançamento para o gol (aqui vemos um lançamento em suspensão).
Em relação à combinação de passadas (veja também a Fig.101)
as seguintes indicações devem ser observadas no treinamento de base:

■Geralmente com essa seqüência de ação não é possível ultrapassar o defensor, já que após a finta ocorre somente uma passada. Objetivo tático: desprender-se do adversário o mais rápido possível!
■No treinamento de base essa forma deveria ser utilizada nas seguintes posições (é possível também observá-las na Seqüência 20):

– Posições de ponta (curta distância até o gol);
– Nas posições intermediárias (armadores, setor de armação do jogo), quando a cobertura é defensiva (a partir de grandes distâncias a força de lançamento de vários jogadores ainda não é suficiente).

Portanto, a penetração do lado contrário do braço de lançamento sem quique da bola após uma finta de corpo só deve ser exercitada por jogadores avançados.
Junto ao ato de livrar-se rápido do adversário com uma passada é possível exercitar mais uma variante, embora esta seja muito mais difícil (Fig. 101).
Aqui a penetração para o lado contrário do braço de lançamento se inicia após uma passada em queda para a direita (primeira passada) com uma outra passada com a perna direita que acontece diagonalmente (segunda passada). Com a última passada (terceira passada = passada esquerda), o jogador pode lançar para o gol.

Indicação metodológica:
A visão geral na página dupla mostra, de forma exemplar, diferentes exercícios básicos de 1:1 nas quais as fintas podem ser treinadas de forma próxima ao jogo.

Exercícios básicos

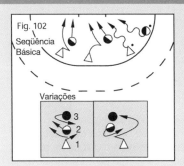

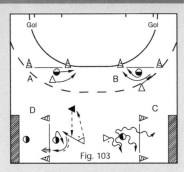

Exercício básico 1 (Fig.102): Seqüência básica (A)

Em uma área demarcada agem duas duplas. Um atacante e um defensor estão frente a frente e precisam manter a distância de aproximadamente um braço. O treinador cita diferentes partes do corpo (panturrilha, coxa, glúteos) que o atacante tem de tocar.

Objetivo:
Quantas vezes o atacante alcança o seu objetivo em 1 minuto. Após isto, trocar o exercício.

Importante:
O técnico nomeia freqüentemente outras partes do corpo que devem ser tocadas.

Variações:
① Cada um dos jogadores conduz uma bola;
② Cada par de jogadores age em uma área determinada (por cones, bandeiras etc.);
③ Comandar adicionalmente a movimentação à frente (com uma perna, saltitando etc.);
④ Um segundo defensor (n° 3 nesta variação) age ativamente atrás do primeiro defensor (n° 2). O atacante (n° 1) procura então tocar o defensor n° 3 que está atrás. O defensor n° 2 tenta proteger o companheiro com o corpo. Delimitar o campo de ação.

Correção:
■Sempre guardar a distância de 1 braço. Não girar!

Exercício básico 2 (Fig. 103):
Um defensor e um atacante colocam-se frente a frente. O defensor defende uma linha demarcada de 3 a 5 metros.

1. Sem bola:
Quem tocar primeiro uma das marcações ganha um ponto (veja A e B). Os jogadores agem lateralmente com diferentes fintas de corpo.

2. Com bola:
Ambos os jogadores conduzem uma bola. O atacante procura, através de rápida mudança de direção, alcançar uma vantagem e ultrapassar a linha (veja C).

O defensor pode tentar pressionar o atacante com a mão livre (não perder o controle da bola). Quantas penetrações o atacante consegue realizar em 30 segundos?

Variação:

Com lançamento para o gol: agora o atacante tem como companheiro um passador (trocar de posição em sistema de rodízio). O defensor age sem bola (D).

Sobre a organização:

■Em cada meia quadra podem exercitar-se no mínimo 4 grupos. Utilize colchonetes como gols adicionais (ver Fig.103).

Correções:

■Ambos os jogadores mantêm a distância de 1 braço.

■A cada ação de penetração mal-sucedida, voltar ao inicio e recomeçar o exercício.

Exercícios básicos

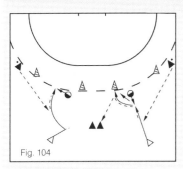

Fig. 104

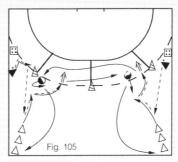

Fig. 105

Exercício básico 3 (Fig.104):
Um atacante procura, através de passes recebidos de dois passadores, ultrapassar o defensor em uma situação de jogo 1:1 colocando a bola atrás da linha entre dois cones.

Objetivo:
Quantos pontos o atacante consegue converter em 30 segundos (substituição no quarteto de acordo com o princípio do rodízio)?

Importante:
O defensor joga sem cometer faltas. O defensor só pode se colocar lateralmente em relação à linha demarcatória!

Variações: Sem bola

① Com lançamento para o gol;

② O defensor cobre de forma ofensiva de forma que o atacante possa realizar fintas de corrida sem bola. Ele se coloca mais à frente e recebe o passe.

Indicações para a organização:

■Em todo o campo de jogo 4 grupos com quatro jogadores em dois gols, bemcomo 2 a 3 grupos de quatro jogadores à altura do meio da quadra (até 28 jogadores); marcar a quadra de forma correspondente.

■Meia quadra
2 quartetos no gol e na metade da quadra.

■Quando da utilização de grupos numerosos, ocupar várias vezes as posições de ataque.

Correções:
■Variar a direção de corrida com ou sem bola.
■Após um passe, sempre procurar o melhor posicionamento para a saída.
■Os passadores reagem a cada passe do atacante!

Exercício básico 4 (Fig.105):

Evolução: PE passa para AE que age 1:1 contra o defensor na posição de armador. O AE corre imediatamente para a posição DLE defensiva e defende contra AD, enquanto o AE passa da posição defensiva para a posição ofensiva.

Objetivo:
Princípio básico: modificar o posicionamento e as tarefas do defensor e do atacante constantemente.

Variação:

– PE joga 1:1 contra PD;
– PE corre para a posição de AD e defende contra AE;
– AE corre para a posição de DLD na defesa e defende contra o AD;
– AD corre para a posição de DPE e defende contra AD.

O respectivo defensor muda para o grupo de atacantes após a ação de defesa ser realizada. Na seqüência da ação que se inicia na posição de PE, as bolas são levadas pelo PD e colocadas em jogo (veja B).
Se a ação é iniciada na posição de PD, as bolas são colocadas em jogo pelo PE.

Jogo Ofensivo com Troca de Posições

O ponto principal no treinamento de base junto à formação sistemática do jogo posicional é a introdução das formas básicas do engajamento.
Quais formas básicas devem ser treinadas? Vamos nos lembrar em primeiro lugar das perspectivas de objetivo da concepção de treinamento da Confederação Alemã de Handebol.

Ações de escape com seqüências criativas e variáveis são as nossas perspectivas para o ataque!
O que significa isto para o treinamento de base?

 ■"Formas de jogadas semelhantes" como meio de ataque nas quais os percursos de bola e de corrida são pré-programados e as possibilidades de ação de cada um dos jogadores são limitadas e não têm lugar neste nível de jogo!

■Ao invés disso, o engajamento no sentido lateral (momentos de cruzamento) e em profundidade (transição de lançamento à distância para lançamento próximo à área) deve contribuir:

– Para que os jogadores ajam de forma criativa e de acordo com a situação (objetivo: desenvolvimento das capacidades específicas de jogo);
– Como conseqüência da experiência adquirida em várias posições.

■Mais uma vez: determinadas ações de conclusão não são previamente combinadas, pois os jogadores devem aprender a se decidir de acordo com a situação.

■Seqüências objetivas de jogo que se originam de transições ou cruzamentos são sempre elementares e se concentram em:
– *Capacidade de se impor (jogo 1:1)*;
– *Jogo tático, conjunto em pequenos grupos (engajamento, passes para o pivô etc.)*.

Formas básicas: Ações de desmarcação com cruzamento

No treinamento de base, deveria se ambicionar que o cruzamento fosse executado em duplas entre todas as posições. De forma exemplar, nós mostramos alguns exercícios básicos e formas de jogos para o cruzamento da posição de armador-central; eles também podem ser utilizados, com algumas modificações, em outras posições (por ex. cruzamento entre AL-AC, PE-AE etc.).

Exercícios básicos
Exercício básico 1 (Fig. 106):
Em uma área demarcada os defensores agem ofensivamente. Após um passe, o jogador que ocupa a posição de armador-central joga 1:1.

Objetivo:
O armador-central lança a partir da ação de 1:1 para o gol ou passa – se a defesa age corretamente – para um cruzamento com o AE. AE precisa saltar utilizando o espaço compreendido entre as linhas de 6 e 9 metros.

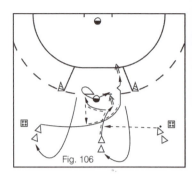

Fig. 106

Importante:
■Após cada ação os jogadores voltam para as suas posições (treinar de forma variável todos os jogadores em todas as posições).
■Realizar estes exercícios com dinâmica próxima ao jogo de forma mais variável possível.

Variações:
1. Realizar o cruzamento em espaços diferentes:
   – AE (AD) e PE (AE);
2. O jogador que realizar o cruzamento coloca-se na zona de lançamentos e se oferece para passar a bola;
3. Os defensores variam seu comportamento defensivo.

Dicas para a organização:
■Dois grupos em cada lado da quadra (dois gols e utilização de colchonetes ou piso macio).

Correções:
■O jogador que comanda o cruzamento precisa levar a defesa através de uma finta!
■Não passar a bola precocemente para o jogador que vem em sentido contrário.
■Passes para a esquerda com a mão esquerda e passes para a direita com a mão direita.

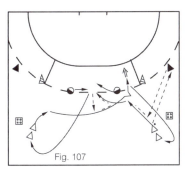
Fig. 107

Exercício básico 2 (Fig. 107):
Em uma área determinada, 8 a 9 metros antes do gol, agem dois defensores. Dois passadores agem como pontas. Joga-se dois contra dois. Um jogador comanda o cruzamento da dupla de forma alternada para a direita e para a esquerda.
A seqüência de ações se desenrola de acordo com o comportamento da defesa. Os atacantes podem a qualquer momento jogar 1:1 ou fintar o cruzamento.

Importante:
■ Os atacantes agem de acordo com a situação. Realizar alternativas de ação constantemente!
■ Realizar o engajamento constantemente.

Variações:
1. Realizar o cruzamento em outros espaços:
   – AE (AD) e PE (AE);
   – AC e AD (AE).

2. Colocar-se na zona próxima de lançamentos:
Aquele jogador que comanda o cruzamento se coloca perto da zona de lançamentos.

Dicas para a organização:
■ Indicar formas de competição:
– Quantos gols uma dupla consegue converter em um número determinado de ataques?
– Qual dupla consegue se defender melhor (ganhar a posse da bola de forma ativa = 2 pontos, senão, caso a bola seja defendida de forma bem-sucedida, 1 ponto).

Correções:
■ Importante: continuar jogando quando a defesa age de forma correta. Não deixar que as ações de ataque sejam interrompidas por faltas de ataque!
■ Recuar e, na seguinte seqüência de passes, comandar a próxima ação!
■ Defesa de movimentos cruzados: Os defensores agem um após o outro, não no mesmo ponto!

Jogo básico
Jogo básico 1: 3-2 (Figs. 108 e 109)

Comandos de jogo para a defesa:
■ Agir ofensivamente entre 7 e 9 metros, mais tarde de acordo com a defesa 1:5.

Comandos de jogo para o ataque:

1. Cruzar A com LE/LL como ação para se livrar do defensor: esta é a possibilidade situacional de finalização (veja Fig. 108).
2. Para jogadores avançados a conotação principal é colocada sobre a possibilidade de continuar jogando após o engajamento. Exemplo: recuar de forma objetiva (veja Fig. 109 com passe para LD ou com o passe longo de LE para A). Caso contrário, coloca-se o novo jogador na posição de A para o próximo cruzamento. Nesse caso é preciso pressionar sem interrupção para poder continuar jogando.

Formas de organização:
■ O armador-central joga primeiramente 1:1 contra o defensor da direita, se o AD necessitar cruzar. Pode ser que o armador-central não consiga se impor (lançamento para o gol), então ele passa para AD (ou na esquerda para AE).
■ Engajamento com procedimento rotacional. Todos os atacantes precisam direcionar o cruzamento sobre o armador-central.

Variações:
1. Variar os comandos de cruzamento a partir do

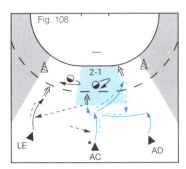
Fig. 108

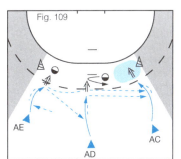
Fig. 109

armador-central (por ex. ligação com lançamento de suspensão).
2. Outras formas de cruzamento como ações para se livrar da defesa (por ex. cruzamento longo entre AE e AD).

Correções:
■ Não organizar nenhum comando programado do cruzamento. O armador-central sempre procura em primeiro lugar em um jogo 1:1 as suas próprias possibilidades de lançamento.
■ Observar o prolongamento do espaço para ação: o armador precisa prolongar o cruzamento com, por exemplo, o AD para a direita, assim após o passe de AD para AE, que tem uma possibilidade ampla de ação do lado esquerdo.
■ Especialmente importante: após o cruzamento, os jogadores precisam voltar imediatamente para as suas novas posições e estarem preparados para passar a bola e poder, por exemplo, receber um possível passe para trás.
■ Importante: durante os movimentos de cruzamento manter sempre o contato visual com o jogador que está com a posse da bola.

Jogo básico 2: 4-3 (Fig. 110):
Mesmo procedimento do jogo básico 1. Jogam 4-3, onde a posição de pivô é ocupada adicionalmente. Os jogadores de armação (armadores direito, central e esquerdo) precisam observar o pivô durante o cruzamento.

Correções:
■ Não passar de forma programada para o pivô, mas sim tornar o passe dependente do comportamento da defesa – sobretudo dos dois laterais da defesa.
■ Continuar jogando caso nenhuma possibilidade de conclusão se apresente.

Indicação:
De acordo com o nível de desempenho, pode-se jogar com ou sem passador.

Continuação:
■ Os jogos básicos 3:3 e 4:4 podem ser realizados com idêntico número de jogadores.
■ Cruzamento entre outras posições de jogo com ação tática para se livrar dos adversários.

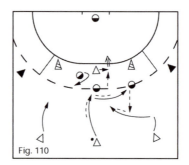
Fig. 110

Forma básica: transição para a ação de desmarcação

No treinamento de base deveria, como transição tática da ação de desmarcação, realizarem-se as seguintes formas básicas de jogo:

– Das pontas;
– Das posições AE/AD/AC.

Importante: uma formação sistemática do ataque 2:4 não deve estar em primeiro plano, mesmo para jogadores avançados.

Sobre a organização do treinamento:

❗ Os exercícios básicos e jogos devem ser organizados de forma que todos os jogadores passem pelo menos uma vez pela zona mais próxima. Somente assim é possível garantir uma formação básica independente da posição de jogo ocupada.

A seguir, esclarecemos alguns jogos básicos para a transição das posições de AE/AD.

Jogos básicos

Jogo básico 1: 3-2 (Figs. 111 e 112)
Comandos de jogo para a defesa:
■ Agir ofensivamente em um espaço entre 7 e 9 metros, e então defensivamente de acordo com os movimentos básicos da defesa 1:5.

Comandos de jogo para o ataque:
1. Transição de AE/AD ou AC na zona de lançamentos como ação de desmarcação: possibilidades de conclusão de acordo com a situação:
– Direto após transição (veja Fig. 111);

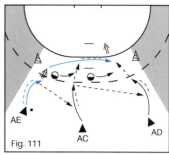
Fig. 111

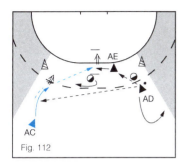
Fig. 112

– Após a transição (ataque 2:1, veja Fig.112).

2. Para jogadores avançados: cada ação de ataque é comandada após uma outra transição.

Importante: continuar jogando mesmo após a transição.

Formas de organização:
- Delimitar lateralmente os espaços para o ataque. Organizar os espaços de acordo com o nível dos jogadores.
- Engajamento em movimento na intermediária em procedimento de rotação. Cada jogador precisa comandar uma transição.
- Jogar 3-2 com transição para a porção esquerda (direita) do ataque. Ocupação das posições para a esquerda: PEAE-AC.

Variações:
1. Transição primeiro com a bola (veja Fig. 111), jogar também na direção do passe.
2. Para jogadores avançados: jogar a transição sem bola. Exemplo: posse de bola por AE e transição para AD.

Correções:
- Jogo de passes. Realizar movimentos de lançamentos perigosos para o gol a partir da transição.
- Jogar em uma clara situação de superioridade numérica. Não tentar finalizar o ataque precocemente.
- Não utilizar ações de jogo programadas: após cada transição todos os jogadores podem agir de acordo com a situação. Por exemplo, decidir por situações 1:1.
- Jogar durante e após a transição de forma que a defesa não tenha nenhuma chance de interromper o ataque através de uma falta de ataque. Deixar a defesa correr.
- Jogar passes entre AE e AD não tão rápido. Sempre levar pelo menos um defensor.

Jogo básico 2: 3:3
A mesma seqüência que no jogo básico 1, porém com equilíbrio numérico.
- A ação principal do exercício se move agora para ações 1:1, se não houver qualquer situação de finalização após a transição direta.
- Importante: caso não ocorra qualquer situação de finalização, os atacantes podem reiniciar ação de ata, ataque no qual os jogadores agem na zona mais próxima de lançamentos.

Jogo básico 3: 4-4
Evolução do jogo como os anteriores, com um pivô fixo (objetivo: ocupação da posição de pivô P e clara tomada das posições do armador na esquerda e do armador na direita).

Contra-ataque

No treinamento de base, passes longos do goleiro para um atacante que puxa o contra-ataque não devem ser sistematicamente treinados, já que, de acordo com nossa experiência e devido à falta de técnica com a bola, os jogadores a deixam sair pela lateral.
Quando se joga com uma defesa ofensiva 1:5 acontecerá várias vezes de a bola ser colocada para fora da quadra ou apanhada pelos defensores. Por isto, como primeira ação, temos o contra-ataque com quique da bola, para que seja alcançado o objetivo tático de ultrapassar o defensor que retorna e lançar para o gol.

! Como a divisão de tarefas entre os jogadores da primeira opção, que correm para a frente (no engajamento) no contra-ataque, e os da segunda opção, que têm como objetivo tático alcançar a maioria numérica e auxiliar a seqüência de jogada iniciada do meio da quadra pelos jogadores da primeira opção, não devem ser treinadas. Aqui, deveríamos ter como ponto principal:

■ O aprendizado e uma transição rápida da defesa para o ataque;

■ O treinamento de ligação rápida com o meio da quadra através de passes curtos em grupos de 2 ou 3.

Formas de exercícios para o contra-ataque com quique da bola

Exercício 1 (Fig. 113):
São formadas duplas: um jogador

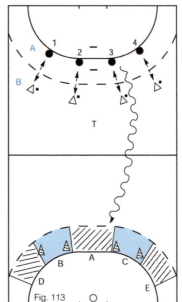
Fig. 113

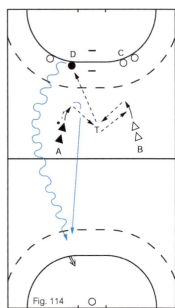
Fig. 114

age próximo ao gol e o seu parceiro próximo à linha de lançamento livre. Eles passam a bola um para o outro continuamente. O segundo grupo é numerado. Ao comando do treinador, o segundo grupo inicia um contra-ataque com quique da bola.
Após cada série, as posições das duplas são trocadas.

Exercício 2:
Como o exercício 1, mas após ultrapassar os defensores, os jogadores precisam lançar para o gol a partir de porções diferentes da quadra que estarão demarcadas por cones (veja Fig. 113).
Variações:
– Treinador mostra o espaço para a penetração;
– Competição entre os grupos A e B (veja Fig. 113). Qual grupo converte o maior número de gols em cinco séries?

Exercício 3 (Fig. 114):
O treinador passa uma bola para os jogadores dos grupos A e B. Em distâncias irregulares, jogadores dos grupos C ou D são lançados e iniciam imediatamente um contra-ataque. Os jogadores dos grupos A e B tentam, então, impedir o contra-ataque sem falta de ataque.
Indicação:
O exercício pode ser realizado como competição entre os grupos A e D ou B e C.

Exercício 4:
Jogo 3:3 com contra-ataque com condução da bola.

Joga-se 3:3 em um gol.
Cada gol que for convertido após um contra-ataque vale o dobro. É preciso defender de forma ofensiva e ativa. Na finalização da ação há um rodízio dos jogadores que atuam no ataque e na defesa.

Formas de exercícios para uma rápida ligação entre uma meia quadra e a outra.

Exercício 1 (Fig.115):
Os jogadores se dividem igualmente nas posições da intermediária (armadores, setor de armação do jogo) e passam a bola em progressão para a frente de posição em posição. Ao sinal do treinador (por ex. elevação do braço) é preciso que a bola lhe seja passada. Ao mesmo tempo os grupos A e B iniciam um contra-ataque que o treinador comanda com um passe curto. Primeiro este exercício pode ser realizado sem defensores. Os jogadores na posição de armador-central precisam ser trocados constantemente.

Variação:

Joga-se 2:1 (Fig. 115).
Comportamento defensivo sofre as seguintes variações:
1. Os defensores agem de forma defensiva e somente na zona de lançamentos;
2. Defensores agem ofensivamente sobre a linha livre de lançamentos;
3. Os defensores agem sobre a linha divisória da quadra;
4. Um passador na posição de armador-central torna-se defensor.

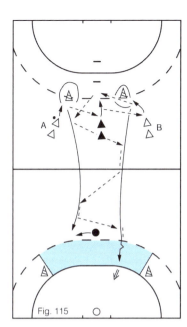

Fig. 115

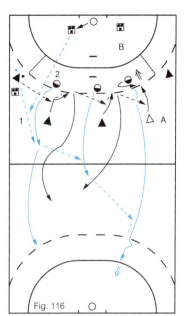

Fig. 116

Indicações para correção de erros:
■ Para o jogador com a posse da bola:
– Passar a bola se o defensor atacar;
– Escolher formas seguras de passe: passe com lançamento em suspensão ou passe com quique no solo;
– Só passar se o adversário se orientar claramente para o jogador com posse da bola.
■Para o jogador sem bola:
– Sempre deixar aberto o percurso direto de passe para o jogador com posse da bola;
– Não agir na sombra do marcador, mas sim se livrar dele.

Exercício 2:
Como o exercício 1, só que agora teremos o jogo 3:1. O jogador na posição de armador-central corre dando a volta no treinador como terceiro jogador na outra metade da quadra.
Para jogadores avançados:
Jogo 3:2: na outra metade da quadra age um segundo grupo de defensores.

Exercício 3 (Fig. 116):
Jogo 3:3
Após um lançamento para o gol o grupo B reinicia um contra-ataque e espera um passe curto:
1. De um passador na posição de ponta;
2. Do goleiro.
Na seqüência joga-se 3:2, em que dois jogadores do grupo A retornam como defensores (antes combinar quem retorna).
De acordo com o número de participantes, os trios são trocados constantemente.

Aprendendo a Jogar através de Jogos Básicos

Aspectos metodológicos do treinamento

Uma grande falha no treinamento de crianças e adolescentes é que freqüentemente o repertório de variações (ações de lançamento, passes e fintas) dos jogadores é limitado. Não é por acaso que uma das linhas diretrizes da concepção de treinamento da Confederação Alemã de Handebol indica que os jogadores devem utilizar um maior repertório de ações possíveis a partir das mais variadas posições de jogo, formando então o jogador polivalente. Como este objetivo pode ser transformado em metodologia de treinamento? Basicamente vale: quem quiser aumentar o repertório de variações dos seus jogadores precisa ensinar o padrão de movimento o mais cedo possível, porque este está intimamente ligado ao treinamento da coordenação, além de deixar os jogadores treinarem de forma variada.

A formação individual é, portanto, também um ponto principal do treinamento de base.

O aprendizado técnico (treinamento de aquisição técnica) e suas variações (treinamento de variação técnica) não encontra no handebol nenhum objetivo próprio. Eles precisam ser empregados de forma correspondente e bem-sucedida durante o jogo. Os jogadores precisam, portanto:

1. Reconhecer e entender de forma adequada a situação de jogo;
2. Decidir-se pelo emprego da técnica correta;
3. Decidir qual variação da técnica escolhida combina melhor com a situação (exemplo de passe: passe com quique da bola no solo, rápido com as duas mãos).

Com o auxílio do treinamento de adaptação técnica (adaptação da técnica correspondente às condições concretas da situação), treinam-se a utilização da técnica aprendida e suas variações. Assim é possível a realização natural também do treinamento técnico. Em um jogo, nunca um jogador agirá sozinho e da forma que quiser. As suas decisões são em primeiro lugar dependentes de uma série de comportamentos táticos individuais (por ex. procurar um posicionamento favorável antes mesmo de receber a bola, jogar com o adversário, quer dizer, colocar o defensor em diferentes ações 1:1 sempre com uma nova tarefa). Por outro lado, o jogador precisa entender a situação e levar em consideração as regras do grupo ou a tática da equipe, por exemplo:

– Fase de jogo (por ex. fase de construção e de finalização);
– Jogo com ações de fuga (por ex. transição, cruzamento);
– Possibilidades de sucesso de determinadas ações de jogo (pronto para se arriscar).

Esse treinamento de utilização tão próximo ao jogo acompanha o jogador desde o início e por toda sua carreira. Ele nunca aprende tudo sobre isto, mesmo jogadores de alto nível decidem-se, como todos nós sabemos, de forma errônea.

Os treinamentos de base e de construção marcam os primeiros passos de uma longa marcha para o desenvolvimento de uma capacidade específica de jogo. Como se parecem então as formas de treinamento concretas deste treinamento de utilização com características de jogo? A velha sabedoria técnica diz que o jogador aprende jogando, já que o treinamento de decisão individual deve ocorrer naturalmente em situações mais próximas possíveis do jogo.

Caso as capacidades de jogo sejam desenvolvidas de forma objetiva e sistemática, é preciso escolher métodos de treinamento táticos e técnicos que tenham como objetivo a simplificação. Com os jogos básicos o plano de treinamento da CAHb mostra o caminho do procedimento metodológico para o desenvolvimento da capacidade de jogo.

Os jogos básicos são em si metodologicamente ordenados e podem, de acordo com a categoria no treinamento de crianças e adolescentes, variar o seu objetivo de forma correspondente. A Figura 117 fornece uma visão geral das possibilidades de organização e comandos através do técnico:

■ *Redução do número de jogadores:*
– Facilitação das tarefas de percepção e decisão para os jogadores;
– Treinamento de situações típicas de jogo (2:1).

■ *Relação de superioridade e igualdade numérica:*
Com o objetivo de simplificar, os conteúdos de ação ofensiva são realizados em superioridade numérica, enquanto a ação defensiva é realizada em igualdade numérica.

■ *Dificultar a ação através de variações técnicas e comandos:*

Se o quique da bola e a condução desta forem proibidos, os jogadores precisam planejar ações de penetração relacionadas aos espaços para penetração de uma outra forma. Ao mesmo tempo, o jogo como um todo se torna mais rápido.

■*Comandos táticos:*
Com os comandos táticos, como por exemplo de cruzamento e transição, o treinador comanda de forma orientada o ponto principal de treinamento. Para o ataque são dados comandos simples ou complexos – de acordo com o grau de conhecimento técnico (por exemplo: jogo livre, jogo com abertura através de um determinado meio de ataque como tática de jogo). Se o ponto principal está na formação do ataque, no início o raio de ação do defensor deve ser limitado com o objetivo de facilitar as ações dos atacantes (por exemplo: a defesa se coloca na linha de 9 metros). Para o treinamento ofensivo é importante a constelação defensiva contra a qual se deve treinar uma determinada tática ofensiva. De forma prática: de acordo com quais princípios táticos de uma determinada formação defensiva devem agir os defensores? É preciso comportar-se de forma inversa se a intenção for o treinamento da defesa. Aqui é preciso, sobretudo, que o jogo no treinamento ofensivo seja corretamente controlado. Como simplificações podemos ter:
– Não-realização do engajamento (fim do problema de recepção e entrega – ponto principal: auxílio e segurança);
– Não deixar omitir nenhuma

posição de ataque com passes longos (deslizar na direção da bola agora fica mais fácil);
– Determinação das ações de ataque de forma que agora o contra-ataque correspondente será treinado (por exemplo: comportamento da defesa na transição dos jogadores da intermediária – armadores, setor de armação do jogo).
■Variações de organização:
– Determinação do espaço para o jogo (espaços maiores facilitam a ação do atacante, mas dificultam a ação dos defensores de forma correspondente).
– Jogo de ataque com auxílio. Para jogadores que são

tecnicamente inferiores, os passadores podem ser utilizados como auxílio extra (freqüente possibilidade de passe).
– Comandos de competição (qual equipe converte, por exemplo, 5 gols primeiro – a tomada da posse de bola ou a defesa bem-sucedida ganham 5 pontos – influencia, sobretudo, o engajamento de todos os jogadores (intensidade, força de vontade, capacidade de luta etc.).
A seguinte visão geral apresenta os jogos básicos mais importantes para o treinamento de base que também podem ser utilizados com os correspondentes comandos complexos nas categorias seguintes.

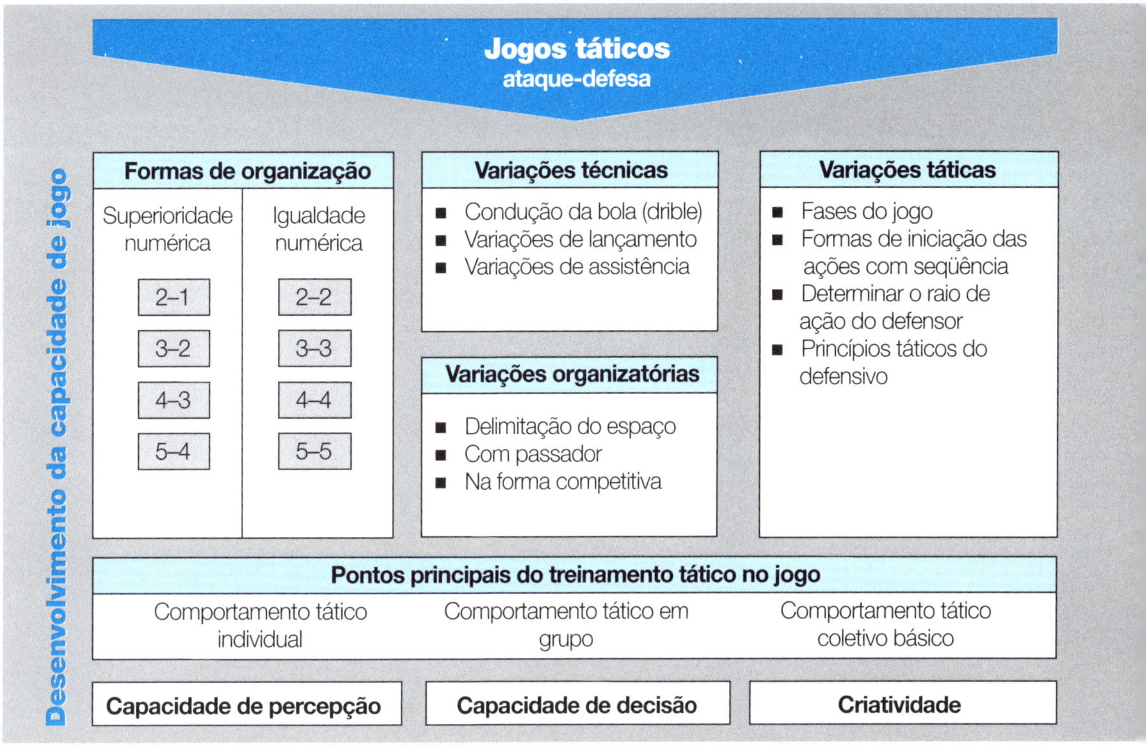

Fig. 117:
Formas de conduzir o desenvolvimento da capacidade de jogo (Ehret et al., 1999, p. 220).

Jogos táticos
ataque-defesa

Desenvolvimento da capacidade de jogo

Formas de organização

Superioridade numérica	Igualdade numérica
2–1	2–2
3–2	3–3
4–3	4–4
5–4	5–5

Variações técnicas
- Condução da bola (drible)
- Variações de lançamento
- Variações de assistência

Variações organizatórias
- Delimitação do espaço
- Com passador
- Na forma competitiva

Variações táticas
- Fases do jogo
- Formas de iniciação das ações com seqüência
- Determinar o raio de ação do defensor
- Princípios táticos do defensivo

Pontos principais do treinamento tático no jogo

Comportamento tático individual	Comportamento tático em grupo	Comportamento tático coletivo básico

Capacidade de percepção	**Capacidade de decisão**	**Criatividade**

Jogos básicos para o treinamento de base

Jogo Básico	Formas de organização

1
3-2

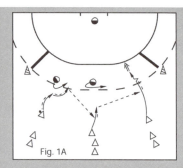
Fig. 1A

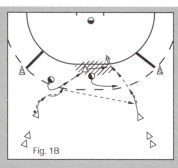
Fig. 1B

A – ataque 3:3
Comandos:
– Somente jogo posicional;
– Utilização de variações de passes;
– Limitar raio de ação;
– Defensor age ofensivamente.

B – ataque 2:1
Comandos:
– Não-utilização de jogo posicional;
– O pivô só deve se movimentar à frente do gol. Colocação de tarefas competitivas: ataque contra defesa – a defesa marca dois pontos se apanhar a bola.

Variação:
Em A: os defensores não devem tocar o atacante caso este realize um lançamento para o gol, senão o gol é desconsiderado (escolher grande raio de ação!). Objetivo: visão geral do jogo, pressão do tempo.

Correções:
■ Somente lançar em situações óbvias para o lançamento ao gol.
■ Levar o defensor e então passar a bola.

2
4-3
(4:0 - Ataque)

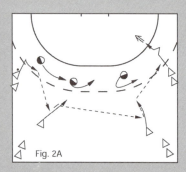
Fig. 2A

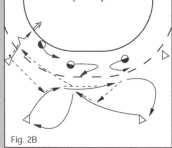
Fig. 2B

A – ataque 4:0
Comandos:
– Liberar um jogador através de variações de passes, passes rápidos ou devoluções;
– Defensores agem ofensivamente até 8 metros.

B – cruzamento no jogo 4:3
Comandos:
– Cruzar com o atacante respectivamente como ação de demarcação:
1. Cruzamento entre LE-LD/ LDLE.
2. Cruzamento entre LE- PE/ LDPD.

C – engajamento do ponta (sem figura)
– Como ação de demarcação o ponta corre na direção do pivô no meio. Continuar a jogada de forma criativa.
Engajamento com rodízio (como no voleibol) após cada ação bem-sucedida!

Variação:
O espaço da posição de ponta é bloqueado. Jogam três laterais e um ponta.
Correção:
■ Após o passe, retornar imediatamente para a posição inicial para poder receber uma possível devolução.

206

Jogos básicos para o treinamento de base

Formas de organização

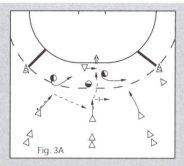
Fig. 3A

A – jogo posicional 4:3
– Jogo de passes rápido com devolução;
– Limitar raio de ação;
– Defensor ofensivo até 8 metros.

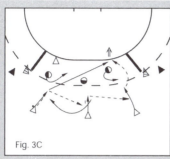
Fig. 3C

B – ampliação (sem figura)
– O pivô utiliza um bloqueio como solução para desmarcar-se (sair da marcação) de um dos três defensores;
– Após cada falta realizada é preciso recomeçar com um posicionamento de bloqueio novamente.

C – engajamento na zona próxima de lançamentos
– Como ação de desmarcar-se (sair da marcação) um atacante corre na direção da zona próxima de lançamentos (sem ou com a bola). Seqüência em jogo livre e criativo.

Variação:
1. Em A e B: sem quicar/conduzir a bola;
2. Raio de ação diminuído.

Correção:
■ Relação de superioridade numérica para o jogo! Não finalizar o ataque rapidamente. No engajamento: ocupar posições que ficaram livres!

Jogo Básico

3

4-3
(3:1 - Ataque)

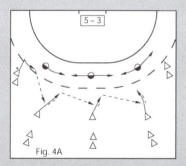
Fig. 4A

A – jogo posicional 5-3
– Somente posicionamento de ataque, não realizar devoluções;
– Os defensores agem de forma meio ofensiva;
– Passar a bola até que uma situação clara de ataque ocorra.

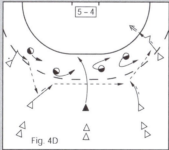
Fig. 4D

B – ampliação (sem figura)
– Com devolução para sair do jogo posicional.

C – jogo posicional 5-4 (sem figura)
– Só posicionamento de ataque com jogos de passes variados (devolução etc.).

D – jogo posicional a partir do jogo 5:4
– Um atacante troca respectivamente de lugar na zona próxima de lançamento com ação de desmarcar-se (sair da marcação). Seqüência criativa de jogo (cruzar ou bloquear após transição).

Importante:
Engajamento com rodízio após cada ação bem-sucedida.

Variação:
Em A: Sem quicar/conduzir a bola.

4

5-3/
5-4

Jogos básicos para o treinamento de base

Jogo Básico | Formas de organização

1 · 3-3

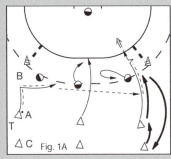

Fig. 1A

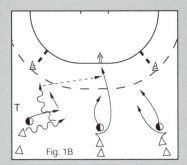

Fig. 1B

São montados 3 grupos que jogam de acordo com o seguinte esquema: A equipe A joga contra a equipe B, que se defende. Na finalização, A assume a tarefa defensiva contra a equipe C enquanto B corre até o meio da quadra (figura da esquerda).

Comandos:
1. Jogo livre e criativo no ataque, a defesa cobre de forma ofensiva;
2. Os atacantes só podem quicar a bola uma vez;
3. Quicar e conduzir a bola é proibido;
4. A equipe que defende permanece na defesa até que tenha bloqueado uma tentativa de ataque da outra equipe;
5. No caso de gol, a equipe que defende tem de colocar um homem na cobertura a aproximadamente 12 metros do gol (veja a figura da direita) (alternativa: o treinador indica a forma de marcação).

Indicações para a organização:
- Organizar competição (em forma de torneio): qual o grupo que converte o maior número de pontos (gols, roubadas de bola)? Na cobrança de 7 metros dois pontos serão abduzidos! Uma bola roubada conta como o dobro.

2 · 3-3

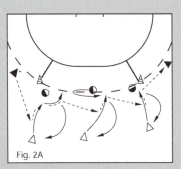

Fig. 2A

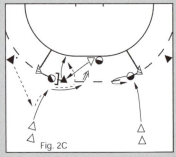

Fig. 2C

A – jogo posicional 3:3
– Os defensores agem de acordo com o princípio da defesa 1:5 (nas posições de LE ofensivo, A, LD).
– Os atacantes procuram no jogo posicional 1:1 e nas seqüências de ações (engajamento);
– Variação: os defensores procuram cobrir de forma antecipativa (= forçar jogo sem bola).

B – jogo 3:3 com cruzamento (sem figura)
– As ações de ataque são realizadas de forma cruzada como tentativa de desmarcação.

C – jogo 3:3 (2:1 ataque)
– A partir do jogo livre, o pivô procura tomar um posicionamento de bloqueio.

Importante:
Em B e C os defensores não devem ultrapassar a linha dos 9 metros.

Variação:
Mudança de posições no ataque e na defesa.

Jogos básicos para o treinamento de base

Formas de organização

Jogo Básico

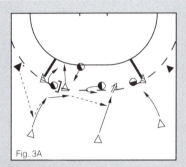

Fig. 3A

A – jogo posicional 4-4

- Os defensores agem de acordo com o princípio defensivo 1:5;
- Os atacantes agem com jogos posicionais variáveis (tabela, bloqueio).

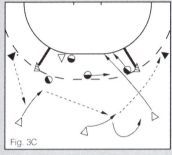

Fig. 3C

B – ampliação (sem figura)

- Movimento de cruzamento em duplas com ação de desmarcação.

C – jogo 4:4 com engajamento/transição

– Como ação de demarcação, um jogador da intermediária corre com ou sem bola na zona próxima de lançamento. Continuar jogando de forma criativa.

Variação:
Pode-se por exemplo jogar 4:4 com a seguinte organização: PELE-A-LD. O espaço da posição do PD é bloqueado.
Correções:
■ Comportamento defensivo na transição:
– Atacante corre por trás da defesa = acompanhar;
– Atacante corre antes da defesa = passar/assumir.

3

4-4

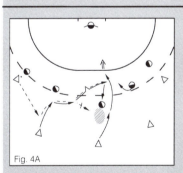

Fig. 4A

A – jogo posicional 5-5

- A defesa age de acordo com o princípio 1:5;
- Marcação parcialmente ofensiva (por ex. através do pivô ou do ponta na defesa);

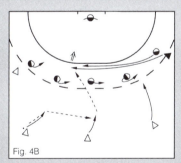

Fig. 4B

– Promover o jogo sem bola do atacante, sem mudança de posições.

B – jogo 5:5 com mudança de posição
– Cruzamento ou transição na zona próxima de lançamento com ação de demarcação.

Importante:
Comandos de competição:
– Exemplo: ataque contra defesa: contar o placar de acordo com o princípio do " Tie-Break".

4

5-5

O Treinamento do Goleiro

Como se escolhe um Goleiro?

Quando se deve treinar de forma sistemática as Técnicas Básicas?

As Técnicas Básicas do Goleiro

Como se escolhe um Goleiro?

Em qual faixa etária se deve determinar que um jogador será goleiro?

Já opinamos que tanto no mini-handebol quanto na categoria D seria necessário garantir, ao maior número de jogadores possível, uma experiência como goleiro. Portanto, devemos observar as seguintes diretrizes:

L

- Nunca especializar o jogador precocemente!

- Observar quem gosta de jogar no gol e quem preenche os requisitos (mobilidade, habilidade).

- Não utilizar reforço negativo como: o pior jogador deve ser o goleiro; pois a posição de goleiro no handebol atual é importante demais.

- Geralmente devem ser levados em consideração jogadores que possam resolver, mesmo as mais difíceis, tarefas prontamente e que estejam entre os melhores em outros jogos ou no atletismo.

Levar em consideração que a estatura correspondente à posição pode ser um critério, mas não uma característica. Mesmo no handebol de alto nível, há goleiros que são muito menores do que a altura ideal de 1,90 m.

Quando se deve treinar de forma sistemática as Técnicas Básicas?

Ao redor dos 11-12 anos – de acordo com a idade de início no handebol pode-se utilizar outra faixa etária – o treinador deveria encontrar um jogador que se responsabilize pela posição.
Tão logo os jovens alcancem uma estatura correspondente – geralmente isto ocorre por volta dos 13/14 anos – é possível iniciar com o treinamento da técnica básica.
Até este momento o treinador deve limitar-se a algumas indicações elementares, como, por exemplo, qual a técnica básica para a defesa de lançamentos para o gol.

Quando se observa jogadores de nível internacional é possível perceber que cada um deles demonstra um estilo individual. Portanto, está lançada a questão se de fato há alguma técnica básica que deve ser ensinada no treinamento de base.
Apesar de todo o trabalho, goleiros precisam aprender técnicas básicas de defesa para bolas altas, à meia altura e baixas; porque através disto se assegura que não ocorram erros na execução do movimento já nestas categorias.

A técnica por nós aqui apresentada corresponde ao exemplo de goleiros bem-sucedidos (THIEL/HECKER, 1991). O treinador deve, de qualquer forma, observar características individuais e nunca questioná-las.

1

As Técnicas Básicas do Goleiro

A seguinte técnica básica tem relação com a realização básica dos movimentos para defesas de bolas altas, à meia altura e baixas a partir da intermediária (armadores, setor de armação do jogo).

1

Bibliografia:
THIEL. A./HECKER S.:
(2. ed. ampliada e corrigida)

2

3

4

Bolas altas

As Seqüências 1 e 2 mostram as técnicas de defesa contra bolas lançadas da intermediária (armadores, setor de armação do jogo) para o gol, vistas como bolas lançadas no ângulo superior direito do gol. Isto é demonstrado por um goleiro e uma goleira.
Em ambos os jogadores pode-se reconhecer como técnica básica a utilização da técnica com passada e salto que traz as seguintes características:

■Na posição inicial os braços são colocados descontraídos na altura do quadril (veja a Foto 1 na Seqüência 1).

■Em uma ação de defesa no ângulo do gol ocorre sempre uma passada com salto, em que a impulsão ocorre na perna que está mais longe da bola (perna de impulsão). Como é possível observar nas Fotos 2 das duas seqüências, a impulsão é realizada com a perna esquerda

Seqüência 1:
Defesa de bolas altas (masculino).

Seqüência 2:
Defesa de bolas altas (feminino).

2

3

4

213

1　　　　　　　　　　　2　　　　　　　　　　　3

Seqüência 3:
Defesa de bola lançada a meia altura (homens).

Seqüência 4:
Defesa de bola rasteira (homens).

(perna de impulsão) levemente flexionada no canto direito do gol;

■Bolas lançadas no alto devem, sempre que possível, ser apanhadas com as duas mãos (veja a Foto 3 das duas Sequências);

■De acordo com a estatura podem ocorrer situações nas quais – quase como um reflexo – a defesa com uma só mão seja possível. Isto também deve ser levado em consideração no treinamento.

Bolas à meia altura

Temos também aqui, como demonstrado na Seqüência 3, a utilização da técnica com passada e salto, na qual a respectiva perna de balanço ganha um significado ainda maior. Com ela a porção abaixo da linha do quadril fica protegida (veja Foto 2 na Seqüência 3).

Desde que seja possível controlar as ações defensivas, deveríamos também privilegiar a ação defensiva com ambas as mãos (veja Foto 2), porque com a segunda mão todo o corpo é colocado no ângulo do gol. Porção superior do corpo, mãos e perna de balanço cobrem uma área relativamente grande do gol.

1　　　　　　　　　　　2　　　　　　　　　　　3

1 2 3

Bolas baixas

De forma geral, aqui também vale a passada com salto como técnica básica. Portanto, independentemente do alvo do lançamento, utilizar sempre a mesma movimentação. Como se pode notar nas Seqüências 4 e 5, as seguintes características técnicas complementares devem ser observadas:

■ A defesa é realizada geralmente com a mão e o pé (veja a Foto 3 de ambas as Seqüências). A perna de balanço flexionada e a mão que está próxima à bola devem ser levadas para baixo no ângulo correspondente.

■ De acordo com a estatura e a situação de jogo pode ser necessário, de vez em quando, que o goleiro realize uma ação defensiva com a utilização de salto e posicionamento de pernas, como na passagem sobre barreiras no atletismo (veja a Seqüência 6), para poder alcançar a bola. É preciso observar que o tronco acompanha a perna e o balanço (não deixar o tronco para trás na direção do gol) e a mão é colocada como segurança adicional (veja na Foto 2 que a mão não é colocada para garantir a defesa).

Lançamentos próximos ao gol

Já que o atacante no treinamento de base não absorve nenhum treinamento intensivo específico

Seqüência 5:
Defesa de bola rasteira (mulheres).

Seqüência 6:
Defesa com salto e posicionamento de passagem sobre barreiras para bolas rasteiras (mulheres).

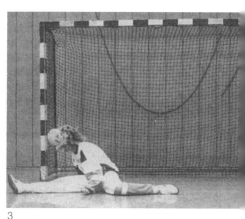

1 2 3

215

1 2 3

Seqüência 7:
Defesa de lançamentos da posição do ponta (homens).

para uma determinada posição de jogo, a ação de defesa realizada pelo goleiro, de forma a encurtar o ângulo de lançamento realizado das posições de ponta e pivô, é exceção.

Geralmente é formada uma linha defensiva (sobretudo em lançamentos por jogadores que ocupam a posição de pivô), uma vez que os jogadores nesta categoria, devido à falta de técnica, só conseguem lançar a bola baixa e não conseguem saltar de forma expressiva na direção do gol. Portanto, o goleiro deveria deixar a sua posição básica só contra jogadores mais experientes e fechar o ângulo de lançamento. O mesmo vale para a defesa de lançamentos provenientes das pontas. Se um jogador consegue realizar um lançamento relativamente livre, o ângulo do lançamento pode ser coberto com uma ou duas passadas no sentido do local de lançamento, como

indicado na Seqüência 7. A defesa do lançamento é realizada novamente sob o princípio da técnica da passada com salto (veja Foto 3), na qual as bolas lançadas no alto podem ser defendidas também com o auxílio das mãos. A saída do gol para fechar o ângulo de lançamento contra lançamentos provenientes das posições de pontas deveria, no entanto, ser treinada de forma sistemática somente com jogadores tecnicamente avançados. Esta forma especial de defesa será ensinada em uma outra oportunidade.

Jogo na posição do gol

Regras verbais entre o goleiro e os defensores, principalmente em relação aos lançamentos provenientes da intermediária, já foram analisadas quando discutimos sobre o treinamento da defesa, no capítulo anterior.

Como recordação:

O defensor cobre, basicamente, o lado do braço de lançamento do adversário; o goleiro se concentra no outro ângulo do gol.

Formas de Exercícios

O seguinte bloco de exercícios é dividido em três: em linhas gerais são apresentados exercícios de coordenação que servem como exercícios iniciais para a realização de exercícios básicos e a introdução da técnica básica. Esses exercícios devem ser realizados isoladamente em relação ao restante da equipe na forma de treinamento complementar. Finalmente, algumas formas de organização para a combinação treinamento da equipe e treinamento do goleiro são apresentadas.

4

Treinamento da coordenação com bola

Exercício 1:
Driblar duas bolas ao mesmo tempo e correr sobre a área de diferentes formas (para a frente, para trás, de lado etc.).

Exercício 2:
Lançar e apanhar ao mesmo tempo duas bolas.

Exercício 3:
Lançar e apanhar duas bolas seqüencialmente na parede sem que elas toquem o solo.

Exercício 4:
Sentado, pernas unidas, driblar uma bola no solo ao lado e outra entre as pernas alternadamente.

Exercício 5:
Conduzir uma bola com os pés e driblar uma outra bola.

Exercício 6:
Posição de banco: deslizar uma bola de forma alternada, com as mãos, da esquerda para a direita e vice-versa. Aumentar a velocidade!

Exercício 7:
Pernas em afastamento lateral: uma bola.
Prender uma bola entre as pernas tocando-a com a mão direita para a frente e a mão esquerda atrás. Afastar as pernas e soltar ambas as mãos ao mesmo tempo, trocando-as de posição, ou seja, a que estava atrás vai para a frente (no engajamento) e a da frente (no engajamento) vai para trás. A bola tem que "ficar" sempre no mesmo lugar no ar e não deve cair. Eleve a velocidade de execução!

Exercício 8:
Lançar uma bola para o alto, sentar-se, levantar-se e apanhar a bola ainda no ar. Eleve a velocidade de execução!

Exercício 9:
Saltar e realizar um giro completo no eixo longitudinal. Aterrissar e realizar o mesmo exercício no sentido contrário.

Exercício 10:
Driblar uma bola 5 metros até um ponto determinado, saltar, sentar, levantar-se e alcançar a bola antes que ela pare de quicar e fique no solo da quadra.

Introdução à técnica da passada com salto

Exercício 1:
Um ou mais goleiros são colocados no gol (um atrás do outro). O treinador mostra o ângulo em que o goleiro terá que saltar utilizando uma passada com salto. Importante: elevar a velocidade de execução, mas sempre agir a partir da posição básica. Não correr, mas sim saltar utilizando uma perna no respectivo ângulo do gol.

Exercício 2:
O goleiro se encontra na posição básica, o treinador segura uma bola no ângulo superior direito do gol. O goleiro precisa, em um primeiro momento, saltar para o lado direito do gol, isto a partir da posição básica, e de lá simular a defesa de um lançamento no alto (é preciso tocar o travessão). Na seqüência, ele precisa saltar para o lado esquerdo – se possível executar o deslocamento só com uma passada – e tocar a bola que está suspensa pelo treinador. Importante: na próxima repetição, iniciar a partir da posição básica.

Complemento:
– Mesma seqüência de exercício, só que o treinador segura a bola à meia altura e depois baixa;
– *Trabalhar na diagonal: tocar na porção inferior da trave esquerda e então tocar a bola suspensa pelo treinador na porção superior direita do gol. Trabalhar no sentido inverso também.*

Exercício 3:
Defesa de lançamentos
O goleiro salta, a partir da posição básica, para um dos lados do gol, toca a trave e defende, então, com a técnica correspondente à bola lançada pelo treinador do outro lado do gol. O procedimento metodológico é o seguinte:

1. Defender bolas altas;
2. Defender bolas à meia altura;
3. Defender bolas rasteiras;

Formas de
Exercícios

217

4. Defender do lado que for mais conveniente.

Exercício 4:
Como no exercício 3, porém trabalhar na diagonal. Exemplo: saltar do lado superior esquerdo do gol (tocar o travessão) e após isto defender uma bola lançada do lado inferior direito.

Complemento:
Procedimento como no exercício 4.

Exercício 5:
Treinamento da concentração

O treinador mostra um lado do gol no qual o goleiro tem que agir. Na seqüência ele precisa saltar imediatamente para o outro lado do gol e de lá defender uma bola lançada pelo treinador. A direção do lançamento pode ser combinada no início do exercício (por ex. trabalhar sempre na diagonal) e então sofrer variação.

Exercício 6:
Treinamento da reação
O goleiro se encontra na posição básica com a face voltada para o gol. Ele executa inicialmente duas ações defensivas dos lados direito e esquerdo do gol. Na seqüência ele gira e precisa defender uma bola que é imediatamente lançada pelo treinador.

Indicação:
O treinador deve lançar a bola inicialmente de forma que o goleiro possa reagir com a técnica correta. Após isto, ele pode provocar reações mais apuradas do goleiro, lançando bolas mais velozes.

Observação:
Utilizar exercícios de lançamento ao mesmo tempo em que treina variações técnicas:
– orientar os tipos de lançamentos;
– orientar a direção dos deslocamentos.

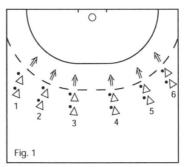
Fig. 1

O Treinamento do Lançamento em Equipe – O goleiro

Na seqüência esclareceremos três formas de organização. A ordem da série de lançamentos é colocada respectivamente dos lados esquerdo e direito do gol (alta, meia altura, rasteira e livre).

Forma de organização 1 (Fig. 1):

Os jogadores se dividem igualmente ao longo da linha de lançamentos livres e lançam um após o outro em seqüência para o gol:

– Seqüência de lançamentos de 1 até 6;
– Seqüência de lançamentos de 1, 6, 2, 5, 3, 4;
– Seqüência de lançamentos de 3, 4, 2, 5, 1, 6;
– Seqüência de lançamentos de 1, 3, 2 e 6, 4, 5;
– Seqüência de lançamentos livre e desconhecida do goleiro.

Forma de organização 2 (Fig. 2):
Após uma devolução com um ou vários jogadores na posição de armador-central, a seguinte seqüência de lançamento é realizada:
1 = AE
2 = AD
3 = PE após passe do AE
4 = PD após passe do AD
5 = pivô na esquerda após o passe do AE
6 = pivô na direita após o passe do AD

Forma de organização 3 (Fig. 3):
Após uma seqüência e passes iniciais PE (PD) - AE (AD) - A, os jogadores lançam para o gol na seguinte seqüência:
1 = armador-central (1º grupo)
2 = armador-central (2º grupo)
3 = AE
4 = AD
5 = PE após passe de AE
6 = PD após passe do AD
7 = pivô na esquerda após o passe do PE
8 = pivô na direita após o passe do PD

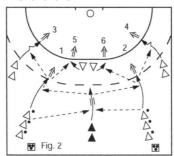
Fig. 2

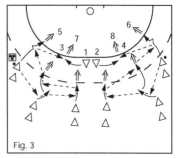
Fig. 3

Estrutura do Treinamento

Linhas Diretrizes para a Organização do Treinamento

No treinamento de base, um planejamento sistemático da temporada não tem a mesma importância como na categoria adulta. Pelo contrário, se quisermos realmente levar em consideração o princípio básico de promover o desenvolvimento do jogador infanto-juvenil de forma adequada e a longo prazo, precisamos transformar em prática as linhas diretrizes para a organização do treinamento no treinamento de base:

① Garantir o treinamento regular durante todo o ano!
Para que se possa cumprir ou pelo menos se aproximar dos conteúdos e objetivos propostos, é preciso treinar vários anos de forma regular. Se o treinamento ocorre raramente não é possível:

– Formar o jogador multilateralmente;

– Passar ao jogador experiência motora adequada;

– Ter como objetivo o fortalecimento e o condicionamento físico.

Para tanto, um treinamento sistematizado não é obrigatoriamente necessário. O mais importante é que o treinamento seja realizado durante todo o ano! Quando, nas férias de verão, as quadras cobertas estão fechadas, qualidades como criatividade e engajamento do técnico são amplamente procuradas. Aqui é preciso que ele, por meio de ofertas atrativas, substitua o treinamento ao invés de gastar horas de treinamento em vão.

Exemplos
■ Torneios ou festivais após a rodada do campeonato regular (também nas férias);
■ Festas esportivas multidisciplinares nas férias de verão nas praças esportivas (atletismo etc.), ou em campo (corrida e orientação, triatlo etc.);
■ Unidades e treinamento – quando se treina em quadra coberta – ao ar livre.

② Nenhuma preparação especial para os jogos do campeonato – oriente-se no treinamento das tarefas!
Vários treinadores conhecem o ritmo semanal no período competitivo do treinamento com adultos, no qual toda a estrutura do treinamento se volta para a participação do próximo jogo do campeonato.
Este tipo de organização não é de forma alguma um exemplo para o treinamento de base.

Treinadores cientes de suas responsabilidades trabalham com orientação nas tarefas a serem realizadas (desenvolvimento e promoção de cada um dos jogadores) em primeiro lugar e depois se orientam para as vitórias.

O sucesso no treinamento de base não pode ser visto só como o sucesso nas competições. Uma promoção e o treinamento do jogador em longo prazo trarão frutos quase automáticos. O sucesso em curto prazo à custa do sacrifício de uma boa formação individual em longo prazo não deve ter lugar nos nossos departamentos infanto-juvenis. Os clubes são desafiados a repensar sobre:
O sentido da sua tarefa em relação às crianças e aos adolescentes levando em consideração o interesse de uma ligação a longo prazo entre o jogador e o clube.

③ Em primeiro lugar, jogar de forma livre e criativa no jogo básico e nos objetivos de jogo!
Um dos objetivos principais no treinamento de base é o desenvolvimento da capacidade específica de jogo do jogador infanto-juvenil. Para atingir este objetivo é preciso que o atleta jogue mais do que treine. Os jovens aprendem vários conteúdos
técnico-táticos através de experiência própria.
Através do jogo criativo e livre, os jogadores terão a oportunidade de tentar, pelo menos uma vez, novas técnicas, o que é uma experiência muito importante.

④ Treinamento tem que ser multifacetado!
Sobre o princípio da multilateralidade no treinamento de base – só assim o treinamento posterior poderá ser efetivo – podemos diferenciar três aspectos:

■ *Multilateralidade geral*

Uma colocação de posicionamento e jogo no ataque e na defesa – característica central do treinamento posterior ao treinamento de base – no

220

treinamento de base está ligada a uma série de desvantagens graves e impossibilita uma formação de base geral. No tocante à formação individual, o princípio da multilateralidade significa que uma formação geral em todas as posições de jogo deve ser realizada.

A multilateralidade geral significa que os jovens devem passar pelo maior número de experiências motoras possível – da mesma forma em outras modalidades esportivas – e aqui podemos contar também com o treinamento da coordenação.

■*Multilateralidade rica em variações*
Esta característica significa que os jogadores nesta etapa devem aprender um repertório de movimentos específicos do handebol rico e variado pelo menos em sua forma básica, bem como experiências e novas técnicas, mesmo quando eles não conseguem realizá-las de primeira. No treinamento técnico, o treinador deve demonstrar os fundamentos. No treinamento de base, o aprendizado, através de exemplo e da observação de técnicas do handebol de alto nível, é um método de aprendizagem que não se pode subestimar.

■*Multilateralidade rica em modificações*
As unidades de treinamento no treinamento de base precisam ser organizadas de forma a serem sempre modificadas.
De forma alguma deve-se realizar um treinamento reduzido para adultos,

o que infelizmente observamos em muitos casos. Portanto:
– Não realizar o mesmo exercício por muito tempo;
– Ir ao encontro das necessidades de movimento das crianças e adolescentes dessa faixa etária.

A variação no treinamento tem prioridade sobre a monotonia. De forma concreta esta variação significa o seguinte:

– Oferecer o máximo de estímulos de movimentos possível (também tarefas de coordenação);
– Variar o ponto principal e o conteúdo em uma unidade de treinamento;
– Variar os métodos de treinamento (formas de jogos e de exercícios);
– Não levar em consideração somente conteúdos específicos do handebol, mas sim oportunidades de oferecer outras modalidades esportivas (basquetebol, atletismo, exercícios de coordenação), porque no treinamento de formação devemos oferecer uma base ampla de todas as atividades esportivas.

Um treinamento rico em variações é necessário nesta faixa etária, também do ponto de vista motivacional.

Finalmente, a tarefa maior do treinador nesta faixa etária é motivá-los para o desporto handebol e para a participação em longo prazo desta modalidade esportiva!
⑤ Treinamento de base precisa ser motivante.

O treinamento de base precisa ser atrativo. Como isto pode ser feito? Três medidas são necessárias:

■A primeira naturalmente é a participação em um treinamento rico em variações e motivante, dando especial atenção a cada jogador. Princípio: todos os jogadores têm a mesma importância!

■A segunda medida se encontra no próprio treinador! Ele é o exemplo e também o conselheiro para problemas dos jovens fora do ambiente esportivo!

■A terceira medida é constituída pela estrutura montada para o treinamento no departamento do clube (viagens, organização de passeios coletivos ou passeio para assistir a um jogo do campeonato nacional adulto).

A Estruturação da Unidade de Treinamento

O planejamento de treinamento organizado pela CAHb oferece a todos os treinadores um esquema único para a montagem de unidades de treinamento. De acordo com este esquema (veja Fig. 1), que vale para todas as categorias, cada unidade de treinamento é composta por quatro etapas. O volume temporal prevê – modificações são possíveis de acordo com as condições – uma divisão em três partes:
– Cerca de um terço do tempo de treinamento é dedicado ao aquecimento;
– Cerca de um terço do tempo de treinamento é para a realização de exercícios básicos;
– Cerca de um terço do tempo de treinamento é para a realização de jogos básicos e jogos específicos.

1ª Parte: Aquecimento

O programa de aquecimento pode ser dividido em quatro partes diferentes:

■Formas de jogo para o desenvolvimento da capacidade deste (capacidade de percepção e capacidade de orientação) são pontos principais no treinamento de base. Ao lado de formas de jogo semelhantes ao handebol, vários outros pequenos jogos podem ser utilizados.

■No treinamento de base os exercícios de coordenação têm lugar garantido em todo programa de aquecimento. De acordo com as recomendações da concepção de treinamento da CAHb, o objetivo é utilizar uma relação de 50:50 por cento entre exercícios de coordenação geral e específico.

■Exercícios para a estabilização e fortalecimento da musculatura com o objetivo de melhorar a força geral são um outro ponto principal do treinamento multifacetado e garantem, sobretudo, um desenvolvimento sadio do esqueleto.

O objetivo deste treinamento nas categorias do treinamento de base é o fortalecimento de toda a musculatura (pés, pernas, costas, cintura escapular e braços), para que os atletas possam suportar sobrecargas específicas mais tarde.

O desenvolvimento da musculatura dorsal tem um papel importante porque resguarda contra cargas aplicadas de forma errônea sobre a coluna vertebral. No final do programa de aquecimento temos os exercícios técnicos com bola. Eles preparam não só sob o ponto de vista específico do handebol para a parte principal do treinamento, mas treinam ao mesmo tempo as condições técnicas, como, por exemplo, a segurança no passe, a recepção da bola em movimentação para a frente, variações de passes e lançamentos, que nestas categorias ainda são muito variadas. Ao mesmo tempo outras frações do treinamento, como o lançamento do goleiro e o treinamento de lançamentos, podem ser realizadas com esta organização. A propósito todos esses exercícios têm como objetivo a variabilidade das posições.

2ª Parte: Exercícios Básicos

Com o auxílio de exercícios básicos, todos os pontos principais do treinamento destas categorias podem ser ensinados. A sua utilização no treinamento infanto-juvenil garante um treinamento adequado e de acordo com o desenvolvimento da categoria. Aqui também encontramos quatro subdivisões:

■Jogos básicos com dinâmica próxima àquela encontrada no jogo para a tática individual deveriam estar presentes em todas as unidades de treinamento no treinamento de base. Eles são organizados de forma que os conteúdos ofensivos e defensivos individuais sejam treinados em conjunto (com diferente importância em cada treinamento). Muitos exercícios básicos descritos neste livro levam em consideração os complicados prérequisitos organizacionais no treinamento infanto-juvenil (utilização de meia quadra, grupos de exercícios numerosos).

■Os exercícios para tática em grupo se limitam a três elementos centrais: bloqueio, cruzamento, engajamento (jogo conjunto em duplas).

■Exercícios básicos para o contra-ataque se limitam, nesta faixa etária, à transição rápida entre as metades da quadra onde se pretende alcançar primeiramente uma simplificação da relação de superioridade numérica. O contra-ataque em pequenos grupos (duplas ou trios) é outro ponto principal.

■ Os exercícios básicos para o treinamento do goleiro oferecem por um lado auxílio organizacional, porque, paralelamente, os jogadores de linha e vários outros goleiros podem participar ao mesmo tempo. Por outro lado, a escolha dos exercícios nesta faixa etária se concentra no treinamento
da coordenação e no treinamento das técnicas básicas de defesa.

3ª Parte: Jogos Básicos

Jogar em situações-padrão é o princípio básico da série Manual de Handebol. Aqui este princípio tem que ser levado em consideração:
O ponto principal do treinamento no ataque, nesta faixa etária, é a simplificação através da superioridade numérica (facilitação da percepção e da capacidade de decisão). Nos jogos defensivos escolhe-se uma relação de igualdade numérica;
Os jogos básicos são ordenados metodologicamente e contêm, principalmente, as direções de treinamento (tática individual, formas básicas de tática em grupo
etc.). Eles são estruturados de forma que primeiramente as tarefas simples de decisão sejam solucionadas;
No total elas representam um importante auxílio orientacional para o comando metodológico "jogar mais do que se exercitar" no treinamento de base.

4ª Parte: Jogos Específicos

Naturalmente no final da unidade de treinamento joga-se quase sempre 6-6. Os comandos táticos para os jogos ofensivo e defensivo são descritos neste livro.

Unidades de Treinamento Padrão

Para finalizar a estrutura organizacional das unidades de treinamento, demonstramos e detalhamos, na Fig. 1, duas unidades de treinamento padrão.

Fig. 1: Divisão das unidades no treinamento de base. Cada unidade de treinamento é composta por quatro partes.

UNIDADE DE TREINAMENTO 1: Tática coletiva para o ataque

PARTE 1: Aquecimento

Forma de jogo

Ponto principal do treinamento
- Capacidade geral de jogo.
- Comportamento dos passes.
- Jogo sem bola.
- Prosseguimento do jogo.

Descrição
"Jogo com mastros como o gol"
Duas equipes se enfrentam em uma metade da quadra. A equipe que possui a bola procura de forma indireta fazer a bola passar entre um dos três gols demarcados com mastros.

Objetivo
Se um jogador conseguir realizar um passe indireto para outro jogador da mesma equipe – a bola precisa ser recepcionada – a equipe ganha um ponto.
Para cada ponto ganho a equipe permanece com a posse da bola. Os defensores precisam fazer o seu papel de forma ativa para apanhar ou colocar a bola para fora.

Estabilização e fortalecimento 1.

Ponto principal do treinamento
- Elevação da resistência e estabilização dos tecidos e da musculatura.

Descrição
Decúbito ventral, os braços são lateralmente estendidos. Cabeça, braços e pernas são levemente elevados. Nesta posição podemos realizar as seguintes variações:

Foto 1:
– braços colocados lateralmente: as pernas são estendidas sem que toquem no solo;
– pernas e braços afastados e estendidos sem contato com o solo.

Foto 2:
A bola é colocada de um lado para o outro, 3 vezes para a direita e 3 vezes para a esquerda, com as mãos.
A bola é colocada a altura da cabeça e levada de uma mão para a outra, terminando ao lado do corpo do jogador (sem foto).

Foto 1

Foto 2

Estabilização e fortalecimento 2.

Ponto principal do treinamento
- Elevação da resistência e estabilização dos tecidos e da musculatura dorsal.

Descrição
Decúbito ventral, os antebraços são colocados ao lado do corpo e no solo. Musculaturas glútea e abdominal contraídas; o corpo é mantido alto até que forme uma linha. A bola está do lado direito do braço (foto 1). A partir desta posição a mão direita é colocada sobre o trono e posta sobre o braço esquerdo (Foto 2). O braço direito é apoiado novamente e na seqüência o mesmo é feito com a outra mão.

Correção
O corpo precisa formar uma linha durante toda a execução do exercício. Os glúteos não devem estar abaixo nem acima da linha dos ombros.

Foto 1

Foto 2

UNIDADE DE TREINAMENTO 1: Tática coletiva para o ataque

PARTE 1: Aquecimento

Técnica com bola

Ponto principal do treinamento

- Movimentação à frente, técnica de passes (posicionamento para o lançamento).
- Capacidade de percepção e orientação.

Descrição

Os jogadores colocam-se em forma de triângulo, que é ocupado várias vezes. Passar uma bola na direção dada, adicionar 2 a 3 bolas.

Variações

1. Passar só a partir do posicionamento de lançamento.
2. Passes rápidos com a mão direita e com a mão esquerda.
3. Passes a partir de fintas com o corpo.
4. O treinador sinaliza a direção do passe (direita-esquerda).

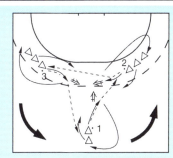

PARTE 2: Exercícios Básicos

Bloqueio 1.

Ponto principal do treinamento

- Bloqueio em situações 2:1.
- Comportamento decisório de acordo com a situação (lançamento para o gol ou passe).

Descrição

Exercício básico A:
2:1 em uma cesta de basquetebol. Um atacante procura, através de posicionamentos de bloqueio ou cortina variáveis, impossibilitar o percurso de corrida para o adversário que vem conduzindo a bola em direção à cesta.
Exercício básico B:
Como em A, há um espaço determinado com lançamento para o gol ao se jogar 2:1.

Objetivos

- Treinar as posições de bloqueio em situações de superioridade numérica (2:1).
- Quantas cestas/gols cada grupo consegue fazer após 10 tentativas?

Bloqueio 2.

Ponto principal do treinamento

- Bloqueio em situação 2:2.
- Defesa contra ações de bloqueios ou cortina.

Descrição

Em um jogo 2:2 os atacantes procuram, respectivamente, um posicionamento para o bloqueio ou cortina com uma ação de desmarcação correta para aumentar as possibilidades de finalização. Um segundo defensor deve agir ofensivamente a cerca de 8 metros de distância.

Objetivos

- Os atacantes agem 2:2 de forma variável (posicionamento de bloqueio ou cortina, por exemplo, e também fintas de posicionamento).
- Quantos gols são possíveis realizar em 10 ações?

225

UNIDADE DE TREINAMENTO 1: Tática coletiva para o ataque

PARTE 3: Jogos básicos

Ponto principais no treinamento
- Defesa: 1:1 defesa, auxílio no comportamento defensivo, nas posições de defesa em posicionamento de bloqueio ou cortina; comportamento defensivo em movimentos de cruzamento.
- Ataque: 1:1, ações com engajamento; cruzamento ou cortina, bloqueio ou cortina com ações de desmarcação; jogo sem bola.

Descrição
Jogo posicional 3:3:
– o defensor age de acordo com o princípio de defesa 1:5 (ofensivo);
– os atacantes procuram agir no jogo posicional com ações e seqüências de passes (engajamento);
– variação: os defensores procuram marcar de forma antecipativa (= forçar jogo sem bola).
Jogo 3:3 com cruzamento:
– as ações de ataque iniciam sempre com movimento cruzado.

Correção
Nos movimentos cruzados na defesa, agir como em estafetas.

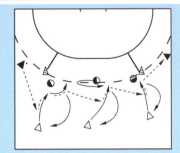

Ponto principal do treinamento
- Defesa: treinamento de bloqueio ou cortina interno na defesa 1:5. Comportamento defensivo no bloqueio ou cortina e na transição.
- Ataque: jogo conjunto na intermediária com engajamento.

Descrição
Jogo posicional 4:4:
– os defensores agem segundo o princípio da defesa 1:5;
– os atacantes agem com jogo posicional variável (tabela ou bloqueio).

Ampliação:
– Movimentos cruzados são em duplas como forma da ação de demarcação.

Correções
Comportamento defensivo na transição:
– o atacante deixa o defensor para trás = acompanhar;
– o atacante corre do defensor = passar/assumir.

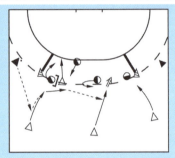

PARTE 4: Objetivos do jogo

Ponto principal do treinamento
- Capacidade específica de jogo.
- Desenvolvimento de um jogo criativo e orientado para o ataque (disciplina de jogo, utilização de ações de demarcação etc.).

Descrição
Joga-se 6:6, em que certos elementos
básicos são forçados através de alguns comandos táticos: ataque contra defesa que tem um comportamento defensivo variável (treinamento da capacidade de adaptação de acordo com a situação):
– 1:5-marcação ofensiva na linha dos 9 metros;
– 1:5-marcação até 11/12 metros;
– 1:5-marcação antecipativa;
– 3:2:1-(com referência a bola).

Dicas para organização
Utilização de rodízio, como no voleibol: após cada ação bem-sucedida os jogadores trocam de local no sentido horário.

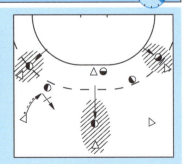

UNIDADE DE TREINAMENTO 2: Tática individual ataque/defesa

PARTE 1: Aquecimento

Formas de jogo

Pontos principais do treinamento
- Mudança rápida (pré-forma do contra-ataque).
- Corrida livre, com bola ou sem bola.

Descrição
Jogos com reconhecimento em campo delimitado (por ex.: limite do gol), duas equipes jogam uma contra a outra. A equipe que tem a posse de bola procura realizar um determinado número de passes pré-combinados (de acordo com um número de jogadores, 4, 6 ou 8 passes) sem que a equipe adversária possa interceptá-los.

Objetivo
Se o número dado de passes for atingido, o ponto ainda será reconhecido: os jogadores com passes rápidos tentam colocar a bola sobre um dos dois colchonetes (=1 ponto).

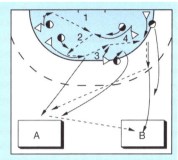

Coordenação

Organização
- Duplas com uma bola.

Descrição
Exercício 1:
A lança a bola alta e a apanha por trás, novamente, passando a bola a partir desta posição para B, que lança a bola alta e realiza o mesmo que A.
Exercício 2:
A passa a bola com a mão esquerda por trás das costas para B. Este joga com a mão esquerda de volta. A realiza então um meio giro de forma que ele possa passar a bola com a mão direita. B passa a bola da mesma forma após um meio giro à direita.
Exercício 3:
A e B realizam saltos alternados em um lugar. A quica a bola com a mão direita sobre a perna esquerda e com a mão esquerda sobre a perna direita. A realiza um passe para B e executa neste meio tempo um giro. B realiza a mesma seqüência de exercícios.

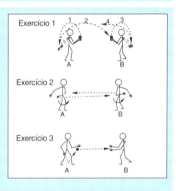

Técnica da bola

Ponto principal do treinamento
- Recepção da bola em movimentação à frente.
- Técnica de passe e variação de jogadas em círculo.
- Cruzamento na intermediária.

Descrição
Após a seqüência de passes PE-AE-armador cruzam ao armador e AD procura passar a bola para o pivô tendo contra si um defensor que age na linha de lançamento livre. Finalmente ocorre a mesma seqüência de exercícios a partir da posição LD. O raio de ação para o pivô é delimitado.

Variação
Um segundo defensor age antes do pivô, que agora precisa apresentar-se para receber o passe. Se AD (AE) não alcançar o armador, o passe é realizado para o AE (AD) que participa do engajamento (isto não é nenhuma regra).

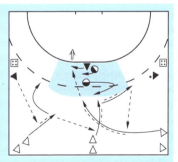

UNIDADE DE TREINAMENTO 2: Tática individual ataque/defesa

PARTE 2: Exercícios básicos

Jogo 1:1 — 1.

Pontos principais do treinamento
- Ações 1:1 em diferentes posições (variabilidade de posições).
- Defesa de fintas/ações 1:1.

Descrição
Seqüência básica: PE passa para AE, que entra em uma situação 1:1 contra o AD na defesa. AE corre imediatamente para a posição de defesa AE e defende contra AD, enquanto o AD que estava na defesa passa para a posição AD no ataque.

Objetivo
Princípio básico: constante modificação das posições, bem como das tarefas dos defensores e atacantes.

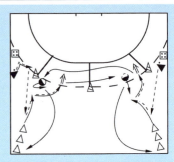

Jogo 1:1 — 2.

Pontos principais do treinamento
- Ações 1:1 em diferentes posições (variabilidade de posições).
- Defesa de ações 1:1 nas zonas próximas de lançamento.

Descrição
São marcados três locais na zona próxima de lançamento. Neles age um pivô e um defensor. O pivô toca uma marcação lateral, corre para frente e realiza uma tabela com defensor. Após o passe ele corre para outra marcação. Após 3 ou 4 tabelas joga-se 1:1 em seqüência (primeiro A, então B e C). Após a primeira rodada modifica-se o exercício com rodízio no sentido horário. A cada três ações, os atacantes defensores e passadores modificam sua tarefa.

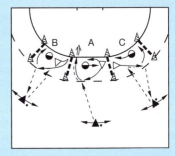

Jogo 1:1 — 3.

Pontos principais do treinamento
- Ações 1:1 em conseqüências de ações adequadas ao jogo.
- Comportamento decisório (lançamento para o gol ou passe; engajamento ou lançamento para o gol ou passe para o pivô).

Seqüência básica:
Após uma seqüência de passes armador-AE-PE-AE, o LE joga 1:1 contra o defensor. Numa ação de penetração no sentido interno da quadra, AE passa para o armador que participa do engajamento, se o armador na defesa (essa tarefa defensiva no início deve ser realizada pelo técnico no intuito de controle) ajudar. Numa ação de penetração no sentido externo da quadra, AE passa para PE que participa do engajamento se AD na defesa conseguir cortar a ligação entre eles.

Importante
Após cada ação as posições de pivô no meio e AE/AD, são trocadas.

UNIDADE DE TREINAMENTO 2: Tática individual ataque/defesa

PARTE 3: Jogos básicos

Ponto principais no treinamento
- Jogo posicional (levar o adversário, correr ligando os espaços, sincronização da movimentação à frente).
- Cruzamento com seqüência de ações.

Descrição
Jogo posicional 4:3
Comandos:
– através de variações de passes, passar rápido ou realizar devoluções para um jogador que se desloca livremente;
– os defensores agem de forma ofensiva na altura dos 8 metros.

Importante
Mudança de posição pelo processo de rodízio (como no voleibol) a cada ação bem-sucedida.

Variação
O espaço de uma posição de ponta é bloqueado. Joga-se com três jogadores na intermediária e um na ponta.

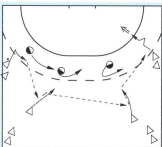

Ponto principais no treinamento
- Troca do ataque para a defesa em profundidade.
- Troca entre as posições de ataque (ou de defesa) e marcação individual.

Descrição
Formam-se trios que jogam de acordo com o seguinte esquema de orientação: A, que joga para B, que se defende. Após a finalização, A tem a tarefa de defender contra a equipe C enquanto B corre para linha do meio da quadra.
Comandos:
1. Jogar de forma livre e criativa no ataque; a defesa marca de forma ofensiva;
2. Os atacantes só podem quicar a bola uma vez;
3. Conduzir e quicar a bola várias vezes é proibido;
4. A equipe que defende precisa permanecer na defesa até que ela tenha defendido um ataque de forma correta.

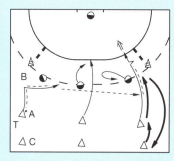

PARTE 4: Objetivos do jogo

Ponto principais no treinamento
- Defesa 1:1, técnicas de braços e pernas.
- Formação defensiva 1:5.

Descrição
Joga-se 6:6 e através dos seguintes comandos o jogo defensivo é acentuado:
1. Ondas de ataque seqüenciais: Diferentes grupos de ataque jogam um após o outro contra a defesa, e as seguintes tarefas de competição devem ser cumpridas:
   – efetividade defensiva (quantos ataques são defendidos com sucesso em 10 ações?);
   – "Shoot-out" (o grupo de atacantes que não conseguir converter nenhum gol é desclassificado. As ações de defesa são realizadas até que um número de atacantes seja desclassificado).
2. O jogo começa com uma realização de superioridade numérica 6:6. A defesa pode contar com mais um defensor no jogo se ela for bem-sucedida na defesa de uma ação ofensiva.

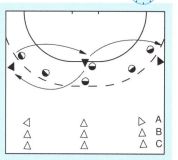

SOBRE O LIVRO
Formato: 21,5 x 20 cm
Mancha: 19,5 x 18,0 cm
Tipologia: Helvetica Neue 45 Light - Helvetica Neue 95 Black
Papel: Offset 75 g
nº páginas: 240
1ª edição: 2002

EQUIPE DE REALIZAÇÃO
Editoração Eletrônica
Vinícius Mazzonetto (Capa)
Studio RA (Projeto Gráfico)
JustLayout (Diagramação, Tratamento de Imagens)

Impressão
Intergraf Ind. Gráfica Eireli